DER STURZ HEINRICHS DES LÖWEN

Eine quellenkritische und rechtsgeschichtliche Untersuchung

von

JOHANNES HALLER

Mit einer Tafel in Lichtdruck

VERLAG VON VEIT & COMP. IN LEIPZIG 1911

Archiv für Urkundenforschung

Inhalt der ersten Bände:

I. Band

Seite

Einführung 1

K. Brandi, Der byzantinische Kaiserbrief aus St. Denis und die Schrift der frühmittelalterlichen Kanzleien. Diplomatisch-paläographische Untersuchungen zur Geschichte der Beziehungen zwischen Byzanz und dem Abendlande, vornehmlich in fränkischer Zeit. (Hierzu Tafel I—IV.) 5

1. Der Papyrus der Archives nationales K. 17, n. 6. — 2. Die byzantinischen Kaiserurkunden bis zum X. Jahrhundert. — 3. Byzanz und das Abendland. — 4. Die Schrift in den älteren Urkunden der Päpste und der Erzbischöfe von Ravenna. — 5. Zur Entwicklungsgeschichte der Kanzleischriften.

M. Tangl, Die Tironischen Noten in den Urkunden der Karolinger. (Mit 31 Abbildungen) 87

1—4. Von Pippin bis auf Lothar II. — 5. Ludwig der Deutsche und die ostfränkischen Karolinger. — 6. Kapelle und Kanzlei unter den ersten Karolingern.

H. Bresslau, Der Ambasciatorenvermerk in den Urkunden der Karolinger 167

B. Faass, Studien zur Überlieferungsgeschichte der Römischen Kaiserurkunde (von der Zeit des Augustus bis auf Justinian) 185

1. Originale. — 2. Offizielle Kopien. — 3. Andere Kopien (Ep. Domitians, Rescr. des Commodus de saltu Barunitano, Rescr. Gordians f. Skaptoparene, Handschriftliche Kopien).

Friedrich Salis, Die Schweriner Fälschungen. Diplomatische Untersuchungen zur mecklenburgischen und pommerschen Geschichte im 12. und 13. Jahrhundert. (Hierzu Tafel V u. VI.) 273

1. Vier Fälschungen aus der päpstlichen Kanzlei. — 2—4. Die Urkunden Friedrichs I. und Heinrichs des Löwen. Anhang: Text der Urkunde Friedrichs I. von 1170. Die Schweriner Stiftsgüter. Die Schweriner Diözesangrenze.

H. Bresslau, Zur Lehre von den Siegeln der Karolinger und Ottonen . 355

Rudolf von Heckel, Das päpstliche und sicilische Registerwesen in vergleichender Darstellung 371

1. Der Registerersatz bei den Normannen in Sicilien. — 2. Der Ursprung des päpstlichen Registerwesens und seine Entwicklung bis zur Mitte des 13. Jahrhunderts. — 3. Das Registerwesen der englischen Könige und Friedrichs II. — 4. Die Entstehung der angiovinischen Registratur. — 5. Der Einfluß des angiovinischen Registerwesens auf die Reformen Johanns XXII. — Exkurs: Über das Verhältnis zwischen den Konzepten und den Registereintragungen der päpstlichen Urkunden im 13. Jahrhundert. — Beilage: Der Libellus petitionum des Kardinals Guala Bichieri. Incipit libellus de formis peticionum secundum cursum Romane curie.

II. Band

Wilhelm Lüders, Capella. Die Hofkapelle der Karolinger bis zur Mitte des neunten Jahrhunderts. Capellae auf Königs- und Privatgut . . 1

1. Der Kultus der Capella S. Martini in merovingischer Zeit. — 2. Die Entwicklung der Hofkapelle unter Pippin, Karlmann und Karl dem Großen. — 3. Die Hofkapelle unter Ludwig dem Frommen und seinen Söhnen bis zur endgültigen Vereinigung der Ämter des Archicapellanus und des obersten Cancellarius im Ostfrankenreiche. — 4. Capella als Eigenkirche ohne Verbindung mit Residenz und Hofgeistlichkeit. — Exkurs: Capellanus und Apocrisiarius.

DER STURZ HEINRICHS DES LÖWEN

Eine quellenkritische und rechtsgeschichtliche Untersuchung

von

JOHANNES HALLER

Mit einer Tafel in Lichtdruck

VERLAG VON VEIT & COMP. IN LEIPZIG 1911

Sonder-Abdruck
aus dem Archiv für Urkundenforschung Band III

Druck von Metzger & Wittig in Leipzig.

Inhalt

Seite

Das Problem S. 295 — Friedrich I. und Heinrich d. L. vor 1176 S. 297 — die Ursachen des Sturzes nach den Schriftstellern S. 299 — kritische Zweifel S. 301.

I. Die Zusammenkunft von Chiavenna 303

Die Berichte der Schriftsteller S. 303 — ihre Widersprüche S. 307 — Arnold von Lübeck S. 309 — Giselbert von Mons S. 311 — Burchard von Ursberg und Eike von Reppichau S. 312 — Otto von St. Blasien S. 316 — die Chronik von Lauterberg S. 321 — Wert dieser Überlieferungen S. 323 — die Paderborner Annalen S. 326 — die sogen. Marbacher Annalen S. 333 — das scheinbare Gegenzeugnis der Chronik von Anchin S. 338 — das argumentum ex silentio S. 342 — Ergebnis S. 343.

II. Der Prozeß 345

Kaiser und Herzog 1176—1178 S. 345 — Heinrichs Prozeß ein politischer Prozeß S. 349 — widersprechende Zeugnisse über seinen Verlauf und Rechtsinhalt S. 350 — die Urkunde von Gelnhausen S. 355 — ihre Interpretation S. 357 — Problem ihrer Exegese S. 365.

Landrecht und Lehnrecht S. 367 — Analoge Prozesse gegen Ottokar von Böhmen 1274/5 S. 369 — gegen Wedekind von Schwalenberg 1156/7 S. 370 — der contemptus und reatus majestatis S. 373 — dreifache Ladung nach Landrecht S. 375 — Güterbocks These und ihre Widerlegung S. 377 — Eikes Zeugnis S. 378 — römisches Recht, Fürstenrecht, Landfrieden des 12. Jahrhunderts S. 379 — die Prozesse gegen Gui von Flandern 1282 S. 381 — gegen Ottokar von Böhmen 1274/5 S. 382 — gegen Konrad von Salzburg 1165/6 S. 391 — gegen die Mörder K. Philipps und EB. Engelberts 1208 und 1225 S. 393 — gegen Otto von Northeim 1070 S. 395 — gegen Friedrich von Österreich 1236 S. 397 — gegen die Anhänger Heinrichs d. L. 1180 und gegen Köln 1187/8 S. 398.

Scheinbarer Widerspruch der Urkunde S. 400 — Emendation S. 402 — Ergebnis S. 406.

Darstellung des Prozeßverlaufs S. 406.

Acht und Oberacht S. 412.

Scheinbare Wiederholung des Urteils in Regensburg 1180 S. 416 — Zusammensetzung des Gerichts: Standesgenossen S. 420 — Stammesgenossen S. 427.

Heinrichs Verhalten und das Vorgehen des Kaisers S. 432 — der Sühneversuch S. 437 — Ursachen und Wirkungen S. 439.

Beilage: Die Urkunde von Gelnhausen 442

Überlieferung S. 442 — Text S. 447.

Berichtigungen:

S. 313 letzte Zeile lies ‚können' statt ‚kann'.
S. 369 Text letzte Zeile lies ‚rein lehnrechtliches'.
S. 386 Z. 14 lies ‚in den Landfrieden'.
S. 402 Z. 4 „ ‚des Beklagten'.
S. 404 Text vorletzte Zeile lies ‚in der **4.** Zeile'.
S. 430 Anm. 3 ist das Zeugnis von 1150 übersehen, das ich selbst S. 420 Anm. 3 anführe.
S. 436 Text Zeile 8 von unten streiche ‚heimlichen'.
S. 436 Anm. 3 lies 1187.

Der Sturz Heinrichs des Löwen

Von

Johannes Haller

Hierzu Tafel III

Der Sturz Heinrichs, des Herzogs von Sachsen und Baiern, des ersten Mannes im Reiche nach dem Kaiser, des „großmächtigsten aller Herzöge", wie ihn ein Zeitgenosse nennt,[1] bildet in der Regierung Friedrichs I., soweit die innerdeutschen Verhältnisse in Betracht kommen, das große Ereignis schlechtweg, das den ferneren Gang der deutschen Geschichte wie kein zweites bestimmt hat. Seinen Eindruck auf die Zeitgenossen spiegeln die Geschichtschreiber deutlich wieder: die meisten sprechen davon, bald länger, bald ausführlicher, auch Ausländer, die sonst den deutschen Dingen keine Beachtung schenken, lassen ihn nicht unerwähnt.[2]

Was den Zeitgenossen ein großes, ein europäisches Ereignis war, das ist uns ein Problem der Forschung, oft behandelt, und noch immer ungelöst. Mit ihm beschäftigten sich, abgesehen von den zusammenfassenden Darstellungen bei Giesebrecht,[3] Prutz,[4] Philippson,[5] in früherer Zeit, um nur die wichtigsten zu nennen, die Untersuchungen von

[1] Giselbert von Mons ed. Vanderkindere p. 65: prepotentissimus omnium ducum dux Saxonum Henricus.

[2] Ein Beispiel dafür bietet Giselbert von Mons. In einem Überblick der gesamten Regierung Friedrichs I. erzählt er von Einzelheiten nur die Königswahl (anekdotisch und unbrauchbar) und den Sturz des Löwen (l. c. 94). — Auch sonst ganz dürftige Annalen verzeichnen gelegentlich das große Ereignis. Aus der lakonischen Notiz in den kleinen Augsburger Annalen (SS. X, 9): Heinricus dux Bawariae et Saxoniae, quia reus majestatis dicebatur, sine difficultate imperii deponitur, möchte man wohl die stille Verwunderung heraushören, daß ein so mächtiger Fürst ohne Gefahr und Erschütterung für das Reich vernichtet werden konnte.

[3] Kaiserzeit V, 903. 910; VI, 562. 565.

[4] Heinrich der Löwe (1865) S. 300ff. Kaiser Friedrich I. (1874) III, 30 ff. 359 ff.

[5] Geschichte Heinrichs des Löwen (1867) II, 222ff.

Weiland,[1] Ficker,[2] Waitz.[3] Nach längerer Pause nahm Schäfer 1896 die Frage wieder auf,[4] und jüngst hat Ferdinand Güterbock ihr ein eigenes Buch gewidmet,[5] dessen Scharfsinn und klaren Vortrag man um so bereitwilliger anerkennt, wenn man sich genötigt sieht, seinen Ergebnissen in der Hauptsache zu widersprechen.

Ein zwiefaches Interesse bietet das Problem für die Forschung. Einmal: welche Ursachen führten zu dem Sturze des übermächtigen Fürsten, der so lange an der Seite des Kaisers, sogar ein wenig über dem Kaiser gestanden hatte, vom Kaiser nicht nur geduldet, sondern geradezu begünstigt, gedeckt und gehalten? Was war es, das aus dem für Heinrich nur allzu gnädigen Kaiser einen Todfeind gemacht hatte, der nicht ruhte, bis von dem Herzog von Sachsen und Baiern nichts weiter übrig geblieben war als ein schlichter Verbannter Heinrich von Braunschweig? Ein historisch-politisches Problem. Sodann: in welchen Formen spielte sich diese Tragödie ab? Welches Verfahrens bedurfte es, um einen Fürsten des Reiches aus Amt und Besitz zu vertreiben? Eine Frage des historischen Staatsrechts. Unmöglich ist es, die beiden Fragen voneinander zu trennen. Was vorher geschehen, bildete die Voraussetzung des Rechtsverfahrens, das zum Sturze Heinrichs führte, und umgekehrt liegt es nahe, von diesem Verfahren Aufschluß zu erwarten über die Dinge, die vorausgegangen waren.

Das Problem entbehrt auch nicht eines starken methodischen Reizes. Kaum irgendwo treten Wert und Unwert historiographischer Überlieferung im Vergleich zur urkundlichen so anschaulich hervor wie hier, wo uns neben zahlreichen unter sich nicht wenig uneinigen Äußerungen gleichzeitiger und späterer Geschichtschreiber eine Urkunde als vornehmstes Zeugnis zur Verfügung steht; wie sich umgekehrt nicht nur die Vorzüge, sondern auch die Grenzen dessen, was eine Urkunde zu bieten vermag, schwerlich an einem andern Beispiel so lehrreich dartun lassen.

---

[1] Forschungen zur deutschen Geschichte VII, 175.

[2] Forschungen zur Reichs- und Rechtsgeschichte Italiens I, 175. 183 und Forschungen zur deutschen Geschichte XI, 303.

[3] Forschungen zur deutschen Geschichte X, 153.

[4] Historische Zeitschrift LXXVI, 385. Schäfers Abhandlung hat das Verdienst, die Frage scharf und klar gestellt zu haben. Sie hat eben dadurch die spätern Untersuchungen offenkundig angeregt. Auch ich bekenne dankbar, durch Schäfer zuerst auf die eingehende Prüfung des Problems geführt zu sein, wobei ich freilich zu andern Ergebnissen gekommen bin als er.

[5] Der Prozeß Heinrichs des Löwen. Berlin 1909. Für eine vollständigere Bibliographie verweise ich auf S. 3 dieses Buches, wozu Bernheim, Göttinger Gelehrte Anzeigen 1909, S. 753, eine Ergänzung gab.

Überblicken wir zuerst das Verhältnis, in dem Kaiser und Herzog zueinander gestanden hatten, bis mit der Rückkehr Friedrichs aus Italien im Herbst 1178 die Katastrophe Heinrichs begann.

Man sagt nicht zuviel, wenn man die Erhebung Friedrichs von Schwaben zum deutschen König, so wie die Dinge damals lagen, als das Werk der welfischen Partei bezeichnet.[1] Solange König Konrad III. regiert hatte, war zwischen ihm und seinen babenbergischen Verwandten auf der einen und den Welfen auf der andern Seite ein voller Friede nicht erreicht worden und auch nicht möglich gewesen. Unausgeglichen standen sich nach wie vor die Ansprüche der beiden Fürstenhäuser auf das Herzogtum in Baiern gegenüber, und Konrad hatte nie den Verdacht aufkommen lassen, daß er in dieser Frage sich von den Babenbergern trennen könne. War er doch im Grunde stets mehr das Werkzeug als der Schutzherr seiner Verwandten gewesen. Mit der Thronbesteigung Friedrichs wird das sofort anders: die Babenberger treten zurück, den ersten Platz nimmt Heinrich von Sachsen ein. Er begleitet ihn auch auf seinem Krönungszuge nach Italien. Friedrich zeigt von Anfang an, daß er es mit dem Welfen, seinem leiblichen Vetter, gegen die babenbergischen Stiefverwandten halte: er leitet die Revision des Prozesses ein, in dem einst Baiern dem Vater Heinrichs abgesprochen war, und läßt bald auch das Urteil in aller Form kassieren. Auch der Vertrag von 1156, der den Ausgleich der widerstreitenden Ansprüche bringen sollte, war doch für den Augenblick ganz und gar zum Vorteil des Welfen, während der Babenberger die Kosten zahlte. Jener erhielt, was er forderte, sein väterliches Herzogtum zurück, dieser mußte es herausgeben. Die Standeserhöhung vom Markgrafen zum Herzog war gewiß ein angenehmes Pflaster auf die Wunde, aber wie schmerzlich diese war, ersieht man schon aus den besonderen Vorrechten, die der Kaiser noch hinzulegen mußte, um den neuen Herzog zur Annahme der Entschädigung zu bestimmen.

An der Übereinstimmung der kaiserlichen und der welfischen Politik ist auch in den folgenden Jahren kein Zweifel. Mit Unterstützung der militärischen Kräfte von Sachsen und Baiern, unter persönlicher Teilnahme des Herzogs hat Friedrich die Unterwerfung der Lombardei durchgeführt (1158—1162).

Nicht anders ist es im Kampfe gegen den Papst. Wie groß

---

[1] Die Zusammenstellungen bei Simonsfeld, Jahrbücher Friedrichs I, 26f. sind bequem, aber sie erschöpfen die Sache nicht. — Die Ansicht des Lüneburger Mönches, Heinrich habe Friedrich geradezu zum Kaiser gemacht (ad imperialem promoverat celsitudinem, SS. XXIII, 396), hätte mehr Gewicht, wenn seine Notizen nicht erst um 1230 geschrieben wären. So geben sie immerhin die welfische Überlieferung wieder.

Heinrichs Einfluß in allen Reichssachen war, zeigte sich am deutlichsten, als Hadrian IV. bei Beginn des Streites mit dem Kaiser durch einen Wink des Herzogs genötigt wurde, einzulenken und seinen anspruchsvollen Worten eine harmlose Deutung zu geben.[1] Die schismatische Kirchenpolitik des Kaisers macht Heinrich anstandslos mit,[2] und die verhängnisvolle Würzburger Verschwörung gegen Alexander III. (1165) ist wohl ebensosehr ein Akt welfischer Hauspolitik wie kaiserlicher Kirchenpolitik. Was diesem Schritt neben anderem den Erfolg verbürgen sollte, die Verschwägerung Heinrichs mit dem englischen Königshause, das allein ist wirklich zustande gekommen und hat dauernde Folgen gehabt, während alles weitere nur Absicht blieb oder zurückgenommen werden mußte. Wie sehr damals Staufer und Welfen eins sind, zeigt sich im folgenden Jahre (1166). Da wird ein Band geknüpft, das die beiden Häuser auch für die folgende Generation vereinigen soll: der junge Friedrich von Schwaben, des Kaisers Neffe, heiratet die einzige Tochter Heinrichs des Löwen.[3]

Für die Unterstützung zahlt der Kaiser seinem Vetter reichen Lohn: er sanktioniert die Schaffung des geschlossenen Kolonialfürstentums, an der Heinrich auf slawischem Boden arbeitet — was bedeutete nicht schon die Überlassung der bischöflichen Investituren[4] —, er duldet, er schützt, er deckt auch die rücksichtslose Eroberungspolitik, mit der Heinrich, den Spuren seines Großvaters Lothar folgend, aus dem Titelherzogtum der niedersächsischen Mark ein wirkliches Herzogtum Sachsen nach dem Vorbild Baierns zu formen sucht. Auch sein Ausbleiben auf dem italienischen Feldzug des Jahres 1167 hat dem Herzog in den Augen des Kaisers nichts geschadet. Beweis dafür ein Jahr später das nachdrückliche Eintreten, mit dem ihn Friedrich, wie schon früher, gegen seine sächsischen Widersacher, die von ihm ge-

---

[1] Constitutiones I, 235. Origines Guelficae III, 497. Vgl. Giesebrecht V, 136. 138, dessen Auffassung ich übrigens nicht teilen kann.

[2] Wenn Heigel, Das Herzogtum Baiern unter Heinrich d. L. 10 es „charakteristisch" findet, daß Boso die Welfen, Heinrich und Welf, als papstfreundlich im Gegensatz zum Kaiser hinzustellen sucht, so scheint mir das nur für den Schriftsteller charakteristisch, nicht aber für die Herzöge. Boso schreibt bekanntlich nach 1177, also schon unter dem Eindruck des Bruches zwischen Friedrich und Heinrich. Das beeinflußt auch seine Darstellung der frühern Dinge. Die Bemerkung von Prutz, Heinrich d. L. 167, über die kirchenfreundlichen Traditionen welfischer Familienpolitik wiederspricht den Tatsachen. Der Vater Heinrichs des Löwen, Heinrich der Stolze, war bekanntlich nichts weniger als ein besonderer Freund der Kirche. Was da S. 296 über das Verhalten Heinrichs in der Kirchenfrage gesagt wird, ist aus der Luft gegriffen.

[3] Giesebrecht V, 502.

[4] Vgl. Simonsfeld I, 226.

schädigten oder bedrohten Bischöfe und Grafen, in Schutz nahm.[1] Wofür denn wohl die Erhebung des jungen Kaisersohnes Heinrich zum römischen König (1169) die Gegenleistung des Herzogs gewesen sein mag.[2]

Dazu kommen die engen Beziehungen des Kaisers zur welfischen Nebenlinie: Welf, der Oheim Heinrichs, wird Herzog von Spoleto, Markgraf von Toskana, Besitzer des mathildischen Gutes; sein Sohn zieht 1167 mit dem Kaiser nach Rom. Überall sehen wir welfische und staufische Politik Hand in Hand gehen.

Zehn Jahre später ist alles ins Gegenteil verkehrt: der Kaiser hat sich die Vernichtung seines Vetters vorgenommen und führt sie wirklich aus. Herzog Heinrich wird vor des Königs Gericht geladen, geächtet, abgesetzt, mit den Waffen bezwungen, des Landes verwiesen, seine Herzogtümer werden zerstückelt und in andere Hände gegeben. Die welfische Großmacht, bisher seine Stütze nach innen und außen, zerschlägt der Kaiser mit eigener Hand und — für immer. Was war geschehen, das diesen Umschlag herbeiführte?

Die Schriftsteller der Zeit und der nachfolgenden Generation, die noch unmittelbare Kunde von den Vorgängen haben können, sind in der Antwort auf diese Frage, soweit sie sich überhaupt auf Zusammenhänge einlassen, vollkommen einig: Heinrich hat dem Kaiser im entscheidenden Augenblick die Unterstützung verweigert. Das Motiv hierfür lassen sie meist im Dunkeln. Nur wenige von ihnen gehen so weit, den Herzog geradezu des Verrats und der Verbindung mit den Reichsfeinden zu beschuldigen.[3] Einige sprechen ganz allgemein vom

---

[1] Ich will nicht unterlassen, auf die sehr naheliegende Möglichkeit hinzuweisen, daß der Herzog ebenso wie die übrigen Fürsten sich von der persönlichen Teilnahme am Feldzug losgekauft haben, so wie es vom Bischof von Hildesheim zufällig bezeugt ist. Vgl. Giesebrecht V, 520, der nur darin irrt, daß er den Kaiser das persönliche Fernbleiben der Fürsten bedauern läßt. Wer den Feldzug nicht romantisch-poetisch, sondern praktisch-politisch ansieht, wird eher das Gegenteil vermuten.

[2] Toeche, Jahrbücher Heinrichs VI. hält S. 27 diese Wahl für „einen glänzenden Sieg der staufischen Macht über Papst Alexander III. und die Welfen." Das bedarf keiner Widerlegung.

[3] Dies tut am bestimmtesten die Lauterberger Chronik (SS. XXIII, 157: quia iam cum Longabardis contra imperatorem conspiraverat), etwas vorsichtiger Gotfried von Viterbo v. 1147 (SS. XXII, 332: Dicitur Henricus, dum Cesaris esset amicus, Federis oblitus Greco sociatus iniquo, Ledat ut imperium Romuleosque situs). In den Gesta Henrici II. (SS. XXVII, 101) wird der gleiche Vorwurf wie bei Gotfried wenigstens dem Kaiser in den Mund gelegt (imperator ipse dicebat, quod idem dux profectus fuerat ad Manuelem imperatorem Constantinopolitanum in detrimentum ipsius et imperii Romani). Ebenso bei Otto von St. Blasien (quod Italicis hostibus reipublice faveret). Bei Burchard von Ursberg (SS. XXIII, 357; i. u. schol. 53) klagt Friedrich allgemein de traditione et crimine laesae maiestatis; der Chronist selbst spricht den

Hochmut als der Triebfeder seines Handelns,[1] andere wissen von Forderungen und Bedingungen, die ihm nicht erfüllt worden seien.[2] Alle aber stellen seinen Sturz als die unmittelbare Folge seiner offenen Abwendung von der Politik des Kaisers dar, für einige handelt es sich geradezu um persönliche Rache, die Friedrich an seinem Vetter genommen haben soll.[3] Mögen also die Einzelheiten verschieden schattiert sein, in der Hauptsache sind sie alle einig, Arnold von Lübeck, Otto von St. Blasien und Burchard von Ursberg, Ansbert, die Chronisten vom Elsaß und von Lauterberg und Eike von Reppichau, und ebenso die Ausländer Giselbert von Mons, Saxo Grammaticus, der Geschichtschreiber Heinrichs II. von England, der Chronist von Anchin und der Annalist von St. Denis.[4] In dieser Beziehung ist die Tradition vollkommen feststehend.

Verdacht der Bestechung aus (perfide ab eo recessit, sumpta occasione de excommunicatione et forte accepta pecunia).

[1] Contin. Aquicinctina (SS. VI, 418): non solum insolens extitit sed et superbus. Den gleichen Eindruck erwecken die Erzählungen bei Giselbert von Mons, Albert von Stade und Eike von Reppichau.

[2] So Otto von St. Blasien, Arnold von Lübeck und am deutlichsten die sog. Marbacher Annalen. Von obortis iam dudum inter eos discordiis sprechen die Paderborner Annalen (Scheffer-Boichorst S. 173; über die Stelle vgl. unten S. 326).

[3] Arnold von Lübeck II 2: Imperator autem pro tempore dissimulata ira ... opportunitate nacta convocatis principibus multa contra Heinricum ducem allegare cepit usw. Otto von St. Blasien c. 24: memor contemptus a duce Heinrico apud Clavennam sibi exhibiti, in ipsum vehementissime exarsit.

[4] Arnold und Otto sind in der vorigen Anmerkung zitiert. Bei Burchard ergibt sich der Zusammenhang ohne weiteres aus der Folge der Erzählung: vergebliches Hilfsgesuch, Niederlage und Flucht des Kaisers; tandem veniens in Alamanniam prefatum ducem de traditione et crimine laesae majestatis impetivit. Ansbert (zu 1190, Fontes rerum Austriacarum, SS. V, 75): Filius quondam Saxonie ducis Heinrici nomine patris dictus, qui in spe recuperande dignitatis paterne, quam aliquando, dum imperator Fridericus contra Lombardos decertasset et auxilium petenti denegasset, perdidit, obsequium prestitit. Die sog. Ann. Marbacenses (ich werde unten zeigen, daß diese Stelle nicht erst ein Zusatz der späten Neuburger Chronik sein kann, wofür Bloch in seiner Ausgabe sie hinstellt) bemerken zu dem Feldzug des Kaisers gegen Heinrich 1180: Causa belli huius hec fuit, worauf die Geschichte von der verweigerten Unterstützung folgt. Ebenso knüpft die Chronik von Lauterberg (SS. XXIII, 157) an die Verurteilung des Herzogs ihre Erzählung von seinem Hochmut und Verrat an, mit den Worten: Horum vero malorum causa fuit duci superbia eius usw.

Am deutlichsten sind die Ausländer. Giselbert von Mons fährt nach Erzählung von der hochmütigen Ablehnung der kaiserlichen Bitte fort: Hiis autem et aliis iniuriis coadunatis d. imperator illum in causam trahens usw. Saxo (SS. XXIX, 150) sagt kurz und klar: Henricus ob exercitum Cesari adversum Italos negatum gravem bello offensam expertus. Die Gesta Henrici II. (SS. XXVII, 101) fahren nach der Vorladung Heinrichs fort: Dicebat enim imperator ille, quod per defectum ducis

Und doch — gegenüber selbst dieser seltenen Einmütigkeit erhebt sich kritischer Zweifel! Einmal gehören die angeführten Berichterstatter zum größern Teil erst der nächsten Generation an, während wir unter den Zeugen mehr als einen unmittelbaren Zeitgenossen vermissen, der uns sonst als guter Gewährsmann gilt.[1] Noch schwerer wiegt es, daß gerade an der Stelle, wo wir erwarten müssen, die Schuld des Herzogs am klarsten und unzweideutigsten genannt zu hören, nämlich in der zu Gelnhausen am 13. April 1180 ausgestellten Urkunde, worin der Kaiser nach der Absetzung Heinrichs über das Herzogtum Sachsen verfügt, — daß gerade hier das nicht steht, was die Schriftsteller berichten. Ausführlich verweilt die Urkunde bei dem Verlauf des Prozesses, der mit Heinrichs Absetzung endete, sie gibt auch die Anklagen wieder, die gegen ihn erhoben wurden: vielfache Unterdrückung seiner Nachbarn, besonders der Kirchen und Geistlichen, Widerspenstigkeit gegen das kaiserliche Gericht; aber daß er dem Kaiser in der Not die Hilfe verweigert oder sich mit den Feinden des Reiches in verräterische Verbindung eingelassen habe, wird hier nicht mit klaren Worten ausgesprochen. Man kann es, wenn man will, in den Wendungen vom „multiplex contemptus" und „evidens reatus maiestatis" angedeutet finden, und mehr als ein Forscher hat es dort gefunden. Aber es ist zum mindesten zweifelhaft, ob die Worte diesen Sinn haben sollen, und es bleibt auffallend, daß die Urkunde, von der man eine deutliche Sprache verlangen dürfte, äußersten Falles nur andeuten

---

amiserat Longobardiam. Die Contin. Aquicinctina (SS. VI, 418) erklärt die Fehde des Kaisers gegen Heinrich: Nam in expeditione Italica ... ab ipso imperatore ter commonitus venire contempsit ... Unde imperator ultra quam dici potest commotus ... eum viriliter debellat. Ganz lakonisch bemerkt die Chronik von St. Denis zu 1180 (Güterbock S. 47; darüber, daß sie auf gleichzeitig geschriebenen Annalen beruht, s. Cartellieri, Philipp II. August II, 278f.): Inter Fredericum imperatorem Romanorum et ducem Saxonie orta fuit concertatio dura occasione defectus homagii.

[1] Vgl. Schäfer a. a. O. 389, der insbesondere auf das Schweigen der Kölner, Pegauer und Magdeburger Annalen hinweist, aber doch zu weit geht, wenn er sagt, „daß überhaupt ein Zusammenhang zwischen dem Sturze Heinrichs und seiner Hilfsverweigerung erst in Quellen berichtet wird, die mindestens 30 Jahre nach den betreffenden Ereignissen entstanden sind". Dies widerlegt schon die obige Liste. Will man die Ausländer nicht gelten lassen (wozu ich allerdings keinen Grund sehe), die fast sämtlich vor dem Termin von 30 Jahren schreiben, so bleiben doch mindestens Ansbert und vielleicht auch die sogenannten Marbacher Annalen. Saxo Grammaticus hat sein Werk zwar erst 1206—1208 vollendet, aber er erzählt als Zeitgenosse, die Ereignisse von 1180—1181 sogar zum Teil als Augenzeuge, wie man seiner köstlichen Schilderung der Zusammenkunft Friedrichs I. mit Waldemar I. in Lübeck ohne weiteres ansieht. Es geht also nicht an, ihn als Vertreter einer späteren Tradition hinzustellen.

soll, was die Schriftsteller offen aussprechen. Dieses halbe oder ganze Schweigen der Urkunde mag der einhelligen Rede der Erzähler wohl gleichwertig gegenüberstehen. So ist es denn nicht zu verwundern, daß strenge Forscher in neuerer Zeit in dem eingetretenen Bruch mit dem Kaiser nicht eigentlich die wirkende Ursache zum Sturze des Herzogs, sondern nur die politische Voraussetzung, die Möglichkeit dazu erkennen wollen.[1]

Noch verwickelter werden die Dinge, wenn wir uns der zweiten Frage zuwenden: wie hat sich der Sturz des Herzogs abgespielt? Oder mit anderen Worten: nach welchen Rechtssätzen und in welchen Rechtsformen wurde Heinrich belangt und verurteilt? Hierauf gibt die neuere Forschung seit Weiland und Ficker nicht nur zwei, sondern mehr Antworten. Daß bei der Verurteilung sowohl das gemeine Recht als das besondere Lehnrecht zur Anwendung kamen, ist durch die Urkunde von Gelnhausen sicher bezeugt; daß der Prozeß an mehreren Gerichtstagen nacheinander verhandelt wurde, sagen mit der Urkunde die Schriftsteller. Aber wieviel dieser Tage waren, wo und wann sie stattfanden, nach welchem Recht an den einzelnen Terminen verfahren wurde, das alles ist so mannigfach, so widersprechend und vor allem so undeutlich überliefert, daß die Forscher zwischen den Annahmen von ein, zwei und drei unabhängigen Prozessen und bis zu neun Terminen schwanken. Wobei denn schließlich vollends unsicher wird, was doch immer die Hauptsache bleiben muß: was war die Schuld des Herzogs und nach welchem Recht wurde sie gestraft?

Das schon einmal erwähnte Buch von Güterbock bestrebt sich, alle diese Fragen abschließend zu lösen, und es hat, soviel sich bisher urteilen läßt, starken Anklang gefunden.[2] Aber ich habe schon bemerkt, daß mir seine Lösungen in den Hauptpunkten unannehmbar scheinen. Dies allein könnte es nicht rechtfertigen, daß ich den Versuch mache, meine abweichende Ansicht vorzutragen und zu begründen. Ich glaube jedoch, das Material noch um einige nicht ganz unwesentliche Stücke vermehren, in seiner kritischen Verwertung sicherere Wege einschlagen und dadurch die Fragen dem letzten Ziel, wenn nicht der Einigung, so doch der Verständigung ein Stück näher bringen zu können.

---

[1] So glaube ich Schäfer S. 388 und 411f. verstehen zu müssen.

[2] Widerspruch erhob Schambach, Histor. Vierteljahrschrift XIII, 87f., aber mit verunglückter Begründung, wie er selbst ebenda 279f. erkannt hat.

I. Die Zusammenkunft von Chiavenna

Wir alle kennen von der Schule her den Vorgang, in dem der Bruch zwischen Kaiser Friedrich und Herzog Heinrich sich abgespielt haben soll; in zahlreichen Berichten ist er überliefert, ob auch in Einzelheiten verschieden, so doch im Kern übereinstimmend. Der Kaiser ist im Kampfe gegen die Lombarden in Verlegenheit geraten und ruft die Hilfe seines Vetters in persönlicher Zusammenkunft an, wobei er sich nicht scheut, seine Majestät vor dem stolzen Herzog zu demütigen. Aber umsonst, Heinrich weist die Bitte zurück, man scheidet in Feindschaft. Wenn es genügte, die Quellenzeugnisse zu zählen oder zu addieren, so daß, was die meisten übereinstimmend berichten, als Wahrheit gelten dürfte, dann gäbe es wenige Fragen, die so einfach zu beantworten wären. Anders wird das Bild, wenn wir daran gehen, die Stimmen zu wägen, die Zeugen zu konfrontieren. Da ergibt sich zunächst, daß sie über Ort und Zeit verschiedene Angaben machen; daß sie den Verlauf der Begegnung ebenfalls verschieden darstellen; daß es schwer hält, einen unter ihnen nachzuweisen, dessen Zeugnis unwidersprochen gleichzeitig genannt werden könnte; und endlich, daß die eindrucksvollste Form der Erzählung gerade die späteste ist.

Lassen wir sie in der zeitlichen Reihenfolge ihrer Entstehung — zunächst soweit diese unbestritten feststeht — an uns vorbeiziehen.

Der früheste ist ein Ausländer, der Geschichtschreiber des Hennegaus, Giselbert von Mons. Die Stelle seines Werkes, die uns angeht, ist im Anfang des Jahres 1196 geschrieben, da sie Heinrich VI. Kaiser und König von Sizilien nennt — Heinrich wurde am 25. Dezember 1194 in Palermo gekrönt —, da sie den Herzog Konrad von Schwaben als lebend erwähnt — er starb am 15. August 1196 — und des Kaisers jüngsten Bruder Philipp als „clericus" bezeichnet — er war seit dem April 1195 Herzog von Toskana,[1] was man im Hennegau nicht sogleich erfahren haben mag.[2] Sie besagt: Als Kaiser Friedrich in Italien in schweren und verlustreichen Krieg verwickelt war, bat er in seiner großen Verlegenheit Herzog Heinrich von Sachsen um Hilfe, und als dieser die Bitte abschlug, warf er sich ihm — was er nicht hätte tun sollen — zu Füßen. Der Herzog aber blieb bei seiner Weigerung

---

[1] Ficker, Forschungen zur Reichs- und Rechtsgeschichte Italiens II, 241.

[2] Vgl. Vanderkindere in der Einleitung zu seiner Ausgabe (1904) p. XXVIff., wo noch andere Belege für diesen Zeitpunkt der Abfassung zusammengestellt sind, und die vortreffliche Untersuchung von Hantke, Die Chronik des Giselbert von Mons (1871), S. 53ff., besonders 61f., 69.

und hielt es nicht einmal der Mühe wert, den vor ihm Liegenden aufzurichten.[1]

Der nächste Zeuge ist Arnold von Lübeck (geschrieben 1209—12). Nach ihm hat der Kaiser in dem langwierigen Kriege in Italien Unglück gehabt; er kommt in großer Verlegenheit nach Deutschland, versammelt die Fürsten und ruft sie zur Unterstützung auf. Besonders Herzog Heinrich sucht er auf jede Weise dafür zu gewinnen; seine persönliche Teilnahme erklärt er für notwendig, weil ihn die Lombarden fürchten. Heinrich dagegen weigert sich mit Rücksicht auf sein Alter und seine Erschöpfung durch zahllose frühere Feldzüge, auch solche in Italien, persönlich mitzugehen, und bietet Ablösung in Geld an. Friedrich antwortet mit einer kleinen Rede, worin er den Herzog an seine große Macht — „alle Kraft des Reiches ruht in dir" —, an so viel früher empfangene Gunst, an seinen Eid und an die Bande des Blutes und der Freundschaft erinnert. Und als Heinrich bei seiner Weigerung verharrt, erhebt der Kaiser sich von seinem Throne und fällt ihm zu Füßen. Heinrich richtet ihn zwar wieder auf, aber seine Bitte erfüllt er nicht.[2]

Gleichzeitig etwa schreibt Otto von St. Blasien (nach 1209): Friedrich hat mit den Lombarden Waffenstillstand geschlossen, sein Heer ent-

---

[1] M. G. XXI, 517 (i. u. schol. 90; ed. Vanderkindere 94): Hic imperator cum contra Italiam nimios guerrarum labores in nimia suorum morte sustineret, anxius nimis et coartatus, fidelem et consanguineum suum Henricum prepotentissimum ducem Saxonum, ferum et ferocem virum, de cuius divitiis et potentia omnes audientes mirabantur, sepius adiit, ut ab eo auxilium haberet. Et cum ille auxilium ei negaret, imperator ultra quam deberet pedibus illius se prostravit. Sed ille in sua perdurans nequitia dominum suum exaudire et ad suos pedes iacentem sprevit relevare.

[2] Lib. II c. 1. M. G. SS. XXI, 127f. (i. u. schol. 37 — ich zitiere weiterhin stets nach dieser kleinen Ausgabe): Cesar igitur fortunatis bellorum frustratus eventibus, graviter anxiatus, exiens de finibus illis, transmissis Alpibus venit in partes Teutonicorum et convocatis principibus eis perturbationem imperii exposuit et ad comprimendos rebelles in Italicam expeditionem eos secum evocavit. Ducem etiam Heinricum ad hunc laborem omni instantia adducere conatus est, et quia eum formidabilem Longobardis expertus erat, dicebat se omnimodis sine ipsius presentia contra eos prevalere non posse. Econtra ille pretendebat se multis laboribus et expeditionibus tam Italicis quam etiam aliis innumeris utpote iam senem defecisse, et omni devotione imperatorie maiestati se obsecuturum affirmavit in auro et argento ceterisque impensis ad exercitum contrahendum, se tamen omnino salva gratia ipsius in persona propria venire posse negabat. Ad hec imperator usw. Cumque dux adhuc renueret . . ., imperator consurgens de solio suo . . . ad pedes eius corruit. Dux autem vehementer conturbatus de re tam inaudita, quod humiliatus in terra iaceret sub quo curvatur orbis, quantocius eum a terra levavit, nec tamen eius consensui animum inclinavit.

lassen und Friedensverhandlungen angeknüpft, die Mailänder aber eröffnen den Krieg aufs neue. In dieser Not schickt der Kaiser Boten nach Deutschland um Zuzug und lädt zugleich Herzog Heinrich nach Chiavenna zu einer Besprechung. Hier begegnet er ihm und bittet ihn dringend, demütiger als für die kaiserliche Majestät passend, um Hilfe für das bedrohte Reich. Heinrich weiß, daß er allein noch die Macht hat, zu helfen, darum fordert er als Lohn Goslar, die reichste Stadt Sachsens, zu Lehen. Den versuchten Zwang, der darin liegt, empfindet der Kaiser als Beleidigung und weist die Forderung zurück, und so entfernt sich Heinrich im Zorn.[1]

Erheblich schärfer zugespitzt erscheint die Erzählung, die Burchard von Ursberg am Ende der zwanziger Jahre aufzeichnet. Bei der Belagerung von Alessandria hat der Kaiser keinen Erfolg, weil Herzog Heinrich ihn treulos verläßt. Ihm zog, wie die Leute erzählen, der Kaiser nach, erreichte ihn am See von Como und bat, ihn nicht im Stiche zu lassen, mit so großer Demut, daß es schien, als wollte er ihm zu Füßen fallen; was der Herzog bescheiden zurückwies. Aber ein Diener des Herzogs, namens Jordan, sprach, wie man erzählt, im Hochmut: „Lasset doch, o Herr, die Kaiserkrone euch zu Füßen kommen! Sie wird euch auch aufs Haupt kommen.“[2]

Um dieselbe Zeit ungefähr muß der Bericht in der Chronik von Lauterberg aufgezeichnet sein. Man sagt — so heißt es hier zum Jahr 1180, nachdem die Verurteilung Heinrichs erzählt ist —, der Kaiser habe, als er bei der Belagerung Mailands starke Verluste erlitten, die sächsischen Fürsten nach Partenkirchen, einem Orte am Fuße der Alpen, berufen und um Hilfe ersucht. Sie waren alle gern dazu bereit, der

---

[1] M. G. SS. XX, 315 (i. u. schol. 448; ich zitiere weiterhin nach dieser Ausgabe): Imperator igitur angustatus legatos in Germaniam pro supplemento exercitus direxit simulque ad Heinricum . . ., ut Clavenne ad colloquium sibi occurreret, venientique obviam procedens, ut periclitanti imperio subveniret, plus quam imperialem deceret maiestatem humiliter efflagitavit. Dux igitur Heinricus utpote solus ad subveniendum imperio hoc tempore potentia et opulentia idoneus, Goslariam ditissimam Saxonie civitatem iure beneficii pro donativo ad hoc expetiit. Cesar autem tale beneficium sibi invito extorqueri ignominiosum existimans minime consensit. Pro quo Heinricus iratus ipsum in periculo constitutum recedens reliquit.

[2] M. G. SS. XXIII, 357 (i. u. schol. 52): In hac obsidione [scil. Alexandrie] imperator non profecit, nam dux Heinricus de Saxonia, nepos suus, perfide ab eo recessit, sumpta occasione de excommunicatione et forte accepta pecunia. Quem, ut referunt homines, secutus est imperator et ad ipsum veniens super lacum Cumanum cum magna humilitate postulavit, ut se non desereret, ita ut videretur pro tali petitione ad pedes eius se velle demittere; quod dux discrete recusavit. Quidam autem ipsius ducis officialis, Jordanus nomine, narratur superbe dixisse: ‚Sinite, domine, ut corona imperialis veniat vobis ad pedes, quia veniet et ad caput.‘

Herzog aber, obwohl er bei früheren Feldzügen treu gedient hatte, verweigerte dieses Mal die Unterstützung rundweg, weil er sich schon mit den Lombarden gegen den Kaiser verbunden hatte. Da ging der Kaiser in der Erniedrigung so weit, daß er ihm zu Füßen fiel, während jener geringschätzig ihn weder aufrichtete, noch seine Bitte gewährte.[1]

Der nächste Zeuge kehrt wieder zu der Fassung, die wir bei Burchard von Ursberg kennen lernten, zurück. Nach der Weltchronik Eikes von Reppichau (Ende der 30er Jahre geschrieben) hat Herzog Heinrich dem Kaiser in den italischen Kriegen 1500 Ritter zugeführt. Als er heimkehren will, fällt der Kaiser ihm zu Füßen, um ihn zum Bleiben zu bewegen. Da sprach des Herzogs Truchseß: „Herr, euch ist die Krone zu Füßen gekommen, sie soll euch wohl noch aufs Haupt kommen.“[2]

Den Schluß macht die Chronik Alberts von Stade (nach 1240). Sie ist sehr kurz, bietet aber die eindrucksvollste Fassung, die sich denn auch der meisten Beliebtheit erfreut. Der Herzog weigert dem Kaiser die Hilfe, dieser fällt ihm zu Füßen, der Herzog denkt nicht daran, ihn aufzurichten. Dies tut die Kaiserin mit den Worten: „Erhebe dich, mein Herr, und gedenke dieses Falles! Auch Gott wird sein gedenken.“[3]

---

[1] M. G. SS. XXIII, 157: Fertur enim quod cum imperator Mediolanum obsideret, viribus suis iam valde attritis, principes Saxonie ad locum, qui Bartenkirke dicitur et est in introitu Alpium, evocavit et ut negotiis suis auxilium ferrent rogavit. Omnibus autem aliis hoc alacriter spondentibus dux, licet in prioribus expeditionibus fidelem se ei exhibuisset, hac tamen vice, quia iam cum Longabardis contra imperatorem conspiraverat, suum ei prorsus auxilium denegavit. Imperator vero cum tanta ei humilitate supplicavit, ut etiam pedibus eius prosterneretur, cum quidem ille eum negligens nec iacentem attolleret nec in eo quod petebatur aliquatenus consentiret. Quod factum imperatoris ei odium acquisivit, et utrum iuste an iniuste, lector iudicet.

[2] M. G. Deutsche Chroniken II, 229 (nur in den Redaktionen A und B, die Weiland für die früheren, vielleicht Vorarbeiten hält): De keiser vor do to Lanchbarden mit here unde besat Allexandria. Do stridden mit eme de van Meylan unde ere helpere, unde de keiser wart seghelos. Des erhalede he sic seder unde vor vore Meilan unde dwanch se, dat se sich ime irgaven; he tobrach ere muren unde evende ere graven unde hadde se vil na vordeleghet. De hertoghe Heinrich van Brunswich vorde och deme keisere 15 hundert riddere over berch. Do he weder varen wolde, de keiser bat en bliven, unde he ne wolde. Do bot sic [*Var.* Do veil] eme de keiser to vote dorch dat he bleve; des ne mochte nicht sin. Do sprach des hertoghen druczzate: „herre, iu is de crone komen up den vôt, se sal iu wol up dat hovet komen.“ Dat ne vorwan de hertoghe Heinrich nimmer mer weder den keiser.

[3] M. G. SS. XVI, 348: Circa idem tempus [1177] imperator Mediolanensibus offensus principes in auxilium vocavit et precipue Heinricum ducem. Qui cum ei difficilis esset, ad pedes eius procidit, quem dux levare contempsit. Sed imperatrix eum levavit dicens: „Surge, mi domine, memor esto casus huius, et memor sit Deus“.

Überblickt man die Mannigfaltigkeit dieser Erzählungen, so springt ihre Uneinigkeit in den wichtigsten Punkten in die Augen. Man kann darüber hinwegsehen, daß Otto von St. Blasien den Fußfall des Kaisers nicht ausdrücklich erwähnt. Seine Worte — „demütiger als sich für die kaiserliche Majestät schickte" — sind doch zweifellos nur eine dezente Umschreibung des Vorgangs, gleichviel ob diese Dezenz seiner persönlichen staufisch-kaiserlichen Empfindung zuzuschreiben ist, oder ob er sie schon in seiner Quelle vorfand. Soweit darf man also die Zeugnisse als einmütig ansehen, daß sie alle von einer persönlichen Begegnung und einem Fußfall des Kaisers sprechen. Aber die näheren Umstände! Bei Arnold von Lübeck spielt die Szene sich vor versammeltem Reichstag in Deutschland ab, nach der Lauterberger Chronik vor einer Versammlung wenigstens der sächsischen Fürsten in Partenkirchen; Giselbert von Mons schweigt über den Ort. Die andern verlegen sie nach Italien, Burchard von Ursberg an den Comer See, Otto von St. Blasien nach Chiavenna. Auf die Widersprüche in den Zeitangaben will ich hier nur kurz hindeuten. Sie sind augenfällig, wenn die eine Quelle das Ereignis an die Belagerung Mailands, die andere an die von Alessandria anknüpft. Auch den Verlauf der Begegnung erzählen sie verschieden. Während die meisten sie mit dem vergeblichen Fußfall enden lassen, verlegt Otto von St. Blasien die „Demütigung" des Kaisers an den Anfang. Nach Arnold von Lübeck hätte Heinrich den Kaiser wieder aufgerichtet, nach Burchard von Ursberg den Fußfall wenigstens abgelehnt, während Giselbert von Mons, der Lauterberger Chronist, Albert von Stade das Gegenteil sagen. Bei Burchard von Ursberg und Eike von Reppichau begleitet ein Ritter aus des Herzogs Gefolge den Fußfall mit hoffährtig hochverräterischen Worten. Bei Albert von Stade tritt die Kaiserin dazwischen und macht der Szene ein Ende. Darf, bei solchen Widersprüchen im einzelnen, der Kern der Erzählung noch als echt angesehen werden?

Mehr als ein Forscher hat hierauf mit Nein geantwortet. Wir können von den Früheren absehen[1] und uns auf Güterbock be-

[1] Ozlberger, Hat Kaiser Friedrich I. vor der Schlacht bei Legnano dem Herzog Heinrich dem Löwen sich zu Füßen geworfen? (Progr. des k. k. Gymnasiums zu Linz 1859—1860) hat die Reihe der Leugner eröffnet und bereits das meiste gesagt, was sich gegen die Überlieferung sagen läßt. Es ist mir deshalb eine Genugtuung, ihm seinen richtigen Namen wiederzugeben, den er zu verlieren in Gefahr ist, da Güterbock ihn hartnäckig Olzberger nennt. — Schäfer, Hist. Zeitschrift LXXVI, 389f. hat die Frage nur eben gestreift. Den Versuch von Lucas (s. u.) wird man nicht als geglückt ansehen können. Mit einem Hinweis auf das Schweigen der unmittelbaren Zeitgenossen und die Widersprüche der Späteren ist ein solches Problem nicht abzutun.

schränken, dessen Auseinandersetzungen die Argumente seiner Vorgänger aufgenommen und gewürdigt haben.[1] Während, wie er meint, die Abweichungen hinsichtlich des Verlaufes der Begegnung sich allenfalls erklären ließen, seien die Widersprüche in den Orts- und Zeitangaben unüberbrückbar. Daraus zieht er den Schluß, die Begegnung sei nicht historisch. Er findet hier ein typisches Beispiel für die Geschichte einer Sage. In ihrer frühesten Form, bei Giselbert von Mons, tritt die Erzählung noch ohne jede lokale Färbung auf, d. h. ohne Ortsangabe. In der folgenden Generation erst wird sie örtlich fixiert, aber in verschiedener Weise: die Norddeutschen (Arnold und die Lauterberger Chronik) verlegen sie nach Deutschland und Partenkirchen, die Süddeutschen nach der Lombardei, an den Comer See, nach Chiavenna.

Ich weiß nun nicht, ob diese Argumentation wirklich so zwingend ist, wie ihr Urheber zu glauben scheint. Wenn wir alle Ereignisse als unhistorisch streichen müßten, die nach Zeit und Ort widersprechend überliefert sind, so würden sich die Blätter der älteren Geschichte bedenklich leeren. Es genügt an ein jedermann bekanntes Beispiel zu erinnern: nach den Grundsätzen von Güterbock müßten wir schließen, daß Jesus nirgends und nie geboren sei. Mir will es denn auch nicht einleuchten, daß ein Ereignis nur darum niemals und nirgends stattgefunden haben könne, weil eine beträchtlich spätere Geschichtschreibung es bald in dieses, bald in jenes Jahr und bald an diesen, bald an jenen Ort verlegt. Ich will keineswegs mit Giesebrecht aus diesen Widersprüchen einen Beweis für die Echtheit des Kerns der Erzählung machen;[2] aber einen zwingenden Beweis gegen sie kann ich darin ebensowenig erblicken.

Hier werden andere Erwägungen entscheiden müssen. Allerdings nicht die innere Wahrscheinlichkeit oder Unwahrscheinlichkeit des Ereignisses selbst, auf die ein jüngerer Forscher, wie mir scheint, in nicht geringer methodischer Verirrung, sich zurückgezogen hat,[3] sondern eine möglichst sorgfältige und eindringende Prüfung jedes einzelnen Zeugnisses. Auch Güterbock hat eine solche unternommen; aber ich glaube, sie läßt sich in manchen Stücken vertiefen und berichtigen und führt dann zum entgegengesetzten Ergebnis.

---

[1] S. 22f.

[2] Kaiserzeit V, 778.

[3] Lucas, Zwei kritische Untersuchungen zur Geschichte Friedrichs I. (Berliner Dissert. 1904) S. 15: „Die Prüfung der Überlieferung hat uns demnach zu einem festen Resultat nicht führen können. Weiter helfen kann nur eine Untersuchung der inneren Wahrscheinlichkeit oder Unwahrscheinlichkeit des fraglichen Ereignisses". Wenn die „Wahrscheinlichkeit" überhaupt jemals das letzte Kriterium wäre, dann könnte man sich die Prüfung der Überlieferung eigentlich sparen.

Jedem Leser wird es aufgefallen sein, daß Güterbock bei der Kritik der einzelnen Berichte eine Voraussetzung macht, von der aus er ihre „Glaubwürdigkeit“ einschätzt: die Erzählung vom Fußfall des Kaisers ist ihm schlechthin sagenhaft, legendenhaft. Otto von St. Blasien ist ihm auch deshalb der einzige ernsthafte Gewährsmann, weil er diesen „sagenhaften“ Zug wenigstens nicht ausdrücklich bietet. Aber ist diese Voraussetzung unbedingt richtig? Mir erscheint sie als eine petitio principii. Handelt es sich doch unter anderem gerade darum, ob wir den Fußfall zu den historischen Begebenheiten zählen sollen oder nicht; und darüber besitzt ja niemand von uns ein instinktives oder offenbartes Wissen, das können uns nur die Quellen sagen. Oder will man es a priori für unmöglich erklären, daß ein Kaiser in der Not vor einem Herzog einen Fußfall tut? Dies hätte Bresslau[1] schon durch den Hinweis auf Konrad II. widerlegt, der in viel weniger bedrängter Lage dem eigenen Sohne zu Füßen gefallen ist. Etwas anderes wäre es, wenn wir es hier etwa mit einem typischen Motiv zu tun hätten; aber davon ist ja gar nicht die Rede. Wir dürfen also diese Voraussetzung Güterbocks ohne weiteres streichen: der Fußfall des Kaisers ist durchaus nicht notwendig „sagenhaft“ oder „legendenartig“, er kann sehr wohl historisch sein.

Gehen wir nun an die Prüfung der einzelnen Berichte. Der Vortritt gebühre dem ausführlichsten, der zugleich unstreitig der schlechteste ist. Die Erzählung Arnolds von Lübeck ist in dieser Form nicht zu brauchen. Ein Reichstag in Deutschland, auf dem so etwas vorgekommen wäre, und von dem doch keine andere Quelle etwas weiß; Heinrich der Löwe, der sich, 46 Jahre alt, mit Alter und Erschöpfung entschuldigt; der Kaiser, der die Truppen des Herzogs zurückweist und nur seine persönliche Teilnahme am Kriege als Bürgschaft des Sieges fordert; die Lombarden, die vor niemand solche Angst haben, wie vor dem Herzog, den sie doch seit 14 Jahren nicht mehr gesehen haben — das ist alles reiner Unsinn, nicht wert, daß man es widerlege. Es bedürfte auch nicht der schönen Rede, die Arnold dem Kaiser in den Mund legt, um die ganze Erzählung als freie und höchst ungeschickte Komposition des Chronisten zu erweisen. Und zwar Komposition mit bestimmter Absicht: Arnold will für den gestürzten Herzog Stimmung machen.[2] Er ist, das weiß man ja längst, ein persönlicher Anhänger des Löwen;[3] er schreibt unter der Regierung von Heinrichs Sohn, Kaiser

[1] Neues Archiv XXXV, 292.

[2] Die Tendenz scheint mir nicht richtig bezeichnet, wenn Lucas S. 10 meint, Arnold schreibe in majorem gloriam Heinrichs.

[3] Diese Anhängerschaft wäre schon durch die Herkunft Arnolds aus Braunschweig und seine Zugehörigkeit zu dem Kreise der Geistlichen erklärt, die Heinrich dem Löwen

Otto IV. Darum bemüht er sich, die Szene, die zum Sturz des Herzogs den Anlaß gab, so zu schildern, daß der Kaiser als hart, ungerecht, eigensinnig dasteht, während jener maßvoll, vernünftig und bescheiden erscheint. Um es mit einem Worte zu sagen: was Arnold bietet, ist welfische Umdichtung der Begebenheit, eine Umdichtung, der man die Künstlichkeit von weitem ansieht. Durch das, was Arnold erzählt, ist Friedrichs Demütigung vor dem Vetter schlechterdings nicht zu erklären. Da klafft ein Widerspruch zwischen Anfang und Ende: der Erzähler müht sich, eine Tatsache, die er berichten soll, verständlich zu machen, verwickelt sich dabei aber in offenkundigen Unsinn und verrät hierdurch nur, daß er den Schluß, den Fußfall, überliefert erhalten hat, während alles Vorausgehende seine eigene Mache ist. Warum nun tut er sich überhaupt solche Gewalt an? Warum faselt er, um eine Tatsache zu motivieren, und begnügt sich nicht sie zu verschweigen? Ich weiß dafür nur eine Erklärung: die peinliche Begegnung von Kaiser und Herzog war zu bekannt, sie war namentlich zu bekannt als Ursache zum Sturze des Herzogs, als daß man sie hätte übergehen können.

Bleibt noch eine Seite von Arnolds Bericht: in welchen zeitlichen Zusammenhang setzt er das Ereignis? Güterbock hat hierzu Bemerkungen gemacht, die ich nicht unterschreiben kann. Er findet, die Erzählung werde dadurch „vollends unglaubwürdig", daß sie „ohne Jahresangabe, nicht in der annalistischen Darstellung, sondern in der Einleitung" stehe.[1] Das scheint mir tatsächlich unrichtig. Arnold will auch hier durchaus dem Annalenschema folgen. An welches Jahr er bei dem Kapitel (II, 1) „De discordia imperatoris et ducis" etwa denkt, ergibt die Reihenfolge seiner Erzählung. Er hatte vorher, im ersten Buch, von Ereignissen der Jahre 1172/3 gehandelt, nur die Ermordung Thomas Beckets (1170) ist durch offenkundigen Irrtum hineingeraten; er spricht nachher (II, c. 2. 3) von der beginnenden Verfolgung des Löwen, der Beilegung des Schismas, Gründung des Johannisklosters in Lübeck — lauter Dingen, die in die Jahre 1177/8 gehören. Also setzt er den Bruch zwischen Kaiser und Herzog in die Zwischenzeit, 1174

nahestehen; was Damus, Die Slawenchronik Arnolds von Lübeck (Göttinger Dissert. 1872) S. 1—10 so ziemlich erwiesen haben dürfte. Einen zweiten Grund bin ich geneigt darin zu finden, daß Arnold die Pilgerfahrt des Herzogs nach Jerusalem 1172 in der Umgebung des Bischofs Heinrich von Lübeck mitgemacht hat. Die Schilderung dieser Reise ist so lebendig, daß sie mir durch Autopsie besser erklärt zu sein scheint als durch Benutzung einer fremden Erzählung. Man müßte denn geradezu annehmen, Arnold habe fremde Aufzeichnungen seinem Buche wörtlich einverleibt. Die Bemerkung von Giesebrecht VI, 500 „nichts deutet darauf hin, daß Arnold selbst die Fahrt mitmachte", ist mir völlig unbegreiflich.

[1] S. 16.

bis 1176, wo er auch richtig hingehört. Güterbock meint freilich, Arnold scheine den Vorgang in den Anfang der sechziger Jahre zu verlegen, weil er nach der erfolglosen Zusammenkunft von einer Unterwerfung der Lombarden berichte. Aber das ist doch schwerlich richtig.[1] Welche „Unterwerfung“ Arnold hier im Auge hat, verrät er durch die Nennung Christians von Mainz, „der bis zu seinem Lebensende die Lombardei verwüstete und sie dem Reiche unterwarf“.[2] Das paßt nur auf die siebziger Jahre, wenn es auch eine falsche Vorstellung von den damaligen Ereignissen zeigt. Arnold hält eben den Frieden mit den Lombarden (1177) für einen Erfolg des Kaisers; er bedeutet ihm Unterwerfung. Ein sachliches Mißverständnis, zweifellos, aber begreiflich bei einem Schriftsteller, der in großer räumlicher Entfernung, ohne ausreichende schriftliche Materialien arbeitet und die Dinge von 1177 im Lichte der großen Erfolge des Kaisertums in der späteren Zeit, von 1184—1210, sieht.

Wir dürfen mithin als Ergebnis festhalten: Arnold von Lübeck hat bereits eine feste, nicht zu umgehende Überlieferung vorgefunden, wonach es in der kritischen Zeit um die Mitte der siebziger Jahre einen erfolglosen Fußfall des Kaisers vor Heinrich dem Löwen gegeben hätte, der die Ursache für den späteren Sturz Heinrichs wurde. Wie er diese Tatsache ausmalt und in Zusammenhang mit anderen Ereignissen zu bringen sucht, das ist sein Eigentum und für uns ohne Belang.

Über Giselbert von Mons kann man sich kurz fassen, wie er selbst es tut. Wer nicht mit Güterbock den Fußfall ohne weiteres für „Sage“ hält, wird in diesem Berichte nichts Anstößiges entdecken. Es ist auch schwer einzusehen, inwiefern es seiner Glaubwürdigkeit schaden soll, daß er nicht zu einem bestimmten Jahre eingereiht ist. sondern

---

[1] Güterbock S. 17 sagt außerdem, wenn Arnold „den Kaiser völlig machtlos über die Alpen eilen und ... Hilfe suchen“ lasse, so scheine er an 1167 gedacht zu haben. Auch dies ist tatsächlich falsch. Die Stelle lautet: Cesar igitur fortunatis bellorum frustratus eventibus, graviter anxiatus, exiens de finibus illis, transmissis Alpibus venit in partes Teutonicorum usw. Von völliger Machtlosigkeit ist hier schon nicht die Rede. Ferner: wenn Arnold von den Ereignissen des Jahres 1167 überhaupt etwas wußte, so konnte er im Hinblick auf sie unmöglich bloß von militärischer Erfolglosigkeit (oder Mißerfolgen) des Kaisers sprechen. Güterbock bemerkt weiter: „Daß Arnold wirklich an die Zeit vor der Zerstörung Mailands gedacht hat, das wird uns bestätigt durch eine Parallelquelle, die eine entsprechende Nachricht über die Zusammenkunft enthält,“ nämlich die Lauterberger Chronik. Das verstehe ich nicht. Wie soll die Lauterberger Chronik uns darüber Aufschluß geben, woran Arnold von Lübeck gedacht hat?

[2] Imperator autem ... reversus est in Italiam cum exercitu ... adiuvante partes eius omni instantia Christiano Maguntino, qui etiam usque ad finem vite sue Longobardiam vastabat, subiciens eam imperio.

in einem kurzen Überblick über die Regierung Friedrichs steht.[1] Man darf nur nicht vergessen, daß Giselbert bloß hennegauische Geschichte schreibt, nicht deutsche oder allgemeine Geschichte. Da hat er auch keinen Grund, Ereignisse, die nur Deutschland angingen, in seine chronologische Erzählung einzuschalten. Darum scheint mir der Schluß, er scheine hier gar nicht zu wissen, in welchem Jahr und unter welchen Umständen sich der Vorgang abgespielt hat, mehr als gewagt. Dagegen wird sich nicht leugnen lassen, daß eine Tatsache zu den allbekannten gehört haben muß, die ein ausländischer Landeschronist[2] als ein wichtiges Ereignis zu erwähnen nicht unterließ, obwohl er sich sonst, seiner Aufgabe getreu, für innerdeutsche Sachen nicht interessiert.[3] Wir kommen also hier zu dem Ereignis: schon 1196, wo Giselbert schrieb, war die Geschichte von der Begegnung und dem Fußfall in weitesten Kreisen bekannt, und zwar schon in der peinlichsten Form: der Herzog soll den Kaiser haben liegen lassen.

Was an dem Berichte Burchards von Ursberg unhaltbar ist, fällt in die Augen: Heinrich soll an der Belagerung Alessandrias teilgenommen haben, aber eigenmächtig abgezogen sein. Heinrich war nie vor Alessandria; also kann sich die Begegnung auch nicht so abgespielt haben, wie sie hier dargestellt wird. Dazu scheint der Chronist seinem Berichte selbst zwei Fragezeichen beizusetzen mit den Worten „ut referunt homines" und „narrant". Er kennt also die Begegnung nur aus dem, was „die Leute sich erzählen". In der Tat, alles spricht dafür, daß die Fassung, die er bietet, eine jener fesselnden geschichtlichen Anekdoten ist, die, wenn ich nicht irre, seit dem 13. Jahrhundert zahlreich werden, und davon uns Dante später einen so vollen Kranz überliefert hat; Anekdoten, die in knappster Form und schärfster Antithese Menschen und Dinge wie mit Blitzlicht beleuchten und in der

[1] Güterbock S. 14: „In diesem Rahmen gewinnt die Nachricht nicht gerade an Glaubwürdigkeit". Über die Abfassungszeit s. o. S. 303.

[2] Daß der Hennegau trotz seiner Zugehörigkeit zum Reich als Ausland gegenüber dem eigentlichen Deutschland gelten muß, wird schwerlich bestritten werden.

[3] Welche Absicht Giselbert bei der Abfassung seines Buches leitete, hat er selbst in den ersten Worten angedeutet: Geschichte und Genealogie der Grafen von Hennegau und anderer Herrscher mit jenen will er schreiben. Der Inhalt bestätigt das. Von innerdeutschen Dingen, die nicht mit seinem Thema zusammenhingen (wie das Reichsfest in Mainz 1184 und der Reichstag zu Schwäbisch-Hall 1190), erwähnt er so gut wie nichts: Heinrichs des Löwen Ehe mit Clementia von Zähringen und ihre Scheidung (p. 65), die Heirat Heinrichs von Braunschweig mit der Pfalzgräfin Agnes (p. 305); dazu den Kreuzzug und Tod Friedrichs I., die Eroberung des sizilischen Reiches. Vgl. die treffenden Bemerkungen von Hantke, Die Chronik des Giselbert von Mons, S. 29ff.

Regel mit einem epigrammatisch zugespitzten geflügelten Wort enden. In unserem Falle ist es ein Ritter aus dem Gefolge des Herzogs, mit Namen Jordan, dem das Wort in den Mund gelegt wird: „Lasset doch, Herr, die Krone euch zu Füßen liegen, sie soll euch einst noch das Haupt zieren!" Möglich, daß diese Erzählung in Gestalt eines Volksliedes gelebt hat; Burchard hat sie jedenfalls nicht aus einem Liede geschöpft, wie sich sogleich herausstellen wird.

Dieselbe Erzählung, zum Teil wörtlich übereinstimmend, kehrt nämlich in der Weltchronik Eikes von Reppichau wieder. Deren Bericht ist bisher von allen Forschern bei Seite geschoben worden. Doch nicht mit Recht. Auf den ersten Blick scheint er zwar nur zu wiederholen, was wir schon aus der Ursberger Chronik kennen. Aber wenn man sich erinnert, daß Burchards Werk sonst gar nicht von Eike benutzt ist, so wird man doch schon ein wenig aufmerken. Auch erleidet die Übereinstimmung — die in einzelnen Worten bis zu sklavischer Abhängigkeit des deutschen Textes vom lateinischen geht — in zwei Punkten eine merkwürdige Ausnahme,[1] die jede direkte Verwandtschaft ausschließt. Bei Burchard wird der Fußfall verhindert, der bei Eike wirklich erfolgt ist. Und bei Burchard ist es quidam ducis officialis, Jordanus nomine, der die vorhin zitierten Schlußworte spricht; bei Eike heißt es: do sprach des hertoghen druczzate. „Truchseß" ist keine Übersetzung von „officialis"; den „Truchseß" also konnte der Sachse nicht vom Ursberger entlehnen.

Aus allem ergibt sich, daß die beiden Chronisten, die zeitlich in geringem, räumlich in weitem Abstand voneinander arbeiten, ihre Erzählung nicht bloß mündlicher Überlieferung verdanken können. Sie

---

[1] Ich stelle zum Vergleich die beiden Texte nochmals nebeneinander:

<table><tr><td>... dux Henricus de Saxonia ... perfide ab eo recessit ... Quem, ut referunt homines, secutus est imperator et ad ipsum veniens super lacum Cumanum cum magna humilitate postulavit, ut se non desereret, ita ut videretur pro tali petitione ad pedes eius se velle demittere; quod dux discrete recusavit. Quidam autem ipsius ducis officialis Jordanus nomine narratur superbe dixisse: sinite, domine, ut corona imperialis veniat vobis ad pedes, quia veniet et ad caput.</td><td>Do he [scil. Heinrich] weder varen wolde, de keiser bat en bliven, unde he ne wolde. Do bot sic [Var.: do veil] eme de keiser to vote dorch dat he bleve; des ne mochte nicht sin. Do sprach des hertoghen druczzate: „herre, iu is de crone komen up den vǒt, se sal iu wol up dat hovet komen".</td></tr></table>

— Daß hier eine lateinische Quelle durchschimmert, wird sich nicht leugnen lassen. „Bot sic to vote", „komen up den vǒt" sind so ungeschickte Wendungen, daß sie nur als Übersetzungen von „ad pedes se demittere" und „venit ad pedes" oder ähnlichen Ausdrücken erklärt werden kann.

haben bereits eine schriftliche Aufzeichnung benutzt, und zwar — Eikes linkischer Ausdruck verrät es — eine Aufzeichnung in lateinischer Sprache, worin als Schlußredner „Jordanus dapifer domini ducis“ auftrat. Ihr entnahm der eine den „officialis quidam nomine Jordanus“, der andere „des hertoghen druczzaten“.

Die Erzählung kann nicht allzu spät nach den Ereignissen entstanden sein. Ja, ich möchte noch weiter gehen: zur Zeit, als die Wogen des Kampfes zwischen Kaiser und Herzog hoch gingen, muß sie entstanden sein. Es mag dahingestellt bleiben, ob man an ihr den staufischen oder den welfischen Stempel entdecken will, ob sie die Größe des Herzogs verherrlichen oder seinen verbrecherischen Ehrgeiz brandmarken sollte. Darüber könnte nur die ursprüngliche Fassung Aufschluß geben, während die Exzerpte in einer kaiserlich gefärbten und einer kompendiös trockenen Chronik die Ursprungsmale ausgelöscht haben. In jedem Falle würden wir uns in die leidenschaftliche Erregung der entscheidenden Jahre von 1178—1181 versetzt sehen, da man auf welfischer Seite wohl noch im Gefühle der eigenen Großmacht lebte, auf staufischer in der gefährlichen Überhebung des Herzogs und seiner Leute die Berechtigung zu seiner Vernichtung suchte und fand.[1] Hatte uns Arnold von Lübeck die feststehende Tradition von 1210, Giselbert von Mons die allgemein verbreitete Vorstellung von 1196 gemeldet, so erhalten wir durch Burchard von Ursberg und Eike von Reppichau ein indirektes Zeugnis über das, was die „öffentliche Meinung“ um 1180 sagte. Schon damals weiß die Welt es nicht anders, als daß während der Krisis des lombardischen Krieges 1175 und 1176 Kaiser und Herzog unversöhnliche Feinde geworden sind in einer dramatisch bewegten Unterredung, in deren Ausmalung man sich gefällt. Wenn es sich bei all dem immer nur um sogenannte „mündliche Überlieferung“ handelte, so ist es doch von Wert, feststellen zu können, daß diese „mündliche Überlieferung“ keine spätere Sagenbildung ist, wie man wohl gemeint hat, sondern daß sie bis fast in die Zeit des Ereignisses selbst hinaufreicht, und zwar gerade in einer Form, die man leicht für späte poetische Zuspitzung hätte halten können.

[1] Den Gedanken, daß hier ein vaticinium ex eventu nach der Kaiserkrönung Ottos IV. vorliege, darf man — so scheint mir — nur fassen, um ihn alsbald wieder fallen zu lassen. Denn der, dem hier die Krone „auf das Haupt kommen“ soll, ist Heinrich der Löwe selbst, nicht sein Sohn. Auch abgesehen davon hätte sich in der kurzen Kaiserherrlichkeit Ottos eine solche Legende kaum bilden, sicher nicht ganz Deutschland erobern können, so daß sie noch zehn bis zwanzig Jahre nach seinem ruhmlosen Tode in Nord und Süd mit den gleichen Worten erzählt worden wäre.

Wir dürfen aber noch einen Schritt weitergehen. Die Erzählung trägt eine Beglaubigung in sich, die nicht hoch genug angeschlagen werden kann, durch die Nennung des Truchsessen Jordan.

Er ist nämlich eine historische Persönlichkeit und, mehr als das, eine zweifellos in seiner Zeit sehr bekannte Persönlichkeit. Arnold von Lübeck nennt ihn als Begleiter seines Herzogs auf der Pilgerfahrt nach dem heiligen Lande,[1] auch die Chronik von Stederburg erwähnt ihn einmal.[2] Sehr häufig begegnet er als Zeuge in den Urkunden Heinrichs des Löwen und seines Sohnes, des Pfalzgrafen Heinrich. Er heißt mit vollem Namen Jordan von Blankenburg.[3] Seine Gestalt muß sich den Zeitgenossen, wenn durch nichts anderes, so doch dadurch eingeprägt haben, daß er ein ungewöhnlich hohes Alter erreichte. Wir treffen ihn schon im Jahre 1158[4] und können ihn durch volle 60 Jahre, bis 1218, verfolgen,[5] wo er als erster der welfischen Ministerialen eine Stiftung bezeugt, die Pfalzgraf Heinrich aus dem Testament Kaiser Ottos IV. macht.[6] Seitdem verschwindet er, und an seine Stelle tritt sein gleichnamiger Sohn, der schon 1218 einmal neben dem Vater erschienen ist[7] und noch 1235 das Amt des Truchsessen bei Otto dem Kinde, dem ersten Herzog von Braunschweig, bekleidet.[8] Also erzählten Burchard von Ursberg und Eike von Reppichau von einem Manne ihrer Zeit, den sie jedenfalls dem Rufe nach, Eike vielleicht sogar persönlich

---

[1] I 3 (p. 15): Jordanis dapifer.

[2] SS. XVI, 211 (zu 1174).

[3] So als Zeuge in der Urkunde Kaiser Friedrichs von 1173, 8. Juni, Stumpf 4148; vgl. Codex dipl. Lubecensis I, 3 und Mecklenburgisches Urkundenbuch I, 59. 70.

[4] In der Stiftungsurkunde für Ratzeburg. Mecklenb. Urkundenbuch I, 59.

[5] Mecklenb. Urkundenbuch I, 68. 70. 92. 93. 100. 101. 102. 111. Origines Guelficae III, 425. 510. 513. 517. 524. 531. 561. 574. 606. 607. 616. 621. 624. 630. 632, praef. 36. 38. Dobenecker, Regesta hist. Thuringiae II n⁰ 251. 561. Spilcker, Beiträge zur älteren deutschen Geschichte I (1827), 173.

[6] Orig. Guelf. III, 661.

[7] 1218: Jordanis dapifer et Jordanis filius suus; 1219: Jordanis juvenis; l. c. 662. 664. Er wird — Jordanis filius Jordanis dapiferi nostri — 1204 vom Pfalzgrafen Heinrich an König Otto geschenkt, l. c. 630. Von 1221 ab erscheint er schlechtweg als Jordanis dapifer, l. c. 677. 678. 691. 693—699. 702. 709. 712. 713.

[8] l. c. 718. Die Art, wie der jüngere Jordan zuerst eingeführt wird, schließt es aus, daß wir es hier mit mehr als zwei Männern dieses Namens zu tun haben; ebenso die Erwähnung des Jordanis dapifer neben Jusarius pincerna zu 1202 (Foerstemann, Neue Mitteilungen historisch-antiquarischer Forschung VII 4, 53), denn Jusarius ist der schon früher wiederholt vorkommende Bruder des älteren Jordan. Wer an der Langlebigkeit des Mannes Anstoß nimmt, der sei an einen anderen Truchsessen erinnert, der mindestens ebenso alt geworden ist, den Seneschall der Champagne, Johann von Joinville.

kannten. Jordan der Jüngere mochte dann wohl die Geschichte von seinem Vater in Eikes Chronik lesen.

Wenn dem so ist — und es ist ja keine bloße Vermutung, sondern urkundlich erwiesen —, wenn die Erzählung von den trotzigen Worten des Truchsessen schon bei dessen Lebzeiten jahrzehntelang von Mund zu Mund laufen und aufgezeichnet werden konnte, dann mag sie vielleicht anekdotisch zugespitzt sein, aber einen geschichtlichen Kern muß sie unbedingt haben. Zum allermindesten kann der Anlaß der Bemerkung nicht erfunden sein. Die Begegnung von Chiavenna und ihr Verlauf in der Hauptsache müssen historisch sein, wenn man von einem Zeitgenossen zu seinen Lebzeiten erzählen konnte, was er dabei gesprochen habe.

Man gestatte mir einen Vergleich aus der neueren Geschichte. Auch an die Zusammenkunft von Warschau im Jahre 1850 heftet sich eine Erzählung von anekdotischem Zuschnitt, die als Legende bestritten wird. Aber mag die Rolle, die sie dem Grafen Brandenburg zuschreibt, unecht sein,[1] die Erzählung hätte doch nicht entstehen können, wenn es 1850 kein Warschau gegeben hätte. So möchte ich auch sagen: sollten die Worte Jordans auch Dichtung sein, so hätte die Dichtung doch nicht erfunden werden können, wenn es nicht ein Chiavenna gegeben hätte.

In der Erzählung Burchards von Ursberg ist ein Element enthalten, das von vornherein auf mehr als bloß mündliche Überlieferung zu deuten scheint: die ziemlich genaue Ortsangabe „super lacum Cumanum." Bei Otto von St. Blasien kommt man mit der mündlichen Überlieferung als Quelle überhaupt nicht mehr aus. Sein Bericht paßt vorzüglich zu allem, was wir über Friedrichs militärisch-politische Lage und Aufenthaltsorte im Jahre 1175 und 1176 wissen; er weiß nicht nur, wo die Zusammenkunft erfolgte, er weiß auch über ihre Vorgeschichte und über ihren Verlauf mehr als die andern, er kennt den Inhalt der Unterredung und nennt überall Namen: Chiavenna, Goslar. Er ist denn auch, mit Güterbock[2] zu reden, „der Kronzeuge für die Existenz der Zusammenkunft". Seine Autorität mußte vor allem beseitigt werden, darum bemüht sich Güterbock, ihn auf alle Weise zu diskreditieren. Er nennt ihn „einen sehr schlechten Gewährsmann, der sogar mit Vorliebe Legenden erzählt", und rechnet ihm unbarmherzig „seine zahlreichen falschen Nachrichten" vor, „die er auf die Erzählung von der Zusammenkunft folgen läßt": daß er das Heer der Lombarden bei Le-

---

[1] Sybel, Begründung des Deutschen Reiches II, 4ff.
[2] S. 20.

gnano „phantastisch" auf 100000 Mann schätzt und für das Schlachtbild einen Hinterhalt der Brescianer frei erfindet; daß er den Gegenpapst fälschlich vor dem Frieden von Venedig sterben läßt, die Namen der in Venedig beteiligten deutschen Bischöfe „ganz verwirrt" angibt und für die Rückkehr des Kaisers nach Deutschland einen falschen Weg bezeichnet; endlich, daß er „gerade über den Prozeß Heinrichs des Löwen falsche Angaben macht". „Bei dieser erschreckend großen Fülle von Fehlern kann die Darstellung Ottos offenbar keinen Glauben verdienen." So urteilt Güterbock. Sehen wir zu, ob er recht hat.

Um mit dem letzten Satze zu beginnen: der Schluß scheint mir anfechtbar. Wäre Otto ein gleichzeitiger Autor, so müßte freilich seine Autorität bezüglich eines bestimmten Ereignisses leiden, sobald man ihm mehrfache grobe Irrtümer in der Nachbarschaft dieses Ereignisses nachweisen könnte. Aber er ist ein später Geschichtschreiber, 30 bis 40 Jahre nach den hier in Frage stehenden Dingen hat er aus allerhand Nachrichten, die wir nicht mehr nachzuweisen vermögen, seine Darstellung zusammengewoben. Da ist es nicht zu verwundern, wenn sich neben schlechten Stücken sehr gute finden, und ein gutes Stück wird nicht schlechter, weil es neben einem zweifelhaften oder unechten liegt. Am wenigsten darf man vergessen, daß die Anordnung der Nachrichten, insbesondere die Herstellung der Zeitfolge, das Werk eines späten Forschers ist. Irrt er sich dabei, so brauchen darum die einzelnen Tatsachen noch lange nicht falsch zu sein.[1]

Mithin fällt der Verstoß in der Chronologie von Calixts III. Tode hier gar nicht ins Gewicht. Aber auch die falsche Route für die Heimkehr des Kaisers erklärt sich bei näherem Zusehen als ein chronologischer Irrtum. Otto verwechselt nämlich Friedrichs Rückkehr im Jahre 1178 mit seiner Flucht aus Italien 1168.[2] Seine andern Sünden hat Güterbock ein wenig übertrieben. Die „verwirrten" Angaben über die deutschen Hauptbeteiligten am Kongreß von Venedig sind in Wirk-

---

[1] Ein klassisches Beispiel hierfür bietet die Stelle der Weltchronik Eikes oben S. 306, Anm. 2. Jede einzelne Tatsache ist richtig, das Ganze völlig falsch.

[2] Imperator vero in Germaniam redire disponens, ... missis nunciis ad Bertoldum ducem de Zaringen petiit, ut in Italiam cum exercitu sibi occurreret, ut eo securius transalpinaret. Quo veniente per Montis Jovis angustias regressus usw. Nach Gotfried von Viterbo (der wahrscheinlich dabei war, s. Giesebrecht VI, 480) v. 787 wurde die Rückkehr des Kaisers 1168 in der Tat durch Berthold von Zähringen möglich gemacht (Dux Bertoldus erat, per quem fuga nostra paratur), während 1178 zu solcher Hilfeleistung gar keine Veranlassung vorlag und der Weg bekanntlich durch Burgund ging, dessen Rektorat der Zähringer damals nicht mehr besaß. Übrigens verwechselt Otto auch für 1168 die Pässe: Friedrich ging nach Gotfried von Viterbo v. 777 über den Mont Cenis, nicht über den Großen Bernhard. Aber diese Verwechslung gehört wohl zu den verzeihlichsten.

lichkeit ziemlich harmlose Namensverwechslungen.[1] Das gleiche gilt von den „ganz falschen Angaben“ über den Prozeß des Löwen: die Ortsnamen für die einzelnen Reichstage sind zum Teil unrichtig.[2] Wenn das die Quelle überhaupt „unglaubwürdig“ machte, dann wären z. B. die Annalen von Nieder-Alteich für die Geschichte Heinrichs III. und IV. gar nichts wert, denn sie geben das Itinerar der Herrscher in der Regel falsch. Daß Otto bei der Schilderung einer Schlacht das Opfer eines übertreibenden und ausschmückenden Berichts geworden, ist zwar bedauerlich, doch teilt er dieses Schicksal mit vielen späteren Historikern auch der neuesten Zeit, denen man deshalb doch nicht vorzuwerfen pflegt, sie hätten „phantasiert“ oder „frei erfunden“.

Endlich dafür, daß Otto „mit Vorliebe Legenden erzählt“, führt Güterbock selbst nur ein einziges Beispiel an, und dieses ist — falsch. Es ist die bekannte Erzählung von der Rettung Kaiser Friedrichs in Susa durch Hartmann von Siebeneich. Güterbock nennt sie schlechtweg „eine Legende“ und beruft sich dabei auf Scheffer-Boichorst. Dessen Worte sind etwas zweideutig.[3] Aber sollte er die Tatsache wirklich bezweifelt haben, so hätte er sich geirrt. Denn Gotfried von Viterbo berichtet ungefähr das gleiche,[4] und er muß es gewußt haben. Warum auch sollte man sie bezweifeln? Kann doch eine Erzählung sehr gut zur Wanderanekdote werden, und darum doch einmal, ja mehrmals, echte Geschichte gewesen sein.[5]

---

[1] Mediante Christiano Magunciensi episcopo et Cŏnrado Saltzburgensi, maxime autem Wicmanno Hildesheimensi. Nachweislich falsch ist daran nur die Vewechslung der Städte Hildesheim und Magdeburg, dagegen sind die Personen richtig genannt, vgl. Giesebrecht V, 842f., VI, 545. Daß wir sonst von einer vermittelnden Tätigkeit Konrads von Salzburg nichts wissen, scheint mir kein Grund, sie zu verwerfen.

[2] Vgl. unten S. 351.

[3] Forschungen zur deutschen Geschichte XI, 495 (Schriften II, 284). Scheffer verteidigt hier die bekannte Sage von den Weinsberger Frauen mit dem Hinweis darauf, daß auch die Rettung des Herrn durch den Diener, der sich an jenes Stelle ins Bett legt, „der Sage gehört“. So wurde Friedrich I., Friedrich II., Konrad IV. und noch mancher andere gerettet; aber auch Aribert von Mailand, der es in einer Urkunde selbst erwähnt. „Das will heißen: durch den sagenhaften Zug ist noch längst nicht die Sage erwiesen.“ Das paßt vollständig auf unsern Fall.

[4] v. 778ff., nur mit dem Unterschied, daß er den Doppelgänger bei Tisch auf dem Platze des Kaisers sitzen läßt. Also nur das Bett ist der „sagenhafte Zug“; und was kommt darauf an?

[5] Vollends eine Kriegslist wie diese kann zu allen Zeiten und in allen Ländern wiederholt angewandt werden. — Mit etwas mehr Recht hätte Güterbock die Erzählung von den aufgehängten Geiseln (c. 20) als Beispiel der „Legende“ anführen dürfen. Aber auch hier ist nachweislich ein geschichtlicher Kern vorhanden und nur die Ausschmückung sagenhaft. Vgl. Giesebrecht VI, 479.

Es wird also doch wohl ein wenig übertrieben sein, wenn Güterbock von einer „erschreckend großen Fülle von Fehlern" redet, die Ottos Bericht um allen Kredit bringen sollen. Wer näher zusieht, kann nur finden, daß der Chronist Fehler in der zeitlichen und kausalen Verknüpfung macht, daß er sich Verwechslungen von Namen zuschulden kommen läßt und gelegentlich auch übertriebene oder unrichtige Angaben wiederholt, — lauter Dinge, die bei jedem andern Chronisten auch vorkommen und auf den Bericht über die Zusammenkunft von Kaiser und Herzog keinen wirklichen Schatten zu werfen vermögen.[1] Dieser Bericht trägt vielmehr alle Kennzeichen einer nüchternen, sachlichen und genauen Nachricht. Es will doch nicht wenig sagen, daß die Angabe, Heinrich habe als Lohn die Stadt Goslar gefordert, vortrefflich zu dem paßt, was wir sonst wissen: daß Goslar sich früher im Besitze des Herzogs befunden habe, ihm dann aber wieder entgangen sei.[2] Nimmt man dazu die so präzise Angabe des Ortes mit einem

[1] Ich brauche ja nicht ausdrücklich zu erklären, daß es mir nicht einfällt, ein Gesamturteil über die „Glaubwürdigkeit" Ottos abzugeben. Bei einem Chronisten dieser Art ist mit solchen allgemeinen Urteilen sehr wenig gewonnen, da gilt es immer, jeden einzelnen Bericht für sich zu prüfen.

[2] An der Tatsache selbst ist nicht zu zweifeln. Von 1152 bis mindestens 1163 wird die alte Königsstadt von einem Vogte verwaltet, der Heinrichs Dienstmann ist (s. Weiland, Hansische Geschichtsblätter 1884, S. 29). 1167 beteiligt sich Goslar am Kriege gegen den Herzog (Helmold II 9, ed. Schmeidler c. 105, p. 207), 1180 ist es der Stützpunkt seiner Feinde. Aber was zwischen 1167 und 1179 liegt, ist doch viel weniger gewiß, als Weiland a. a. O. und Giesebrecht VI, 484 es hinstellen. So naheliegend Weilands Vermutung ist, der Kaiser habe 1168 als Preis für seine Vermittlung zwischen Heinrich und seinen Gegnern Goslar eingezogen, so steht ihr doch die Tatsache entgegen, daß das Verhältnis der beiden Vettern damals zunächst noch ganz das alte ist (unmittelbar darauf geht Heinrich als Gesandter des Reichs zu den Königen von England und Frankreich) und erst nach der Rückkehr Heinrichs aus Jerusalem eine Trübung erfahren haben soll (s. unten S. 329f.). Auch widerspricht Helmold c. 107 (II 11) p. 210: Et cesserunt omnia juxta placitum ducis et ereptus est a circumventione principum absque omni suimet diminucione. So einfach können die Dinge also nicht liegen. Auch der Vogt Ludolf, der 1170 begegnet, beweist nichts. Weiland macht ihn zu einem Angehörigen des Goslarer Geschlechts de Capella, aber ohne jeden Beleg, sogar gegen die Wahrscheinlichkeit, denn der Mann steht als Urkundenzeuge zwischen zwei Grafen. Bode, Urkundenbuch von Goslar I, 40 und mit ihm Güterbock S. 33 denken an Graf Ludolf von Wöltingerode. Der aber ist gerade ein Anhänger des Herzogs, in dessen Urkunden er oft erscheint (Prutz, H. d. L. 472. 474. 476. 477. 480) und den er erst nach der Ächtung verläßt, als ihm das gleiche Schicksal droht (Ann. Pegavienses SS. XVI, 264). Überhaupt ist es wohl ebenso unmöglich einen nicht näher bezeichneten Ludolf in dieser Zeit in Sachsen zu identifizieren, wie heute einen Dr. Müller. Der Name ist einer der landläufigsten. Um hier klarer zu sehen, müßten wir zuvor eine befriedigende Untersuchung über die verwickelte Frage der Vogteien Goslars haben. Bodes Auseinandersetzungen a. a. O. 37f. lassen doch noch zu vieles im unklaren. Frölich, Rechtsgeschichte von Goslar (1909), hat darüber nichts.

Namen — Chiavenna —, der doch nicht gerade in aller Munde sein konnte, so ist man wohl zu der Annahme berechtigt, daß Otto hier eine gleichzeitige und wohlunterrichtete Aufzeichnung benutzt hat. Daß er sich von anekdotenhafter Zuspitzung fernhält, zeigt seine Erzählung selbst. Während alle andern ihren Bericht mit dem vergeblichen Fußfall des Kaisers theatralisch wirksam abschließen — ausgenommen Burchard von Ursberg, bei dem die Szene nur im Fußfall besteht —, läßt Otto die Begegnung mit einer freiwilligen Demütigung des Kaisers beginnen, die Heinrich abwehrt. Im Verlaufe der Unterredung bricht dann bei Friedrich der trotzige Stolz wieder hervor und bringt die Verständigung zum Scheitern. Das klingt nicht nur viel natürlicher als die entgegengesetzte Fassung, es ist eigentlich die einzige vorstellbare Form für das Geschehene. Wenn Heinrich von dem unbeugsamen Trotz und Hochmut erfüllt war, den die andern Berichte malen, so begreift man nicht, daß er überhaupt zu der Begegnung gekommen war. Nach Otto versteht man das sehr gut: er war unter Umständen bereit, dem Hilferuf zu folgen, und Friedrich hätte die begehrte Unterstützung haben können, wenn er sich nicht nur zu einer äußeren Demütigung, sondern auch zu sachlichen Zugeständnissen bequemt hätte. Daß er das nicht tat, ist menschlich zu begreifen, zeigt ihn als Politiker aber nicht ganz auf der Höhe des Augenblicks.[1] So spricht denn, wie mir scheint, neben allem andern auch dies nicht wenig für die Echtheit dieses Berichts: er ist für Friedrich nicht unbedingt vorteilhaft und findet sich doch in der Chronik eines der begeistertesten Verehrer des staufischen Hauses.

Man darf die Frage wohl aufwerfen, ob jemals ein Forscher ernstlich an der Tatsache der Zusammenkunft gezweifelt hätte, wenn wir über sie nur die bisher besprochenen Quellen besäßen. Mögen sie auch spät aufgezeichnet sein und in der Ausmalung des Hergangs voneinander abweichen, so sind sie doch in der Hauptsache einig, be-

[1] Weiland, Forschungen VII, 158 meint zwar: „Dies war das Demütigende bei der Verhandlung für den Kaiser, sich Bedingungen vorschreiben zu sehen. Hätte er Außerordentliches von dem Herzoge gefordert, so hätte er auch außerordentliche Gegenleistungen darbringen müssen." Aber daß es sich damals wirklich nicht um außerordentliche Forderungen, sondern nur um das handelte, „was dem Reichsoberhaupte von Rechts wegen zukam", das wäre erst zu erweisen. Die voranstehenden Erörterungen Weilands erweisen es keineswegs. Das Gegenteil zeigt die Tatsache, die auch Weiland annahm, daß Friedrich sich an den Herzog mit einer Bitte und noch dazu mit einer demütigen Bitte gewendet hat. Überhaupt ist es wohl nicht angebracht, derartige Fragen der Macht und Politik mit dem Richtscheit des Rechts ordnen zu wollen, da doch dieses Recht selbst gerade das ist, was der Aufklärung bedarf.

sonders in der Frage nach dem Ort. Hier ergänzen sie sich wechselseitig: Italien ist — wenn man von dem unbrauchbaren Arnold absieht — für alle der Schauplatz, den der eine Gewährsmann genauer auf das Gestade des Comer Sees, ein anderer auf das in der Literatur sonst unbekannte Chiavenna begrenzt. Durch diese Angaben, durch die Erwähnung Goslars als des vom Herzog geforderten Preises und des Truchsessen Jordan als Zeugen der Unterredung könnte der Bericht, wenn auch als Niederschlag mündlicher Tradition, so doch einer alten, ursprünglichen, gleichzeitigen Tradition für verbürgt gelten. Etwas anderes dürften wir in diesem Falle überhaupt nicht verlangen. Der Zweifel der Forscher scheint mir erst angeregt — und berechtigt — zu sein durch das Hinzutreten einer weiteren Quelle mit einer gleichfalls ganz präzisen, aber den andern widersprechenden Ortsangabe.

Die Chronik von Lauterberg ist zwar auch erst spät verfaßt (nach 1225)[1] und sie beruht sicher in der Hauptsache auf den mündlichen Erzählungen, auf die sie sich selbst im Eingang mit einem „fertur enim quod" zu berufen scheint. Güterbock[2] wirft ihr außerdem „eine chronologische Unmöglichkeit" vor: sie verlege „die Zusammenkunft geradezu in die Zeit der Belagerung Mailands" (1159—62). Das würde freilich nicht viel bedeuten. Ob ein Chronist nach 1225 ein ihm überliefertes Ereignis in die Zeit von 1160 oder 1175 setzt, ist zur Beurteilung seiner Forschertalente wichtig, nicht aber zur Beurteilung der gemeldeten Tatsache, die er ja von andern empfangen haben muß. Aber der Irrtum scheint mir hier doch eher auf Seiten des Kritikers und ein Seitenstück zu den Irrtümern zu sein, die derselbe Kritiker, wie wir sahen, bei Arnold von Lübeck und Otto von St. Blasien begeht. Der Chronist von Lauterberg spricht allerdings von einer Belagerung Mailands; aber meint er auch wirklich die Belagerung dieser Stadt, die der Kaiser 1159—62 erfolgreich ausführte? Dafür spricht doch gar nichts. Viel näher liegt es auch hier, an eine einfache Namensverwechslung zu

[1] Die Untersuchung von Opel, Das Chronicon Montis Sereni (1859), läßt in betreff der Abfassungszeit eigentlich im Stich. Was dort S. 16f. angeführt wird, scheint mir ein Mißverständnis. Die Angabe zu 1224 von dem Auftreten der beiden neuen Bettelorden, de quibus ferunt, quod ante hoc tempus viginti annis instituti et ab Innocentio papa fuerint confirmati, gibt den Anhalt nicht, den Opel darin finden will. Indem er zu dem Jahre der Stiftung oder Bestätigung des Minoritenordens, 1207 oder 1210 20 Jahre zuzählt, gewinnt er als Zeit der Abfassung (hoc tempus) für diese Stelle 1227 oder 1230. Aber es liegt doch auf der Hand, daß die 20 Jahre nur einen ungefähren Zeitraum bezeichnen und das hoc tempus sich auf das Jahr der Nachricht, 1224, bezieht. — Das Wahrscheinlichste dürfte doch sein, daß die Chronik nicht lange nach dem Jahr 1225, mit dem sie endet, geschrieben ist.

[2] S. 17.

denken: der Chronist denkt an die Zeit von 1175, wo Alessandria belagert wurde, aber er verwechselt die Orte und Namen. Das scheint mir kritisch weniger erheblich. Von entscheidender Wichtigkeit ist dagegen die Frage: woher hat der Chronist die Nachricht, die Zusammenkunft habe in Partenkirchen stattgefunden? Partenkirchen ist ein sehr kleiner und sehr unbekannter Ort. Ich bezweifle, ob er außerhalb Baierns im ganzen Mittelalter noch ein zweites Mal genannt wird. Sollte sein Name in diesem Zusammenhang sich 50 Jahre lang, bis nach 1225, lebendig genug erhalten haben, um in einem Kloster in weiter Ferne, bei Halle an der Saale, hier ganz allein, und im Gegensatz zu einer damals schon verbreiteten und feststehenden Tradition, aufgezeichnet zu werden, — lediglich auf Grund mündlicher Überlieferung? Das, glaube ich, darf man schlechtweg für unmöglich halten. Der Chronist an der Saale muß diesen ihm fremden Ort in Baiern — dessen Lage er so genau und zutreffend angibt[1] —, er muß ihn einer schriftlichen Aufzeichnung entnommen haben, die wiederum dem Ereignis zeitlich nahe gestanden haben, ja — ich wüßte keine andere Erklärung — gleichzeitig gewesen sein muß. Wie die Mönche bei Halle dazu kamen, der Nachwelt zu überliefern, was in Partenkirchen geschehen war, verrät der Chronist selbst, wenn er fortfahrend von dem durch Heinrich den Löwen veranlaßten Einfall der Slawen in das Gebiet des Markgrafen Dietrich von Landsberg berichtet, der für diesen Veranlassung wurde, mit der Klage auf Hochverrat gegen den Herzog aufzutreten. In diesen Kämpfen fand ein Ritter Dietrich von Beiersdorf den Tod, der dann im Kloster Lauterberg bestattet wurde.[2] Dieses Begräbnis hat augenscheinlich eine Aufzeichnung veranlaßt, in der von den großen Ereignissen dieser Jahre die Rede war und auch der Name Partenkirchen genannt wurde.[3] Sie kannte und benutzte der Mönch, der nach 1225 die Chronik seines Klosters zusammenschrieb, indem er

[1] Ad locum qui Bartenkirke dicitur et est in introitu Alpium.

[2] Preter hec autem inductu eius [scil. Heinrici ducis] Sclavi provinciam Tiderici marchionis ingressi usque Lubin omnia vastaverunt. Quidam vero ministerialium eius ad resistendum collecti a Sclavis fugati, nonnulli capti, plures eciam occisi sunt. Inter quos et Tidericus de Beierstorp occisus XIII. kal. Octobris in Sereno Monte sepultus est. Huius itaque vulneris dolore marchio stimulatus ducem tamquam qui contra imperatorem coniurasset ad duellum coram imperatore sepius provocabat etc.

[3] Daß der Chronist Anniversarien seines Klosters benutzte, gibt er selbst gelegentlich an und hat für das Geschlecht der Markgrafen Opel a. a. O. 19ff. in weitem Umfang erwiesen. Eigentümliche „mündliche oder schriftliche Klosternachrichten" hat für das in Rede stehende Jahr 1180 auch Opel S. 44 angenommen. — Über den Zeitpunkt des erwähnten Slaweneinfalls (September 1178) s. Cohn, Forschungen I, 331 Anm. 11 (gegen Opel S. 44). Vgl. Giesebrecht V, 911; VI, 565.

sie mit dem, was er sonst wußte, in Verbindung brachte. Er wußte durch die herrschende Tradition — fertur —, daß es in der Krisis des lombardischen Krieges vor 1180 eine vergebliche Zusammenkunft von Kaiser und Herzog gegeben hatte, die den Anfang vom tragischen Ende des Herzogs bildete. Er las in der vorhin erwähnten Notiz, daß damals sächsische Herren sich in Partenkirchen versammelt hatten — oder nur hatten versammeln sollen? —, um dem Kaiser in Italien zu Hilfe zu eilen, vielleicht auch, daß dieser Zug an dem Widerstand Herzog Heinrichs scheiterte. Was lag näher, als daß er die mündliche Tradition mit der schriftlichen kombinierte und die ganze Szene zwischen Kaiser und Herzog, mitsamt dem Fußfall, nach Partenkirchen und vor die Versammlung der principes Saxoniae verlegte? Mancher neuere Geschichtschreiber wäre in ähnlicher Lage wohl ebenso verfahren und vielleicht noch stolz auf seine Kombinationsgabe gewesen.

Was ergibt sich nun, da wir die sicher datierbaren Quellenzeugnisse geprüft haben? Sie erzählen die Begegnung in verschiedenen Fassungen; daß dies kein Grund ist, ihren Berichten jeden tatsächlichen Kern abzusprechen, geben auch Skeptiker wie Güterbock zu. Ihre scheinbaren Abweichungen in der Zeitangabe stellen sich als gar nicht vorhanden heraus: allesamt haben sie den letzten entscheidenden Augenblick im lombardischen Kriege im Sinne, wenn sie auch einzelne Züge irrtümlich in diese Zeit verlegen, die in Wirklichkeit früheren Jahren zugehören. In bezug auf den Ort der Zusammenkunft klären sich die Widersprüche auf: die eine Angabe von einem Reichstag in Deutschland (Arnold) ist freie Stilisierung des Autors, die andere, Partenkirchen, das Mißverständnis, die falsche Kombination eines Chronisten, der rund 50 Jahre später arbeitet. Also erledigt sich auch der „unüberbrückbare Gegensatz“ in bezug auf Zeit und Ort, der zur Verwerfung der Tatsache selbst den Grund abgegeben hatte.

Bleibt nun noch eine ernsthafte Veranlassung, die Tatsache zu streichen? Daß sie in den Zusammenhang, in dem sie berichtet wird, vorzüglich hineinpaßt, bedarf keiner Erörterung. Des Kaisers Lage im Winter 1175/6, als er in sicherer Erwartung des Friedens sein Heer entlassen hatte und plötzlich doch wieder eine feindliche Erhebung vor sich sah, war in der Tat der Art, daß man es verstehen könnte, wenn der stolze und leidenschaftliche Mann, durch die drohende höchste Gefahr in seinem Selbstgefühl erschüttert und ohnehin zu rascher Aufwallung nur allzu sehr geneigt, seinen Vetter „demütiger als sich für die kaiserliche Majestät ziemte“, um Hilfe gebeten hätte. Daß eine Begegnung der beiden Männer in dieser Zeit auch physisch nichts Unmögliches ist, hat gegen gelegentliche Zweifel Güterbock erwiesen:[1]

[1] S. 7.

Alpenübergänge im Winter sind nichts Ungewöhnliches, und die Wege vom Norden an den Comer See waren damals frei. Daß endlich Heinrich sich im Februar 1176 in Oberbaiern aufgehalten hat, ist urkundlich bezeugt.[1] Von dort konnte er leicht und ohne viel Aufsehen in wenigen Tagen nach Chiavenna gelangen, wo ihn der Kaiser erwartete. Somit bliebe nur noch der eine Einwand, daß die Quellen, die von der Zusammenkunft berichten, verhältnismäßig spät niedergeschrieben sind. Aber wir haben feststellen können, daß die Tradition, die sie in verschiedenen Abwandlungen aufnehmen, schon unmittelbar nach dem Ereignis allgemein verbreitet gewesen sein muß.

Indes, wird man einwenden, mehr als eine bestenfalls sehr alte mündliche Tradition ist mit alledem doch nicht nachgewiesen. Das gebe ich gern zu, nur möchte ich fragen, mit welchem Recht man über diese „bloß mündliche" Tradition zur Tagesordnung übergehen kann? Geht doch alles, was wir nicht durch Urkunden oder Akten erfahren, in letzter Linie auf mündliche Erzählung zurück, mag diese nun in gleichzeitigen Annalen oder späteren Memoiren, in sorglos kompilierten Chroniken oder kritisch gearbeiteten Darstellungen ihren Niederschlag gefunden haben. Das gilt für die neueste Zeit nicht weniger als für das Mittelalter. Wenn man nun gar dem Mittelalter eine besondere Neigung zur Bildung von Legenden zuschreibt[2] und daraufhin alles, was dort nach mündlicher Überlieferung schmeckt, mit dem größten Mißtrauen behandelt, so bin ich versucht, die Frage aufzuwerfen, ob nicht unsere eigene Zeit auf dem Gebiete der historisch-politischen Legendenbildung mindestens so viel leistet wie das finstere Mittelalter. Auch heute laufen ungezählte mehr oder weniger sensationelle Geschichten von Mund zu Mund, für deren Richtigkeit niemand einen Beweis hat, bis sie in irgendwelchen „Gedanken und Erinnerungen" schwarz auf weiß ans Licht der Öffentlichkeit treten, um von da an ein Problem der Geschichtsforschung zu bilden, genau wie die Zusammenkunft von Chiavenna eines ist. Wer ein wenig in die neuere Memoirenliteratur hineingesehen hat, der wird Beispiele genug kennen.

Hier wie dort wird es immer viel darauf ankommen, wer diese mündliche Tradition sich aneignet. Wenn wir nun in unserem Falle einen ernsthaften Chronisten wie Otto von St. Blasien,[3] und einen um-

---

[1] Giesebrecht V, 784; VI, 527. Güterbock S. 30.

[2] Güterbock, S. 25ff: „Bei der Schnelligkeit, mit der im Mittelalter Sagen entstanden."

[3] Ich kann nicht umhin, nochmals das Urteil von Güterbock S. 25 auf das entschiedenste abzulehnen, daß „gerade diese Chronik sonst zahlreiche Legenden enthält und hier in dem speziellen Fall schon durch ihre ganze Tendenz dazu ge-

sichtigen, geschäfts- und weltkundigen Staatsmann wie Giselbert von Mons als Eideshelfer auftreten sehen,[1] so dürfte das allein schon ein nicht geringes Gewicht haben. Durchschlagend aber scheint mir die Erwägung, daß das Auftreten einer falschen, grundlosen Legende von einer vergeblichen Besprechung zwischen Kaiser Friedrich und Herzog Heinrich schon in den nächsten Jahren, wie wir es beobachten konnten, schlechterdings unbegreiflich wäre. Man mag den fahrenden Leuten und Bänkelsängern noch so viel Einfluß auf die Bildung der Tradition und noch so viel Freiheit in der Gestaltung der Vorgänge zuschreiben,[2] so darf man doch nicht vergessen, daß ihre Lieder und Geschichten von bekannten Ereignissen ausgehen und einen tatsächlichen Kern zur Voraussetzung haben mußten, wenn sie Interesse erwecken sollten. Welcher Fahrende hätte da wohl die Kühnheit gehabt, eine Begegnung, wie diese hier, einfach zu erfinden? Heutzutage pflegen derartige Erfindungen wohl gelegentlich von interessierter Seite in die Welt gesetzt zu werden. Hätte Kaiser Friedrich sich vielleicht der Bänkelsänger bedient, um durch Verbreitung eines erfundenen oder entstellten Vorganges gegen Heinrich Stimmung zu machen? Ohne weiteres dürfte man diese Möglichkeit nicht abweisen. Aber vorausgesetzt, daß dem so wäre, und daß die ganze Geschichte von der Begegnung von A bis Z in feindseliger Absicht erfunden wäre — was schwerlich jemand glauben wird —, so bliebe es unerklärlich, daß diese bösartige Lüge auch von einem Schriftsteller wie Arnold von Lübeck, der dem welfischen Kreise angehört und Heinrich verehrt und bewundert, dennoch geglaubt und, wenn auch mit absichtlicher Umbiegung, wiederholt wird.

Es wird also wohl nicht anders sein: nur solange man es mit einer späten Tradition zu tun zu haben glaubt, hat man ein Recht auf den Zweifel. Sobald sich zeigen läßt, daß diese Tradition ungefähr gleichzeitig ist, macht ihr ganzer Inhalt wie ihre Verbreitung es schlechterdings unmöglich, zu leugnen, daß wenigstens die Hauptsache an ihr richtig ist.

---

führt werden mußte, das Legendenhafte der Erzählung, das in der Fußfallgeschichte hervortritt, abzuschwächen". Die erste Hälfte des Satzes entbehrt der tatsächlichen Belege, wie schon oben S. 316ff. bemerkt wurde. Die zweite, die dem Chronisten sogar einen Vorzug als Fehler anrechnet, gibt allerdings eine hübsche Probe virtuoser forensischer Dialektik, aber in einer quellenkritischen Untersuchung ist dergleichen ohne Wirkung.

[1] Mit Recht nennt es Vanderkindere in seiner Einleitung p. XXXIII einen besonderen Vorzug Giselberts, daß er die Geschichte erzähle „avec la compétence d'un praticien".

[2] Vgl. Güterbock S. 26f., dem ich nicht widersprechen, aber die Frage vorlegen möchte: wer hat mehr erfunden und entstellt, die Bänkelsänger der Kreuzzugszeit oder die Journalisten des 19. und 20. Jahrhunderts?

Wir haben bisher zwei Zeugnisse bei Seite gelassen, die von allergrößtem Wert sein müßten, wäre nicht ihre Herkunft und Entstehungszeit unsicher: die Annalen von Paderborn und die sogenannten Marbacher Annalen. Bei beiden bedarf es einer besonderen quellenkritischen Untersuchung, bevor ein Urteil über die Bedeutung ihrer Nachricht möglich ist.

Für die verlorenen Paderborner Annalen sind wir in diesem Teil ausschließlich auf Gobelin Persoen angewiesen, der sie im Anfang des 15. Jahrhunderts zu seinem Cosmidromius benutzt hat. In diesem berichtet der Passus, der uns angeht, von dem kaiserlichen Feldzug des Jahres 1175 gegen die Lombarden, der Belagerung Alessandrias, den Verhandlungen, dem Waffenstillstand, Bruch des Vertrages und der Niederlage des Kaisers, worauf dieser sich nach Como zurückgezogen habe. Hierher hätte er Heinrich von Sachsen gerufen und ihn, demütiger als es für die kaiserliche Majestät geziemte, um Unterstützung gebeten; was der Herzog ablehnte, weil schon früher zwischen ihnen Zwietracht entstanden war.[1] Scheffer-Boichorst hat den zweiten Teil dieser Erzählung, beginnend mit dem Rückzug des Kaisers nach Como, für die Paderborner Annalen in Anspruch genommen, Waitz[2] und neuerdings Güterbock[3] haben ihm widersprochen, ohne die Frage befriedigend zu beantworten, woher Gobelin denn sonst die Nachricht bezogen haben soll. Was Waitz darüber sagte, ist nachweislich falsch.[4] Güterbock begnügt sich mit der Annahme, auch dieser Bericht gehöre „in den Kreis der Sagen und Fabeleien" über Heinrich den Löwen, die sich sonst bei Gobelin finden. Ich muß gestehen, daß mich das zu bequem dünkt, und will versuchen, der richtigen Lösung näher zu kommen.

Dabei wird man von der Frage ausgehen müssen: welche Quellen lassen sich in der Umgebung dieser Stelle bei Gobelin sonst nachweisen? Für die Jahre 1171—1176 ist es in der Hauptsache die Kölner Chronik. Ihr entnimmt er weitaus das meiste, zuletzt freilich mit so starken Kürzungen und Zusammenziehungen, daß man die

---

[1] Meibom, Rerum germanicarum[2] I, 272: Imperator novo collecto exercitu apud Cumas civitatem Liguriae residebat, et cum Italici eum in nimia multitudine ibi invadere tentabant, ipse progressus in campum commisso praelio ex utraque parte corruentibus victus est. Nam fuga capta Cumas se recepit. Tali casu imperator anxius et curis ingentibus pressus Henrico duci Saxoniae per nuncios vocato iuxta lacum Cumanum occurrit et humilius, quam imperatoriae maiestati congruebat, rogavit eum, ut ad reparandos imperii casus auxilium praeberet, collecto in brevi exercitu eoque in Italiam traducto. Cuius petitioni dux assensum non praebuit, obortis iam dudum inter eos discordiis.

[2] Göttinger Gelehrte Anzeigen 1870, S. 1792.

[3] S. 10f. Auf die vergeblichen Bemühungen von Lucas S. 11f. braucht man, denke ich, nicht zu achten.

[4] Scheffer-Boichorst, Forschungen XI, 496 (Gesammelte Schriften II, 285f.)

Quelle kaum mehr erkennt.[1] Außerdem — das scheint mir wesentlich — finden sich nur drei Nachrichten. Die eine ist eine längere Digression über Joachim von Fiore, mit Berufung auf eine seiner Schriften, die Gobelin selbst in Italien kennen gelernt hat. Die beiden andern handeln von Heinrich dem Löwen. In der ersten wird berichtet, der Herzog sei einmal gegen Thomas von Canterbury tätlich geworden. Sie stammt aus Martin von Troppau und wird die Kennzeichnung als Fabelei auch wohl verdienen. Die zweite ist sehr merkwürdig. Da heißt es, nachdem die Pilgerfahrt Heinrichs genau nach der Kölner Chronik erzählt worden ist: inzwischen befand sich der Kaiser in Sachsen und ließ sich von den Befehlshabern, denen Heinrich seine Festungen anvertraut hatte, heimlich schwören, sie würden ihm die Plätze ausliefern, falls der Herzog nicht zurückkehrte. Dies führte nach Heinrichs Rückkehr zum Zwist zwischen ihm und dem Kaiser.[2] Die zuletzt genannte ist nebst dem Bericht über die Begegnung am Comer See die einzige Nachricht auf weite Strecken, deren Quelle wir nicht besitzen; es liegt nahe, sie beide auf den gleichen Ursprung zurück-

[1] Gobelin l. c.: Eodem anno imperator iterum duxit exercitum in Italiam, sed cum in obsidione cuiusdam civitatis quae Alexandria . . . dicebatur, moraretur, Mediolanenses Veronenses Brixienses et ceterae civitates Italiae innumerabilem collegerunt exercitum et imperatorem obsidionem solvere coegerunt. Imperator tamen occurrens eis in campis aciem direxit contra eos. Intervenientibus autem quibusdam non pervenitur ad bellum, sed civitates ipsae cum imperatore reconciliatae sunt. Non multo post rupto foedere imperatori tentant rebellare, quapropter imperator novo collecto exercitu usw., wie oben.

Chron. Colon. p. 125 ff.: Igitur imperator validissimo adunato exercitu Italiam iterum ingreditur . . . Alexandriam novam . . . obsidione cinxit (ausführlich beschrieben). Coadunatis itaque viribus Mediolanenses Veronenses Novarienses Brixienses . . . incredibilem conduxere exercitum . . . Quo cognito imperator . . . ab obsidione Alexandriae recedens cum omnibus copiis eis obviam cum ingenti animositate processit. Folgen ausführlich die Verhandlungen und der Waffenstillstand. Interventu quoque eorum Alexandrinensibus . . . pacem indulsit . . . Nec multo post Longobardi penitentes . . . iterum more suo Longobardi fedus periurio solvunt. Qua necessitate caesar impulsus . . . novum exercitum adunari precepit . . . Imperator, qui eo tempore Papye morabatur, cum paucis Cumis venit . . . Interea Mediolanenses et Veronenses ceterique Longobardi collecto immenso exercitu Cumis appropinquabant. Das Weitere hat schlechterdings keine Ähnlichkeit mehr.

[2] Interim imperator existens in partibus Saxoniae potentiores quosdam provinciae, quibus dux urbes suas commiserat, terroribus vel promissionibus secreto circumvenit et iuramento constrinxit, ut si forte dux non rediret, urbes cum terra sibi contraderent. Et post hoc duce reverso propter haec facta est dissensio inter imperatorem et ducem (p. 271).

zuführen. Sie nehmen deutlich aufeinander Bezug,[1] sie zeigen den gleichen sprachlichen und stilistischen Charakter. Scheffer-Boichorst hat sie dennoch getrennt, die eine — von der Begegnung bei Como — den Paderborner Annalen zugeschrieben, die andere für „spätere Fabelei" erklärt. Güterbock, wie mir scheint konsequenter, faßt alle beide unter dieser üblen Spitzmarke zusammen. Ich möchte den umgekehrten Schluß ziehen: beide Nachrichten sind alt und gut, beide gehören derselben Quelle an.

So mißlich es ist, ein Stück Überlieferung „retten" zu wollen, das ein Forscher von dem Ansehen Scheffer-Boichorsts als „Fabelei" gestempelt hat: ich kann doch nicht umhin, die Erzählung von Friedrichs Verfahren während der Pilgerfahrt des Herzogs für alt, für gleichzeitig zu halten. Zu der Bezeichnung „Fabelei" sehe ich schlechterdings keinen Grund. Was wäre denn so unglaublich daran, wenn Friedrich wirklich so gehandelt und sich für den schlimmsten Fall die Verfügung über Sachsen zu sichern gesucht hätte? Von der Fahrt ins Heilige Land kehrte so mancher Pilger niemals heim, und Heinrich hatte damals noch keinen Sohn, nur eine Tochter aus erster Ehe, die Witwe des Staufers Friedrich von Rotenburg, seit kurzem die Braut des dänischen Königssohnes.[2] Sein Tod hätte die Frage der Erbfolge in Sachsen und Baiern eröffnet. Der einzige sonst noch lebende männliche Welfe, Heinrichs Oheim Welf, besaß Erbansprüche nur auf Baiern und war überdies seit 1167 selbst ohne Erben. Also wäre ein Verfahren, wie es hier dem Kaiser nachgesagt wird, vielleicht menschlich nicht sehr zartfühlend, aber politisch betrachtet nur natürlich gewesen. Sodann: wenn es sich um eine „Fabelei" handelt, wann könnte sie entstanden sein und wer hätte sie zu verantworten? Gobelin selbst gewiß nicht; derartige Erfindungen sind gar nicht seine Art. Auch die Sprache schließt das aus; der zweimalige Gebrauch des Ausdrucks „urbs" für „Festung"[3] spricht sogar für eine recht alte Notiz, die Gobelin wörtlich übernommen haben muß. Es ist Latein des 12. Jahrhunderts. Die Nachricht selbst klingt auch keineswegs so, wie eine spätere Zeit zu fabulieren pflegt,[4] sie hat nichts Romantisches, sie läßt

---

[1] ‚Facta est dissensio' hier, ‚obortis iam dudum discordiis' dort.

[2] Giesebrecht V, 686.

[3] Vgl. Ann. Patherbrunn. 176 (zu 1179): plures nobilium cum urbibus quas a duce tenuerant; 177 (zu 1181): dux ... se dedit cum urbibus et castellis. Ebenso in den Ann. von Pegau zu 1179, SS. XVI, 264 oben: urbes, urbes ducis Heinrici. Dazu Arnold von Lübeck II 14 (p. 52): civitatem optinuerunt ... urbe adhuc illesa.

[4] Darin muß ich Scheffer-Boichorst entschieden widersprechen, der Ann. Patherbrunn. 172, A. 3 sagt: „Das klingt doch wie eine Sage und möchte auf mündliche Überlieferung zurückgehen."

sich weder für sich allein als Anekdote erzählen noch poetisch ausschmücken und, vor allen Dingen, sie findet in der gesamten zeitgenössischen und späteren Literatur über Heinrich den Löwen weder eine Parallele noch auch nur den entferntesten Anhalt, keinerlei Keim, aus dem sie hätte wuchern können. Sie klingt vielmehr ganz so wie das, was eingeweihte Zeitgenossen sich in kleinem Kreise zuzuflüstern pflegen.

Sie würde endlich mit den sonst bekannten Tatsachen völlig übereinstimmen. Friedrich und Heinrich sind die besten Freunde bis zur Pilgerfahrt des Herzogs. Auch bei seiner Rückkehr wird dieser noch vom Kaiser ehrenvoll empfangen.[1] Dann aber erkalten die Beziehungen ganz unverkennbar. Wohl erscheint der Herzog noch mehrfach in der nächsten Zeit am Hofe des Kaisers.[2] Aber von tätiger Unterstützung findet man nichts. Bei dem nächsten Feldzug nach Italien (1174), zu dem andere Fürsten die äußersten Anstrengungen machen müssen und der Kaiser ersichtlich alle irgend verfügbaren Kräfte heranzieht, fehlen die Truppen Heinrichs.[3] Auch ein Aufenthalt des Kaisers an der sächsischen Grenze ist für das Jahr 1172 bezeugt.[4] Schließlich findet sich sogar eine indirekte Bestätigung dieser Nachricht bei Arnold von Lübeck, der berichtet, der Herzog habe beim Aufbruch nach dem heiligen Lande seine schwangere Gemahlin der Obhut Ekberts von Wolfenbüttel übergeben im Vertrauen auf dessen besondere Treue,

---

[1] Arnold von Lübeck I 12, p. 30.

[2] Im Juni 1173, Februar, April und Juni 1174, hier auf dem Reichstag zu Regensburg. Stumpf n° 4148. 4152 u. 4153. Giesebrecht V, 720.

[3] Giesebrecht V, 728. 726. Weiland, Forschungen VII, 157 findet es „durchaus unwahrscheinlich, daß Friedrich zu diesem mit den umfassendsten Vorbereitungen von sechs Jahren ins Werk gesetzten Feldzuge ... sich selbst der Hilfe des mächtigsten Reichsfürsten beraubt habe". Ein merkwürdiger Satz! Es handelt sich ja nur darum, ob Heinrich die Hilfe zugesagt und geleistet hat. Das Richtige hat darüber schon Giesebrecht gesagt. Das Fernbleiben des Herzogs vom Feldzug 1166/67 hatte triftige Gründe, die nicht von seinem guten Willen abhingen (vgl. Giesebrecht V, 520), hatte auch nicht die gleiche praktische Bedeutung wie 1174, als es wirklich galt, alle Kraft zusammenzunehmen. Was Weiland a. a. O. noch zu sagen weiß über Friedrichs Staatsweisheit und sein Bewußtsein königlicher Macht, die es unmöglich erscheinen lassen, daß er, der „noch einmal das ganze Reich unter seinen Willen beugte, auch nur einen Moment hätte daran zu denken brauchen, das Gelingen des Hauptschlages ... von dem guten Willen eines Untertanen abhängig zu machen" — das scheint mir in das Gebiet der Phrase zu gehören und keiner ernstlichen Widerlegung zu bedürfen. Die Tatsachen beweisen, daß Friedrich durchaus nicht imstande war, „das ganze Reich unter seinen Willen zu beugen". Heinrich den Löwen als „Untertanen" zu bezeichnen, entspricht auch nicht gerade der wirklichen Lage der Dinge.

[4] In Erfurt und Merseburg. Ann. Pegavienses, SS. XVI, 260. Vgl. Giesebrecht V, 709. VI. 505. Stumpf n° 4136—4139.

worin er sich aber getäuscht habe. Denn Ekbert habe seinen Ruhm befleckt und sich den Vorwurf der Untreue zugezogen, wofür er auch schwer bestraft worden sei.[1] Hält man das zusammen mit der Nachricht der Paderborner Annalen, so darf man wohl annehmen, daß es in der Abwesenheit des Herzogs eine Intrigue gegeben hat, die ihn dem Kaiser entfremdete. Mithin sehe ich keinen Grund, die Nachricht für späte Fabelei zu halten, und wenn sie das nicht ist, dann bleibt nur übrig, in ihr eine zeitgenössische Aufzeichnung zu sehen, die Gobelin übernommen hat, weil er die Quelle, in der sie stand, auch sonst zu benutzen pflegte. Derselben Quelle müßte dann auch der Bericht über die Zusammenkunft in Como angehören. Ist das möglich?

Auf den ersten Blick erscheint er mit den andern Berichten unvereinbar, ja überhaupt unbrauchbar. Erst nach der Niederlage soll Friedrich sich um die Unterstützung Heinrichs bemüht haben. Das ist einfach nicht zu glauben. Wir wissen ja, daß er damals sofort Friedensverhandlungen mit dem Papst anknüpfte. Zudem ist die Angabe, er habe sich als Geschlagener nach Como zurückgezogen, sicher falsch. Seine Flucht führte nach Pavia, und zwischen hier und Como standen seit ihrem Siege die Lombarden.[2] Eine Zusammenkunft in Como nach der Niederlage ist also unmöglich.

Aber wir dürfen hier, wie schon früher in ähnlichem Falle, uns

---

[1] I 1, p. 11. 12: Et non remansit quisquam maiorum excepto Eckberto de Vulfelesbotele, quem constituit dux super omnem familiam suam, maxime tamen deputatus est in ministerium domne ducisse Mechtildis . . . Manebat autem in Bruneswich omni tempore quo dux peregrinatus est, quia tunc pregnans erat . . . Ministrabant ei Heinricus de Luneburg et Eckbertus memoratus, eo quod ipse fidelis et inclitus haberetur in omni domo ducis. Sed res cesserunt aliter de eo. Ipse enim dedit maculam in gloriam suam et notam perfidie incurrit. Unde graviter mulctatus est. Der Herausgeber verweist hierzu auf die Stederburger Chronik zu 1191, wo Ekbert als offener Gegner des gestürzten Herzogs erscheint. Daß Arnold hierauf nicht hat anspielen wollen, liegt auf der Hand, da er von einer Bestrafung des Untreuen spricht. Auch der Ausdruck ‚nota perfidie' würde auf sein Benehmen 1191 nicht passen. Vielmehr kann es sich nur um einen Fehltritt handeln, der entdeckt und bestraft wurde. Wann das geschah, ergibt sich aus den Urkunden des Herzogs. Hier erscheint Ekbert wiederholt als Zeuge bis zum 12. November 1170 (Mecklenburg. Urkundenbuch I, 78. 93. Origines Guelficae III, 452. 494. 510. praef. 38. Spilcker, Beiträge zur älteren deutschen Geschichte I, 173 (zu 1167). Prutz, H. d. L. 477), nach Heinrichs Rückkehr aus Palästina nie mehr. Wohl nimmt er noch 1174 an der Weihe von Stederburg als Vertreter des Herzogs teil (M. G. SS. XVI, 211), dann hört man nichts mehr von ihm bis 1191, wo er mit Heinrich im Kampfe liegt. Er muß 1174 in Ungnade gefallen und seitdem des Herzogs Feind geworden sein. Ob der Hecbertus de Wolferbutle in einer Urkunde des Pfalzgrafen Heinrich 1204 (Orig. Guelf. III, 630) noch derselbe ist, kann dahingestellt bleiben.

[2] Güterbock, S. 12.

erinnern, daß wir ja nur einen sehr späten Schriftsteller unmittelbar vor uns haben, der verschiedene Quellen nebeneinander benutzt und miteinander kombiniert. Für die Zeitfolge wie für die ursächliche Verknüpfung und ihre Fehler trägt Gobelin die Verantwortung. Scheffer-Boichorst[1] hat schon auf die Möglichkeit hingewiesen, daß Gobelin bis zur Niederlage und Flucht des Kaisers der Kölner Chronik gefolgt sei, deren Handschrift an dieser Stelle abbrach, und daß er sich dann mit den Paderborner Annalen weiter geholfen habe, indem er die Anknüpfung selbst herstellte; wobei es ihm denn widerfuhr, daß er die Ereignisse geradezu auf den Kopf stellte.[2] Das scheint mir freilich nicht ganz zutreffend, wie Scheffer-Boichorsts Auseinandersetzungen hier wohl überhaupt weder überzeugend noch erschöpfend sind.

Schon für den Schlachtbericht selbst muß Gobelin eine andere Quelle als die Kölner Chronik oder doch mindestens neben dieser noch eine zweite gekannt und benutzt haben.[3] Waren das nun die Paderborner Annalen, die Scheffer um diese Zeit wieder aufleben läßt, oder besaß Gobelin vielleicht ein Exemplar der Kölner Chronik, das beim Jahre 1176 — wo die nach Waitz erste Redaktion eine Unterbrechung erfahren hat — eine eigentümliche Fortsetzung, vielleicht auch Randbemerkungen oder Zusätze enthielt: in jedem Fall wird die Verwirrung in der Folge der Ereignisse erst Gobelin angerichtet haben, als er seine Erzählung aus verschiedenen Quellen kompilierte.[4] Diese für

[1] Ann. Patherbr. 172, A. 4. Was Güterbock S. 12. A. 4 dagegen einwendet, scheint mir gar nicht stichhaltig. Wohl nehmen die Ausdrücke so auf einander Bezug, daß das Bild der Flucht von Legnano nach Como entsteht. Aber wer sagt uns denn, daß diese Ausdrücke nicht von Gobelin herrühren, der durch ihre Einschaltung (oder Umstellung?) einen Zusammenhang herstellen wollte, den seine Quellen vermissen ließen?

[2] Ihn mag neben anderem verwirrt haben, daß er in der Kölner Chronik zweimal bald nacheinander von einem Angriff der Lombarden mit ungeheurem Heere las: ‚incredibilem conduxere exercitum' zu 1175, ‚collecto immenso exercitu' zu 1176; vgl. oben S. 327.

[3] Bei ihm fehlen alle eigentümlichen Züge aus der Kölner Chronik (der Graben, den die Lombarden ziehen, die Dauer des Kampfes, die Verluste), nicht ein einziger Ausdruck aus ihr kehrt bei ihm wieder; es müßte denn der Meibomsche Text ungenau und statt ‚ex utraque parte corruentibus' zu lesen sein ‚pluribus ex utraque parte corruentibus', was dem ‚plures ex utraque parte occisi' der Kölner Chronik wenigstens entsprechen würde (es ist ein Verhängnis, daß die Ausgabe des Cosmidromius von Jansen gerade diese Stelle, aus unerklärlichen Gründen, ausgelassen hat). Auf eine andere gleichzeitige Quelle führt auch der Ausdruck ‚apud Cumas civitatem Liguriae' (statt Lombardiae), den die Kölner Chronik hier nicht hat, der aber dem Sprachgebrauch der Zeit angehört und später nicht mehr üblich ist.

[4] Ungeschickte und mühsame Kompilation zeigt schon die Anknüpfung mit ‚Nam fuga capta'.

das Verschulden ihres späten Benutzers verantwortlich zu machen, geht nicht an.

Mit dem nächsten Schritt verläßt Gobelin den Boden der Kölner Chronik ganz: die Erzählung von der Begegnung von Kaiser und Herzog ist das erste Stück einer längeren Reihe von Nachrichten, deren Quelle nicht überliefert ist, die aber ihren Paderborner Ursprung nicht verleugnen. Nichts ist natürlicher als der Schluß: sie gehören sämtlich den wieder aufgenommenen Paderborner Annalen an. Aus diesen stammt, was wir schon vorher auf keine andre Herkunft zurückführen können, die merkwürdige Nachricht von der Vereidigung der sächsischen Burgkommandanten und die zu ihr gehörige Erzählung von der Zusammenkunft am Comersee.

Von einem unmittelbar gleichzeitigen Zeugnis für die Begegnung könnte freilich auch so in keinem Falle die Rede sein. Was Gobelin benutzte waren keine wirklichen, gleichzeitigen Annalen mehr, sondern schon eine chronikartige Erzählung, die die Ereignisse rückschauend in größerem Zusammenhang wiedergab. Auch Scheffer hat für die Wiederauferstehung der Paderborner Annalen das Jahr 1182 als das früheste angesetzt.[1] Auf die Bezugnahme, die zwischen den Erzählungen zu 1173 und 1176 obwaltet, wurde schon hingewiesen.[2] Sie ist in echten Annalen unmöglich, sie verrät den Chronisten. Aber doch einen sehr frühen Chronisten, einen, dem noch die verhältnismäßig unbedeutenden und verborgenen Ereignisse vom Anfang der siebziger Jahre vor Augen stehen. Seine Arbeit erstreckt sich auch nur bis zum Jahre 1190. Zwischen 1182 und 1190 also, wahrscheinlich aber 1182, wäre dieses Zeugnis für die vorgebliche Begegnung Friedrichs I. mit Heinrich dem Löwen geschrieben, das älteste, das wir besitzen.[3] Es ist kurz und knapp, aber doch völlig klar, verweilt nicht bei Einzelheiten, spricht diskret nur von einer allzu weit gehenden Demut des Kaisers und deutet die Ursachen nur flüchtig an, — alles Merkmale des

[1] Ann. Patherbr. S. 90, Anm. 3.

[2] Oben S. 328, Anm. 1.

[3] Scheffers Vermutung, daß gerade der Sturz des Löwen und die ihn begleitenden Ereignisse den Anstoß zur Wiederaufnahme der Annalen gegeben, ist gewiß ansprechend. Ich könnte mir noch eine andere Erklärung denken: das Bekanntwerden der bis 1176 reichenden ersten Kölner Chronik. Daß man sie in Paderborn alsbald erhalten hätte, wäre nur natürlich, beruhte sie doch zum großen Teil auf Paderborner Annalen. Für deren Mitteilung mag der Kölner Chronist wohl durch Übersendung seines fertigen Werkes den Paderbornern gedankt haben. Vielleicht sind auch die wiederaufgelebten Paderborner Annalen von 1176—1190 nichts weiter als eine in Paderborn geschriebene Fortsetzung zur ersten Kölner Chronik. Dann würde sich auch die zusammenschließende Benutzung beider durch Gobelin sehr einfach erklären.

besten, klassischen Annalenstils. Eine ähnlich geartete, nur ausführlichere Aufzeichnung muß auch Otto von St. Blasien vorgelegen haben. Aufs beste stimmen der Schwabe und der Westfale überein.

Auf ein unmittelbar gleichzeitiges Zeugnis müssen wir auch bei den sogenannten Marbacher Annalen von vornherein verzichten. Aber ihr Bericht ist auch ohne dies von solcher Bedeutung, daß ein näheres Eingehen auf ihn sich nicht abweisen läßt. Die Stelle (zum Jahre 1180), die von Heinrich dem Löwen und Kaiser Friedrich handelt, lautet:[1] Ipso anno, scilicet 1180, Fridericus imperator circa Augustum exercitum duxit in Saxoniam super Heinricum ducem Saxonie. Causa belli huius hec fuit. Imperatore aliquando in Ytalia manente nec copiam militum qua hostes imperii coercere posset habente, auxilium Heinrici ducis imploravit. Qui nimiam suorum militum stragem factam conquerens Creme et apud Mediolanum, non aliter imperio amminiculari posse respondit, nisi Goslarie opidum in beneficium sibi daretur. His et aliis causis imperator nimium exacerbatus bellum Heinrico duci indici iubet usw.

Deutlich erkennt man hier die zwei übereinander gelagerten Schichten der Aufzeichnung: der erste Satz ist zweifellos gleichzeitige annalistische Notiz, ein Stück der alten Straßburger Münsterannalen, die Bloch so scharfsinnig nachgewiesen hat; der Rest, von ‚Causa belli huius' an ist spätere Erläuterung dazu. Bloch, der sich um das richtige Verständnis dieses vielleicht verwickeltesten aller Annalenwerke so verdient gemacht hat, hat sie der dritten und letzten Überarbeitung, der Neuburger Chronik von 1244 zugewiesen, nicht den Straßburger Reichsannalen, deren Abfassung er 1184 beginnen, auch nicht der großen Chronik, die er um 1210 in Hohenburg aus diesen Reichsannalen, Bernold und Otto von Freising bearbeitet sein läßt.[2] Erstens weil die Erzählung „völlig zeitlos erscheint", also auf eine „ferne Vergangenheit" deutet; zweitens weil eine kongruent gefaßte Notiz über das Schisma von 1159—79 zum Jahre 1183 Vorgänge von 1159, 1165, 1177 mit „phantastischen Motiven in eins verschmolzen" zeigt, also ebenfalls erst spät geschrieben sein kann;[3] und drittens weil unmittelbar hierauf,

[1] Annales q. d. Marbacenses ed. Bloch p. 52.

[2] Die elsässischen Annalen der Stauferzeit (Regesten der Bischöfe von Straßburg I, 1908) S. 69f. (vgl. 117).

[3] Die Stelle lautet (p. 53): Huius execrabilis et horrendi scismatis causa hec fuit. Quidam episcopi domino imperatori suggesserunt, quod apostolica electio non deberet celebrari sine suo consilio et assensu, sicut olim mos fuit ab imperatoribus. Quod clarissimus princeps audiens — — papam instituit et episcopos Alemannie ei sacramentum fidelitatis prestare coegit. Quod quidam fecerunt, pauci vero saniori usi consilio facere rennuerunt. Tandem plurimo tempore revoluto pax ecclesie red-

unverbunden und ohne chronologische Bestimmung, eine recht unbedeutende Episode aus der Belagerung Alessandrias angehängt ist, die man mit guten Gründen aus einer Neuburger Nachricht herleiten darf. Das letzte gebe ich ohne weiteres zu, nicht aber den Schluß, daß „sehr wahrscheinlich die gleichartigen Zusätze zu 1180 über Heinrich den Löwen und zu 1183 über das Schisma, die unter keinen Umständen dem [Straßburger] Annalisten angehören, gleichfalls besser erst als Neuburger Nachträge betrachtet" werden. Das Umgekehrte scheint mir richtig zu sein. Die zwei fraglichen Nachrichten sind mit der dritten keineswegs gleichartig: diese gibt eine belanglose Episode ziemlich breit wieder, jene bieten große weltgeschichtliche Ereignisse in allerknappster Form, nur auf die Hauptsachen sich beschränkend; diese ist eine zusammenhanglos angeheftete Reminiszenz, jene sind unentbehrliche Erläuterungen zu den lakonischen Sätzen der vorgefundenen Annalen. Ja, es ist sogar ausgeschlossen, daß die beiden Erzählungen zu 1183, — der Überblick über das Schisma und die Anekdote von der Belagerung Alessandrias — aus der gleichen Feder geflossen sind. So wie sie dasteht, hat die zweite nämlich gar kein Subjekt.[1] Vorausgesetzt wird der Kaiser, genannt wird er nicht, und im Vorausgehenden sucht man ihn zunächst vergeblich. Man muß um 5 Zeilen zurückgehen, um ihn im Nominativ zu finden. Aber das Objekt (eos) fehlt erst recht. Die Lombarden, die gemeint sind, kommen erst 15 Zeilen früher zum letzten Male vor. Die Anekdote ist also ganz augenfällig eine an falsche Stelle geratene Randglosse. Sie stand ursprünglich bei dem Bericht über den Konstanzer Reichstag.[2] Ferner: es ist höchst unwahrscheinlich, daß man noch um 1240 in dem unbedeutenden Kloster Neuburg derlei Dinge, wie die Verhandlungen Friedrichs und Heinrichs, der Aufzeichnung wert gehalten haben soll, selbst wenn man sie hätte wissen können, was mir nichts weniger als erwiesen scheint.[3] Auch die Notiz über das Schisma mit ihrer lebendigen inneren Teilnahme wäre im Jahre 1240 — nach 60 bis 80 Jahren — schwer zu erklären. „Huius execrabilis et horrendi scismatis causa hec fuit" —, so spricht ein Zeitgenosse, der die abscheuliche und fluchwürdige Spaltung noch

---

ditur per quendam episcopum Wicmannum Saxonie, et letatur universus mundus, quod densissimis tenebris finis fuit impositus.

[1] In Lonbardia vero clara et fortia bella gerens ... eos ad deditionem coegit (p. 54).

[2] F. imperatore ... apud Constantiam curiam celebrans et colloquium habens cum Longobardis omnibus fere melioribus (p. 53).

[3] Der Hinweis von Bloch a. a. O. 128 auf den 1223 gestorbenen Straßburger Bischof Heinrich von Veringen als Informator scheint mir lange nicht genügend, um eine Aufzeichnung dieser Art in Neuburg ums Jahr 1240 zu erklären.

selbst erlebt und erlitten hat. „Tandem plurimo tempore revoluto pax ecclesie redditur ... et letatur universus mundus, quod densissimis tenebris finis fuit impositus“ — so spricht wiederum ein Zeitgenosse, der sich des gewonnenen Lichtes nach der Finsternis von Herzen freut.[1] Auf das zweimalige Präsens, redditur, letatur, braucht man dabei noch kein Gewicht zu legen.

Die Gegengründe von Bloch — das Zusammenwerfen der Ereignisse mit phantastischen Motiven — sind teils nicht stichhaltig, teils unrichtig. Daß ein späterer Chronist in einer möglichst knappen Erläuterung zu einer vorgefundenen Nachricht die Geschichte des Schismas stark abkürzt, so daß die drei Hauptpunkte, 1159, 1165, 1177 dicht zusammengerückt erscheinen, das kann ich nur natürlich finden. Schon für den Schreiber von 1184 lagen ja diese Dinge zum Teil weit dahinten. Von phantastischen Motiven aber vermag ich durchaus nichts zu entdecken. Daß Kaiser Friedrich sich habe einreden lassen, ohne seine Teilnahme dürfe nach altem Recht kein Papst erhoben werden, ist zwar sonst nicht bezeugt, aber sehr wohl möglich. Friedrich hätte darin ja, wie wir wissen, historisch nur Recht gehabt. Ein Zeitgenosse mochte ihm solche Ansichten wohl zutrauen. Wie aber sollte man 60 Jahre später darauf kommen, sie ihm nachträglich anzudichten, nachdem Innocenz III. gelebt und zwei deutsche Könige gebeugt hatte? Daß Friedrich, um sein Recht zu wahren, selbst einen Papst eingesetzt, ist allerdings tatsächlich falsch, aber nichts weniger als phantastisch, sondern entspricht der gehässig unwahren Darstellung, die Alexander III. und seine Kardinäle schon 1160 in aller Welt verbreiteten.[2] Es wäre gewiß sehr interessant, wenn auch der kaiserlich gesinnte elsässische Chronist diese Darstellung der streng kirchlichen Partei wiederholte; unbegreiflich würde es mir durchaus nicht scheinen. Wissen wir doch, daß selbst ein Vertrauensmann des Kaisers wie Eberhard von Bamberg die schismatische Kirchenpolitik des Reiches nur widerstrebend mitmachte.[3]

---

[1] Im gleichen Ton berichtet Suger von St. Denis, Vita Ludovici Grossi c. XXXI (ed. Molinier, p. 123), vom Ende des Anakletischen Schismas: pace ecclesie post longam fluctuationem, post diutinos et pene consumptivos languores Dei auxilio restituta. Auch er schreibt (um 1140) unter dem noch frischen Eindruck des Ereignisses (1138). Wie trocken ist dagegen die Notiz der sog. Marbacher Annalen zu 1106 (diuturnum scisma finem accepit).

[2] Vgl. das Schreiben Alexanders III. an Arnulf von Lisieux, das Rundschreiben der Kardinäle Alexanders und das Schreiben Johanns von Salisbury bei Watterich II, 491. 496. 500.

[3] Gesta Friderici IV 82, p. 271: Eberhard unterwirft sich, nach dem Vorbild des Patriarchen von Aquileja, der Entscheidung des Konzils von Pavia nur unter Vorbehalt eines späteren Urteils der Kirche und um der Bedürfnisse des Reiches willen.

Wäre aber die Notiz zu 1183 über das Schisma Eigentum des Straßburger Reichsannalisten von 1184, so müßte das Gleiche auch von der Nachricht über Heinrich den Löwen zu 1180 gelten. Die Gleichheit der Anknüpfung ist beide Male augenfällig: „Causa belli huius hec fuit" — „Huius . . scismatis causa hec fuit". Nun findet sich diese Art, einen Kommentar an eine Nachricht anzuknüpfen, schon früher an zwei Stellen, zu 1124 und 1152,[1] beide Male um einen Auszug aus der Chronik Ottos von Freising einzuführen. Die Benutzung dieses Werkes schreibt Bloch — dessen Ansicht in dieser Frage gewiß ein besonderes Gewicht hat — erst dem Hohenburger Chorherrn zu, der um 1210 die Straßburger Reichsannalen zu einer Chronik, einem Kompendium der deutschen Geschichte, mit Hilfe der Chroniken Bernolds und Ottos von Freising umarbeitete. Wenn das richtig ist, so würden die Berichte zu 1180 über Heinrich den Löwen und zu 1183 über die Beilegung des Schismas allerdings der Hohenburger Chronik von 1210 angehören.[2] Aber ich muß gestehen, daß mir diese Hohenburger Chronik selbst von etwas problematischer Natur zu sein scheint. Mir fehlt bisher der zwingende Beweis dafür, daß die Umgestaltung der Straßburger Annalen zu einer Chronik der Deutschen erst in Hohenburg und erst um 1210 vorgenommen wurde.[3] Mir scheint es zum mindestens ebensowohl möglich, diese Arbeit schon dem Manne zuzuschreiben, der in den achtziger Jahren an die alten Straßburger Münsterannalen eine Geschichte seiner Zeit, die Straßburger Reichsannalen anknüpfte. Mit andern Worten: ich halte für möglich, daß der Chronist und der Reichsannalist identisch sind. In diesem Falle dürften wir annehmen, daß auch der Bericht über die Zusammenkunft von 1176 schon um 1184 geschrieben wäre.

Doch wie dem auch sei, — es würde viel zu weit führen, wollten wir diesem Problem hier weiter nachgehen —, ob wir nun die Hauptredaktion der sogenannten Marbacher Annalen in ihrer jetzigen Gestalt als deutsche Chronik erst ins Jahr 1210 oder schon in die achtziger

---

[1] p. 43: Quod Lothario regnum datum fuit . . ., hec causa fuit; p. 46: Quod unanimiter principes Fridericum . . . elegerunt, hec causa fuit.

[2] Bloch S. 117 Anm. 4 meint freilich, der Neuburger Interpolator könnte in der Fassung seiner Einschübe zu 1180 und 1183 die Ausdrucksweise des Hohenburger Chronisten zu 1125 und 1152 nachgeahmt haben. Daß diese Erklärung sehr natürlich sei, wird man nicht finden können. Das Einfachste dürfte doch sein, daß gleiche Ausdrucksweise auch hier auf den gleichen Verfasser schließen läßt. — Daß Bloch seine Ansicht inzwischen selbst teilweise aufgegeben hat, s. unten S. 337.

[3] Den Scharfsinn, mit dem Bloch diese Annahme begründet hat, weiß ich vollauf zu würdigen. Aber für vollkommen gesichert kann ich seine Ergebnisse ebensowenig halten wie Hampe, Zeitschr. für Gesch. des Oberrheins, N. F. 24, 352f.

Jahre verlegen, in jedem Falle spricht hier zu uns ein Zeitgenosse im weiteren Sinne, jemand, der von den Dingen um 1180 entweder aus eigenem Erleben oder doch aus lebendigen Berichten von Mitlebenden wußte. Die Urheberschaft des späten Neuburger Glossators (um 1240) darf für die Notiz über Heinrich den Löwen wohl für ausgeschlossen gelten.[1] Wurden diese Zeilen, wie ich annehmen möchte, zugleich mit dem Rückblick auf die Kirchenspaltung (zu 1183) um 1184 niedergeschrieben, so hätten wir in ihnen einen frischen Nachklang der großen Tragödie, die sich wenige Jahre vorher vor den Augen des Berichterstatters abgespielt hatte. Fällt die Aufzeichnung erst ums Jahr 1210, so bieten doch das Werk, in dem sie steht, und sein Verfasser eine kräftige Bürgschaft dafür, daß hier nicht unkontrollierbares Gerede wiedergegeben wird, sondern die Vorstellung von Wissenden. Denn wo wäre man damals über die Reichsgeschichte der achtziger und neunziger Jahre besser unterrichtet gewesen als im Elsaß und in den Kreisen, in denen die sogenannten Marbacher Annalen geschrieben wurden!

Es bleibt noch ein Wort über den Inhalt der Nachricht zu sagen. Sie spricht nicht ausdrücklich von einer Zusammenkunft von Kaiser und Herzog, und Güterbock meint geradezu, die berichteten Verhandlungen hätten „durch Brief und Boten“ stattgefunden.[2] Das scheint

[1] Bloch, dem ich meine Bedenken mitteilte, hatte die Freundlichkeit, mir zu schreiben, daß er selbst an seiner früheren Ansicht nicht mehr festhält mit Rücksicht auf den Inhalt der Nachricht. Er will sie nunmehr der Hohenburger Chronik von 1210 zuweisen und auf Mitteilungen des damaligen Straßburger Bischofs, Heinrich von Veringen, zurückführen, womit ihre Glaubwürdigkeit nicht wenig steigen würde. Dagegen will er daran festhalten, daß der Bericht über das Schisma zu 1183 erst ein Neuburger Zusatz sei. Warum ich dies nicht unterschreiben kann, habe ich oben gesagt. Hier muß ich nur noch das Geständnis machen, daß mir die Gründe der Stilkritik, auf die Bloch mehrfach seine Analysen stützt, keine Beweiskraft zu haben scheinen. Ich gehöre zwar keineswegs zu denen, die von diesem Mittel überhaupt nichts wissen wollen. Aber ich meine, ehe man es anwendet, muß man zwischen dem, was als kritisches Merkmal zu brauchen, und dem, was sprachliches Gemeingut der Zeit ist, eine scharfe Scheidung vornehmen. Mir kommt es so vor, als hätte Bloch die Methode der Diktatvergleichung, die an Urkunden geübt wird, ohne weiteres auf Schriftsteller übertragen, was mir aus naheliegenden Gründen unzulässig erscheint. Es führt hier dazu, daß Ausdrücke, die zur Scheidemünze des damaligen Latein gehören (sogar provincia, unacum, crucesignatus, accedere ad) als kritische Merkmale in Anspruch genommen werden. Die Wendung ‚Plurimo revoluto tempore‘ besagt auch nichts, denn ‚revoluto anno‘ sagt auch Arnold von Lübeck I 12, p. 30. In bezug auf die streitige Notiz zu 1180 wäre ich sogar versucht, den Spieß umzukehren: die relativische Anknüpfung des neuen Hauptsatzes (Qui nimiam usw.) ist gerade die Art des Reichsannalisten (54, 19 In qua curia, 55, 21. 25 In quo colloquio, Inter quos).

[2] S. 32.

mir aber kaum annehmbar. Selbst wenn man sich vorstellen dürfte, daß eine solche Korrespondenz stattfinden und ihr Inhalt in Straßburg bekannt werden konnte, so wäre es zum mindesten schwer begreiflich, daß Friedrich in der Lage, in der er sich befand, nicht versucht haben sollte, den Vetter durch persönliche Überredung umzustimmen. Ich glaube, wer den Bericht der sogenannten Marbacher Annalen nicht in der Absicht liest, alle Zeugnisse für eine Zusammenkunft nach Möglichkeit zu beseitigen, der wird bei dem „imploravit", „conquerens", „respondit" nur an eine mündliche Verhandlung denken.

Mithin dürfen wir feststellen: was schon nach wenigen Jahren alle Welt sich erzählte, die vergebliche Zusammenkunft aus dem Winter 1175/6, das hat vielleicht der sehr ernsthafte Straßburger Reichsannalist aus den achtziger Jahren, jedenfalls der nicht minder ernsthafte Hohenburger Chronist um 1210 für Tatsache gehalten und bucht es als Erklärung für den Vernichtungskrieg, den der Kaiser gegen den Herzog von Sachsen eröffnet. Und er weiß darüber mehr als die andern: er berichtet nicht nur von der Forderung Goslars, die auch der Chronist von St. Blasien kennt, er führt auch die Beschwerden an, die Heinrich zur Begründung seiner Forderung erhoben, die großen Verluste, die er in den früheren Kämpfen in Italien erlitten hat. Dabei nennt er richtig die Namen der Städte, Crema und Mailand, um deren Eroberung hauptsächlich es sich damals gehandelt und bei deren Belagerung Heinrich der Löwe in erster Linie mitgewirkt hatte.[1] Lauter Dinge, die wir aus der sonstigen Überlieferung bestätigt finden, und die beweisen, daß hier ein zeitgenössischer und vorzüglich unterrichteter Gewährsmann zu uns spricht.

Wir könnten hier die quellenkritische Untersuchung mit dem Ergebnis schließen, daß zu einem Zweifel an der Zusammenkunft von Chiavenna keinerlei Anlaß vorliegt, da die Tatsache nicht nur sehr bald in aller Munde war, sondern von wenigstens einem, vielleicht sogar zwei gleichzeitigen, sehr unterrichteten Annalisten gemeldet wird, — wenn nicht Güterbock einen, wie er meint, fast gleichzeitigen Zeugen aufgestellt hätte, der dieselbe Tatsache ausdrücklich in Abrede stellen soll: die Chronik von Anchin (Continuatio Aquicinctina). Hier heißt es von Heinrich, daß er „in expeditione Italica nimis laboriosa et dampnosa ab ipso imperatore ter commonitus venire contempsit, sed nec nuncium nec milites in auxilium sui domini direxit".[2] Der Satz steht

---

[1] Giesebrecht V, 202f. 290. VI, 404. Daß Heinrich „ohne Heer gekommen" sei, ist aber schwer zu glauben. Sollte er sich ein halbes Jahr, vom Januar bis zum Juni (Stumpf n° 3901. 3905) als Schlachtenbummler im Lager herumgetrieben haben?

[2] M. G. SS. VI, 418. Die ganze Stelle lautet: 1180. Fredericus imperator anno superiori undecumque contracto exercitu super ducem Saxonie hostiliter vadit. Hic

zum Jahr 1180, als Erklärung für den Feldzug des Kaisers gegen den Herzog, er soll — nach Güterbock[1] — im gleichen Jahre geschrieben sein, demnach das früheste Zeugnis über die Sache darstellen und eine persönliche Zusammenkunft ausschließen.

Man könnte dagegen zunächst einwenden, daß die Worte des Chronisten nicht unbedingt nur diesen Sinn haben müssen. Sie lassen sich auch so verstehen, daß Heinrich, trotz dreifacher Mahnung, weder persönlich noch mit Truppen an dem Feldzug teilgenommen (in expeditione — venire contempsit), noch auch einen Boten — zur Entschuldigung — gesandt habe. Man könnte weiter einwenden, daß ein Mönch in Belgien im Jahre 1180 eine Tatsache recht wohl noch nicht wissen konnte, die in Deutschland selbst schon allbekannt war und etwas später auch in Belgien bekannt wurde, wie Giselbert von Mons beweist. Das Gegenzeugnis des Chronisten von Anchin wäre schon hiernach nicht imstande, die deutsche Überlieferung zu entkräften. Aber die Sache liegt noch viel einfacher: diese Stelle der Continuatio Aquicinctina ist gar nicht gleichzeitig geschrieben. Das läßt sich zeigen, ohne daß man die von Güterbock geforderte Spezialuntersuchung des ganzen Werkes auszuführen brauchte.

Die Continuatio Aquicinctina zur Weltchronik des Sigebert von Gembloux ist, so wie sie uns vorliegt, kein Annalenwerk, sondern, wie sie sich selbst wiederholt nennt, eine Chronik,[2] in der annalistische Aufzeichnungen verarbeitet sind. Zu Anfang tappt der Verfasser ganz im Dunkeln und richtet nicht nur in der Chronologie ziemliche Verwirrung an.[3] Seit etwa 1170 wird es besser, aber noch immer begegnen falsche Zeitansätze, die bei einem gleichzeitigen Annalisten unmöglich wären, beim späteren Chronisten, der nach älteren, vielleicht ungenügenden Notizen arbeitet, sich leicht erklären.[4]

---

enim filiam Henrici regis Anglorum habebat in coniugio; qui imperatori rebellis non solum insolens extitit, sed et superbus. Nam in expeditione Italica usw.

[1] S. 8f.

[2] 1179 (p. 417): in hac cronice brevitate; 1195 (p. 433): huius cronice. Dem entsprechen auch die Jahresüberschriften mit den Regierungsjahren von Rom, Frankreich, England und Jerusalem; auch die durchlaufende Zählung der Päpste ‚iuxta numerum suprascripte cronice‘ (zu 1185, p. 423).

[3] Die Einzelheiten aufzuzählen erübrigt sich. Man lese als Beispiel nur zu 1166 (so) die Nachricht über die Pest in Rom, an der u. a. auch Herzog Karl, der Sohn König Konrads, gestorben sei, — ohne daß die Anwesenheit des Kaisers erwähnt würde!

[4] Zu 1170 wird schon von den Ursachen zum Martertod des Thomas von Canterbury gesprochen, der Tod selbst richtig zu 1171 gemeldet. Das Erscheinen Friedrichs in Italien erfolgt 1174 ‚post Pentecosten‘, während der Kaiser noch am 2. September in Basel war. Noch zu 1186 wird irrig die Rückkehr des

Doch die annalistischen Aufzeichnungen mit ihrer Vorliebe für Witterung und Ernte und ihrer strengen Zeitfolge beherrschen schon in den siebziger und achtziger Jahren auf weite Strecken so sehr das Feld, daß man wirklich meinen könnte, ein gleichzeitiges Annalenwerk vor sich zu haben, widersprächen dem nicht, außer den schon erwähnten Verstößen gegen die Chronologie, mitunter Umkehrungen der zeitlichen Folge, Einschaltungen, Nachträge und vorgreifende Hinweise. Deutlich verrät sich die Hand des späteren Chronisten, der vorgefundene oder auch früher von ihm selbst aufgezeichnete Annalen zur Chronik ordnet und ergänzt, an solchen Stellen, wie unter 1183 in dem Hinweis auf das Ende des Kaisers Alexios, das beim folgenden Jahre erzählt werden soll; oder 1179 in der Rubrik „De concilio". Noch zu 1189, wie schon 1184, 1186, 1187, folgt die Erzählung nicht, wie sonst in der Regel, den Monaten, sondern nimmt einzelne große Ereignisse — die Entfernung Papst Lucius' III. von Rom nach Verona, die Beziehungen des Kaisers zu Urban III., die Schlacht bei Hittin, den Kreuzzug des Kaisers, die Eröffnung der sizilischen Erbfolgefrage — in gesonderten, mehr oder weniger ausführlichen Berichten voraus.[1] In den neunziger Jahren verschwinden allmählich die Zeichen der späteren Überarbeitung, aber einen sicheren terminus ad quem für die Entstehung der uns vorliegenden Chronik haben wir doch erst in dem Jahre 1197. Damals starb Graf Heinrich von der Champagne, der zu 1192 noch als der zukünftige König von Jerusalem genannt wird.[2] So sind denn auch zwei Notizen zu 1197 unverkennbar gleichzeitig in einer Form, wie sie ein Überarbeiter sicherlich nicht hätte stehen lassen.[3] Daß die Herstellung der Chronik in der uns vorliegenden Gestalt wirklich in das

Kaisers nach Deutschland unter diesem Jahre gebucht, während sie erst im Februar 1187 erfolgte.

[1] Alles dies stillschweigend, während ein Nachtrag unter 1192 mit Vergeßlichkeit entschuldigt wird. Hier also fühlt sich der Chronist mit dem Annalisten identisch.

[2] Si Deus nobis restituerit Hierusalem, rex futurus. Die andern von Bethmann in der Einleitung p. 281 angeführten Anzeichen fortlaufender Abfassung beweisen nichts. Daß, wie es zu 1190 heißt, Kaiser Friedrichs ‚corpus adhuc insepultum custoditur', konnte noch 1196 oder später geschrieben werden, da die Leiche niemals endgültig beerdigt wurde, vgl. Riezler, Forschungen zur deutschen Geschichte X, 73, Giesebrecht VI, 724f. Das ‚actum hoc anno' am Schlusse eines Wunderberichts zu 1194 ist aus dem wörtlich übernommenen Bericht selbst abgeschrieben. Daß das Werk schon vor 1195 an zwei anderen Stellen (Lambertus Parvus und Andreas von Marchiennes) benutzt wurde, beweist auch nichts. Das mag von den Annalen gelten, nicht aber von der fertigen Chronik.

[3] Nam usque hodie fame moriuntur milia milium (die Hungersnot ist schon zu 1196 gemeldet). Set . . . seminum, ut videtur, pulchra processio, fit expectantibus non minima consolatio. . . . — Certam nostrorum victoriam adhuc minime audivimus.

Jahr 1196/7 zu setzen ist, wird sich gleich zeigen. Hier genüge es festzustellen, daß man bei Beurteilung einer einzelnen Nachricht aus den 70er und 80er Jahren immer zu fragen haben wird, ob sie den ursprünglichen Annalen angehört oder erst vom Bearbeiter der Chronik hinzugesetzt ist.

Kehren wir nun zu unserem Bericht über Heinrich den Löwen zurück. In seiner näheren Umgebung bemerkt man besonders starke Spuren späterer Abfassung. Was da zum Jahre 1180 über die Befestigung der Stadt Köln gesagt wird, ist so irrig, daß es keine Beachtung verdiente, verriete es nicht eben die Hand des späteren Chronisten. Nur nach vielen Jahren konnte man sich so arg verhauen, daß man die Verstärkung der Kölner Stadtbefestigung damals aus Furcht vor dem Kaiser geschehen sein ließ und den Kölnern nachsagte, sie hätten Friedrich im lombardischen Kriege gehindert.[1] Auch die Einreihung der Gefangennahme Christians von Mainz durch Konrad von Monferrat zu 1180, während sie im September 1179 erfolgte,[2] ist ein Irrtum des späteren Ordners der Chronik. Desgleichen die Angabe, Heinrich der Löwe sei im Sommer 1182 zu Mainz zur Verbannung verurteilt worden, da es doch schon im November 1181 in Erfurt geschehen war und nur der Antritt der Strafe im Juli 1182 erfolgte. Man wird also wohl auch gegenüber der Erzählung von der verweigerten Heeresfolge mißtrauisch sein dürfen. Auch sie steht nicht am richtigen Ort, nicht zu 1175 oder 1176, wohin sie gehört, sondern bei 1180. Sie ist ein Nachtrag, ein erläuternder Rückblick, wie schon die Anknüpfung zeigt, und ihr Wortlaut läßt keinen Zweifel, daß diese Erläuterung von einem Spätern hinzugefügt ist: „Fredericus imperator ... super ducem Saxoniae hostiliter vadit. Hic enim filiam Henrici regis Anglorum habebat in coniugio; qui imperatori rebellis, non solum insolens extitit sed et superbus. Nam in expeditione Italica“ usw. Daß Herzog Heinrich der Schwiegersohn des Königs von England war,

[1] Colonienses cives, qui et ipsi imperatori in Italiam proficiscenti adversi aliquantulum extiterant, audito infortunio ducis Saxonie imperatorem pertimescentes, civitatem suam vallo mire latitudinis et profunditatis muniunt et aquas Reni fluminis in circuitu urbis nobilissime circumducunt. Der Chronist hat hier offenbar eine trockene schriftliche Notiz über die Anlage des großen Festungsgrabens (vgl. Chron. Colon. p. 131: Colonienses circa muros elaborant fossatum) mit seinen eigenen Erinnerungen an die Opposition der Stadt Köln, im Bunde mit ihrem Erzbischof gegen den Kaiser aus den Jahren 1186/87 (Chron. Colon. 136, Giesebrecht VI, 663) vermengt und mit dem Schicksal des Löwen willkürlich kombiniert. In Wirklichkeit richtete sich die Befestigung gegen den Erzbischof, und der Kaiser schlichtete den Zwist. Vgl. Giesebrecht V, 926. Knipping, Regesten der EBB. von Köln II n° 1148. 1150.

[2] Vgl. Giesebrecht V, 889. Varrentrapp, Christian von Mainz, S. 95.

hätte ein gleichzeitiger Annalist bei dieser Gelegenheit, wo vom Engländer gar nicht die Rede ist, zu bemerken keine Veranlassung gehabt. Das ist eine spätere Glosse zu der annalistischen Notiz von dem Feldzug des Kaisers[1] gegen den Herzog von Sachsen. Und wenn der Glossator sagt: „filiam Henrici regis Anglorum habebat in coniugio", so verrät er, daß er erst nach dem Tode des Herzogs schreibt, der 1195 erfolgte. Der Wechsel im Tempus in zwei aufeinanderfolgenden Sätzen — „Fredericus imperator .. super ducem Saxonie hostiliter vadit. Hic habebat ... in coniugio" — zeigt auch ganz unverkennbar zwei verschiedene Hände an der Arbeit: den ersten Satz schreibt der Annalist im Jahre 1180, den zweiten fügt der Chronist nach dem Tode des Löwen aus eigener Erinnerung kommentierend hinzu. Die Stelle ist also frühestens im Jahre 1196 geschrieben. Damals erst wurde die ganze Chronik, wie wir sie lesen, hergestellt, um von da ab noch einige Jahre, den Ereignissen gleichzeitig, fortgesetzt zu werden.

Also kein gleichzeitiges, auch kein annähernd gleichzeitiges Zeugnis, sondern ein um volle zwanzig Jahre jüngeres. Es hat schon darum in seiner Vereinsamung kein Gewicht gegenüber der geschlossenen Überlieferung, die ihm entgegensteht. Nimmt man aber noch dazu — was auch Güterbock nicht entgangen ist —, daß hier von einer dreimaligen vergeblichen Ladung des Herzogs die Rede ist, so schwindet jeder Zweifel an dem Unwert der Nachricht: der Mönch von Anchin hat das Ausbleiben Heinrichs im Felde mit dem Ausbleiben vor Gericht verwechselt und zusammengeworfen. Er kommt hier als Zeuge nach keiner Richtung in Betracht, mag er auch sonst viele und gute Nachrichten bieten.

Nun noch ein kurzes Wort über die letzte Ausflucht der Zweifler, das argumentum ex silentio! Es hat hier wohl noch weniger Gewicht als irgendwo sonst. Sollte ihm überhaupt eine Bedeutung zukommen, so wäre zuvor wenigstens wahrscheinlich zu machen, daß die in Betracht kommenden gleichzeitigen Annalisten, etwa der Kölner oder der Pegauer, von der vergeblichen Begegnung zwischen Kaiser und Herzog alsbald gehört und ihre Bedeutung für den Gang der großen Ereignisse auch sofort erkannt haben mußten. Davon ist aber das Gegenteil der Fall. Die Begegnung fand in Chiavenna, also in weiter Ferne, statt; Heinrich begab sich dorthin in schnellem Ritt von Oberbaiern aus und kehrte ebenso schnell zurück. Was vorgefallen, wußte zunächst

[1] Schon diese Notiz dürfte überarbeitet sein. Der Zusatz ‚anno superiori undecumque collecto exercitu' ist schwerlich begründet. Daß Friedrich schon 1179 die Rüstungen zu dem Feldzug vom August 1180 begonnen habe, wird sonst nirgends berichtet und läßt sich mit dem Verlaufe des Prozesses kaum in Einklang bringen.

nur seine und des Kaisers nächste Umgebung. Die Herzoglichen werden es mit gutem Grunde nicht an die große Glocke gehängt haben, der Kaiserhof aber blieb noch zweieinhalb Jahre fern von Deutschland. Wie sollte man in Köln und Pegau oder Magdeburg sofort alles erfahren? Und selbst wenn man erfuhr, daß der Herzog auf Bitten des Kaisers zu diesem nach Italien geeilt, aber unverrichteter Dinge zurückgekehrt sei — welcher Annalist hat die Gewohnheit, solche Dinge zu verzeichnen? Die Kunde von der vergeblichen Begegnung und ihrem Verlauf, das darf man wohl als sicher annehmen, kann erst allmählich in Deutschland weiteren Kreisen bekannt geworden sein, vielleicht wurde sie es erst, als der Kaiser aus Italien heimkehrte und der Kampf gegen den Herzog begann. Ihre Tragweite aber kann den Annalen schreibenden Zeitgenossen vollends erst nachträglich klar geworden sein. So kommt es, daß keiner von ihnen das Ereignis unmittelbar dort bucht, wo es zeitlich hingehört, die späteren aber, sofern sie seiner überhaupt gedenken, mit einer Ausnahme, es erst im Zusammenhang mit des Herzogs Sturz und als Erklärung hierfür erzählen. Das ist bei der Natur der in Rede stehenden Vorgänge so begreiflich, daß eher das Gegenteil auffallen müßte. Bei einem wirklich zeitgenössischen Annalisten dürfte der Tag von Chiavenna gar nicht vorkommen, und ich bekenne, daß mir dies auch als ein Grund erscheint, weshalb die Paderborner Annalen, die ihn allerdings zum richtigen Jahre melden, an dieser Stelle nicht gleichzeitig, sondern erst einige Jahre später verfaßt sein können.[1]

Also auch das argumentum ex silentio wäre überwunden und damit die letzte Verteidigungsstellung der Gegner genommen; die Tatsache, daß Kaiser Friedrich im Anfang des Jahres 1176 einen vergeblichen Versuch gemacht hat, die Unterstützung Herzog Heinrichs für den bevorstehenden Feldzug in persönlicher Unterredung zu gewinnen, und daß er dabei in der Demütigung vor dem Vetter sehr weit gegangen ist, diese Tatsache dürfte als erwiesen gelten, wenn — die Urkunde von Gelnhausen nicht wäre mit ihrem Schweigen. Doch die Erklärung dieses Schweigens, die sich weiterhin von selbst ergeben wird, gehört schon in ein anderes Kapitel.

Unsere Erörterungen haben bisher nur eine Vorfrage zu lösen gesucht: was war geschehen, bevor der Prozeß gegen Heinrich den Löwen eröffnet wurde? Es galt festzustellen, ob in persönlicher Zusammenkunft der Kaiser eine dringende Bitte um Hilfe ausgesprochen

---

[1] Die entgegengesetzte Ansicht von Lucas S. 3 scheint mir die Natur der Dinge vollständig zu verkennen.

und der Herzog mit einer Weigerung geantwortet hat. Die Frage interessierte uns in erster Linie im Hinblick auf den nachfolgenden Prozeß. Anklage wie Verfahren gegen Heinrich können nicht erörtert noch aufgeklärt werden, solange nicht festgestellt ist, was ihnen vorausgegangen war. Wir haben gefunden, daß die Überlieferung allen Glauben verdient; daß Heinrich wirklich vom Kaiser bei persönlicher Begegnung in demütigster Form um Hilfe gebeten worden ist, und daß er sich geweigert hat, die Bitte zu erfüllen.

Aber im Verlaufe der angestellten Untersuchung hat sich noch manches andere ergeben, das die aufgewandte Mühe wohl lohnen dürfte. Ich will davon absehen, daß zur Beglaubigung einer Begebenheit wie der Begegnung von Chiavenna keine Mühe zu viel sein sollte. Unsere alte Geschichte ist nicht so reich an lebensvollen Episoden, die uns die Menschen von damals so ganz in Fleisch und Blut, fast körperlich greifbar vorführten, daß man sich nicht unter allen Umständen belohnt fühlen müßte, wenn es gelingt, eine von ihnen als geschichtliche Tatsache gegen kritische Zweifel zu erweisen. Wichtiger für unsern Zweck scheint mir etwas anderes: die Geschichte der Entfremdung und des Bruches zwischen Kaiser und Herzog hat sich geklärt.

Wenn eine bisher mißachtete Überlieferung echt ist, wie ich erwiesen zu haben glaube, so dürfen wir als Tatsache feststellen, daß nicht erst in Chiavenna die beiden Männer einander fremd geworden sind, und daß es nicht politische, sondern rein persönliche Gründe waren, die den Zwist herbeigeführt hatten.[1] Des Kaisers Versuch, sich heimlich die Verfügung über Sachsen für den Fall zu sichern, daß der Herzog aus dem heiligen Lande nicht wiederkehrte, hat das bis dahin so gute Verhältnis gestört. Geschehen war eigentlich nichts; aber die bloße Absicht, hinter seinem Rücken und heimlich die Hand auf seine Hinterlassenschaft zu legen, mußte den Herzog beleidigen, als er davon erfuhr. Man begreift, daß unter solchen Umständen Friedrich sich erst in der höchsten Not entschloß, an den Beistand des Vetters zu appellieren, und daß er es in geradezu demütigenden Formen tat: kniefällig bat er um Hilfe. Er hatte etwas gut zu machen. Man begreift aber

[1] Die von Früheren angestellten Erwägungen darüber, ob und inwieweit etwa der Ankauf der Erbschaft Herzog Welfs durch den Kaiser auf sein Verhältnis zu Heinrich störend eingewirkt haben könnte, haben bei dem Stande der Überlieferung zu negativem Ergebnis geführt. Vgl. Güterbock S. 34. Giesebrecht V, 904. Ich möchte nur hervorheben, daß die italienischen Lehen dabei nicht in Betracht kommen, weil Heinrich auf sie keinen Erbanspruch hatte. Das Übrige aber würde besten Falles doch erst 1175 zu spielen begonnen haben, als der Riß zwischen Friedrich und Heinrich schon vorhanden war. — Für die Auffassung Rankes, Weltgeschichte (Textausg.) IV, 118ff., sehe ich in den Tatsachen keine Grundlage.

auch, daß Heinrich jetzt seine Bedingungen stellte. Der vertraute Freund und Vetter der früheren Tage hätte das vielleicht nicht getan. Der gekränkte, von Mißtrauen erfüllte Fürst, der herrschsüchtige harte Mann — „fere omnium hominum superbissimus et crudelissimus“ nennt ihn ein zeitgenössischer Staatsmann[1] — wollte sich nicht durch Gefühle bezwingen lassen, er forderte einen Lohn für seine Mühen und nannte ihn: Goslar. Wenn das überdies in verletzender Form geschah, so wundert man sich nicht, daß in Friedrich das zornige Selbstgefühl aufwallte. Er glaubte wohl durch seine Demütigung vor dem Vetter mehr als genug getan zu haben, und sollte sich nun doch Bedingungen vorschreiben lassen. Er hatte den Vassallen in höchster Not zuhilfe gerufen, und jener machte seinen Preis. So schied man, statt versöhnt, in hellem Zorn und offener Feindschaft.

Wiederum war es nicht Politik, was den Bruch vollendete, nicht Gegensatz der Interessen, Verschiedenheit des Denkens und Wollens, sondern rein menschliches Empfinden: Mißtrauen und hochmütige Kälte auf der einen, gekränkter Stolz auf der andern Seite. Oft hat die Politik persönliche Bande zwischen Fürsten und Staatsmännern gelöst. Hier war es umgekehrt: ein persönliches Zerwürfnis führte zum politischen Bruch. Man wird gut tun, das festzuhalten, wenn man das Weitere richtig deuten will.

II. Der Prozeß

Volle zweieinhalb Jahre nach dem Tage von Chiavenna war der Kaiser in Italien festgehalten worden. Es wurde Herbst 1178, bis er zum erstenmal wieder in Deutschland erschien. Hier hatten die Dinge mittlerweile ihren eigenen Gang genommen, ein erbitterter Krieg war zwischen Herzog Heinrich und seinen alten Gegnern ausgebrochen.

Mit Recht hat man hervorgehoben, daß der Kaiser selbst in diesem Kampfe zunächst neutral geblieben, daß er sogar wiederholt Frieden geboten hat.[2] Man hat daraus Veranlassung genommen, die Überlieferung als entstellt zurückzuweisen, die den Kaiser rachedürstend aus Italien zurückkehren und sofort den Vernichtungskrieg gegen den Herzog eröffnen läßt.[3] Man hat den weiteren Schluß gezogen, noch im Herbst 1178 sei der Bruch zwischen Friedrich und Heinrich keines-

[1] Giselbert von Mons p. 84.

[2] Schäfer, S. 386f., dem ich auch darin beipflichte, daß das zweimalige Dazwischentreten Wichmanns von Magdeburg auf kaiserlichen Einfluß zurückgeht.

[3] Sie ist vertreten durch Arnold von Lübeck II 2, und noch entschiedener durch Otto von St. Blasien (zu 1177), p. 450.

wegs vollzogen oder gar unheilbar gewesen, er sei eigentlich erst in den folgenden Monaten wirklich eingetreten.[1] Demgegenüber drängt sich die Frage auf, was denn nun diesen Bruch herbeigeführt haben soll? Wenn Friedrich nach seiner Rückkehr zunächst noch an friedliche Lösung der vorhandenen Spannung geglaubt, „vielleicht auch jetzt noch Heinrich den Löwen begünstigt hat",[2] so müßte bald darauf irgend etwas eingetreten sein, das ihm die Versöhnungsgedanken für immer benahm, ein Ereignis, groß und schwerwiegend genug, „die Milch der frommen Denkungsart in gärend Drachengift ihm zu verwandeln".

Denn noch ist kein Jahr verflossen, da sehen wir den Kaiser mit unerbittlicher Strenge die schärfsten Waffen des Rechts und der Macht gegen seinen Vetter in die Hand nehmen, so daß kein Zweifel walten kann: seine Vernichtung ist beschlossene Sache.

Man kommt in Verlegenheit, wie man einen solchen Umschlag der Gesinnung erklären soll. Wir erfahren aus der Zeit vom Oktober 1178 bis zum August 1179 rein gar nichts, was dazu dienen könnte. Daß Heinrich mit den sächsischen Fürsten in Streit geraten, war nichts Neues. So gut wie noch zehn Jahre früher, hätte Friedrich auch jetzt wieder den Vermittler und Versöhner spielen können, wenn er wollte. Aber er wollte nicht mehr und bewies das schon sofort nach seiner Rückkehr, indem er die Beschwerde der Gegner Heinrichs annahm und das Gerichtsverfahren gegen ihn eröffnete. Wollte man etwa, den Worten der Kölner Chronik vertrauend, annehmen, dem Kaiser sei erst nach seiner Rückkehr der ganze Umfang von Heinrichs hochverräterischen Umtrieben klar geworden,[3] so hieße das, über den politischen Scharfblick des Kaisers und seines Hofes ein recht ungünstiges Urteil fällen. Wie sollten wohl sächsische Fürsten, die seit Jahr und Tag in dem Gesichtskreis ihrer Provinz lebten, etwa jener Markgraf Dietrich von Landsberg, der als Hauptankläger gegen den

[1] So mit besonderer Bestimmtheit Schäfer a. a. O.

[2] Schäfer S. 388.

[3] Chron. regia Colon. p. 130: ibique fraus eius et perfidia primum imperatori detecta est. Dies wird zum Magdeburger Reichstag, Ende Juni 1179, berichtet. Schäfer, S. 403, will es trotzdem auf den Wormser Reichstag, Januar 1179, beziehen. Dazu sehe ich keine Berechtigung. Die Chronik kennt den Wormser Tag und seine Verhandlungen, sagt aber ausdrücklich, erst in Magdeburg sei die Anzeige des Hochverrats erfolgt (ibique primum). Auch Arnold von Lübeck II 10 läßt den Ankläger auf Hochverrat, den Markgrafen Dietrich von Landsberg, erst in Magdeburg, nicht schon in Worms auftreten. Das Gegenteil ist nur in den kurzen Annalen von St. Georgen gesagt (curiam Wormatiae constituit, ubi Heinricus dux Saxoniae de conjuratione adversus Caesarem accusatus est, SS. XVII, 296), die damit ersichtlich nur den Eindruck der öffentlichen Meinung wiedergeben. Daß der Markgraf auch in Worms zugegen war, will ebensowenig besagen, wie das „saepius provocabat" der Lauterberger Chronik mit Bezug auf seine Klage.

Herzog auftrat,[1] wie sollten sie den geheimen Beziehungen Heinrichs zu den Feinden des Reichs auf die Spur gekommen sein, von denen man am Kaiserhof nichts ahnte, wo doch ohne Zweifel die europäischen Verwicklungen besser durchschaut und übersehen wurden, als in dem nordöstlichen Winkel Deutschlands? Und selbst diesen undenkbaren Fall vorausgesetzt, warum hätten die Feinde Heinrichs solange gezögert, den Kaiser über die Gefahr aufzuklären? Daß sie handgreifliche Beweise besessen haben sollten, die man nur dem Herrscher persönlich vorlegen konnte oder wollte, ist ebenfalls ausgeschlossen, sonst hätte der anklagende Markgraf nicht nötig gehabt, als Beweis für seine Rede sein Leben im Zweikampf anzubieten. Wenn überdies, wie wir wissen, der Markgraf schon im Januar 1179 am Reichstag in Worms teilnahm und dennoch erst im Juni in Magdeburg mit seiner Anklage hervortrat,[2] so ist vollends ersichtlich, daß er nicht aus eigener Wissenschaft den Kaiser aufgeklärt, sondern sich nur zur Erhärtung einer sonst nicht beweisbaren Anklage hergegeben hat. Das sagen denn auch Arnold von Lübeck und die Lauterberger Chronik, unabhängig voneinander, mit voller Deutlichkeit: der Markgraf tritt als Ankläger auf, lediglich aus Erbitterung über den Schaden, den die auf Heinrichs Veranlassung in sein Land eingefallenen Slawen ihm getan haben.

Hat es aber keine „Enthüllungen“ gegeben, die den Kaiser zum erbitterten Feinde seines Vetters gemacht haben könnten, so ist es vollends unmöglich, seine Sinnesänderung aus dem Verlauf der Ereignisse und aus den Eindrücken, die er dabei empfing, zu erklären, etwa aus „des Herzogs starrem Trotze“.[3] Das hieße wiederum, ihm einen Mangel an politischer Zielsicherheit zutrauen, der selbst bei einem Herrscher von geringeren Fähigkeiten befremdlich wäre. Sollte Kaiser Friedrich, als er sich im Herbst 1178 anschickte, die Verhältnisse in Sachsen zu ordnen, noch nicht gewußt haben, was er wollte? Und wenn er es wußte und zu maßvoller Ausgleichung entschlossen war, sollte er sich durch bloße Gefühlsmomente wie den Ärger über Heinrichs Unzugänglichkeit von seinem Plane haben abdrängen lassen? So sehr, daß er nicht etwa dem Trotzigen eine Lehre gab, sondern nicht ruhte, bis er ihn völlig vernichtet hatte? Wenn man das trotz allem für möglich halten möchte, so wird man doch nicht vergessen dürfen, daß Friedrich gar nicht erst allmählich im Laufe der folgenden Monate zum unversöhnlichen Gegner Heinrichs geworden ist. Die Tatsachen reden hier eine ganz unzweideutige Sprache. Wer nach dem Friedensgebot, das der Kaiser noch im Herbst 1178 nach Sachsen geschickt hatte,

---

[1] Arnold von Lübeck II 10. Chronicon Montis Sereni, SS. XXIII, 157.
[2] Vgl. die vorletzte Anm. [3] Schäfer, S. 412.

etwa geglaubt hatte, er werde wie früher dem Herzog ein gnädiger Herr, zum mindesten ein gerechter Richter sein, der muß sich bald enttäuscht gesehen haben. Denn die Maske des Friedensstifters — wenn er sie je wirklich angelegt — ließ der Kaiser sehr bald fallen. Man kann sich doch nicht darüber täuschen, daß die Würfel der Entscheidung gefallen waren in dem Augenblick, wo die Klage der sächsischen Fürsten gegen den Herzog vom Kaiser angenommen und der Herzog zur Verantwortung vorgeladen wurde. Heinrich hat das von Anfang an richtig erkannt und danach seine Schritte eingerichtet. Wenn es wahr ist, was uns Arnold von Lübeck berichtet, — und ich sehe keinen stichhaltigen Grund, es zu bezweifeln[1] —, daß er dem Kaiser im Oktober 1178 in Speier begegnet und selbst gegen seine Gegner Klage erhoben habe,[2] so muß er schon bei dieser Gelegenheit erkannt haben, woher der Wind wehte.[3] Auf dem nächsten Reichstag erschien er nicht mehr, er wußte, daß er für den Kaiser hier nur der Beklagte sein würde, und er wußte auch, was er dabei zu erwarten hatte.

Also nicht Unkenntnis, auch nicht Edelmut oder Menschen-

[1] Weiland, Forschungen VII, 181 nennt es „tendenziöse Entstellung" und fragt: „Wie sollte der Herzog dazu gekommen sein, Recht zu fordern von dem Kaiser, gegen den er sich des Hochverrates schuldig gemacht, in einem Falle, wo er noch dazu im Unrecht war?" Aber daß Heinrich sich des Hochverrats schuldig gemacht, ist ja nur eine der Voraussetzungen, die Weiland als bewiesen annimmt, ohne daß sie es wirklich wären. Eine andere ist, daß das Unrecht in diesem Falle allein oder überhaupt auf Heinrichs Seite war. Auch dies läßt sich nicht beweisen.

[2] Arnold II 10, p. 47: Circa dies illos reversus est imperator de Ytalia, cui occurrit dux apud Spiram. Illatas sibi iniurias a domno Coloniensi conquestus est in presentia ipsius.

[3] Arnold sagt das sogar ausdrücklich, indem er fortfährt: Quod imperator tunc quidem dissimulans, eis curiam indixit apud Wormatiam, ducem tamen precipue ad audientiam citavit, illuc responsurum querimoniis principum. Lassen wir dahingestellt, ob dies noch ein „Verhandlungstermin" sein konnte, wie Schäfer, S. 393, meint (audientia ist bei Arnold allerdings sonst gleichbedeutend mit „Gericht", vgl. bald darauf: quod tertio legitime vocatus iudicium declinaverit et per contemptum ad audientiam suam venire noluerit. Ein „Verhandlungstag" heißt bei Arnold „placitum", s. kurz vorher: Imperator itaque exivit ad eum ad locum placiti). Aber selbst wenn Arnold hierin irren und in Worms nur eine Verhandlung geplant gewesen sein sollte, so doch schon eine Verhandlung, bei der der Herzog allein der Beschuldigte gewesen wäre. Denn „dissimulare" heißt bei Arnold soviel wie „unbeachtet lassen, übergehen". Vgl. unmittelbar nachher: „dux eo venire dissimulavit" und II 16, p. 56: „dux autem quasi dissimulans altercationes eorum". Der Kaiser hätte also die Klage des Herzogs über den Erzbischof übergangen, unbeachtet gelassen. Dazu paßt vollkommen die Nachricht der Kölner Chronik, p. 130: curiam vero in octava Epiphaniae Wormaciae habuit pro predicta dissensione Coloniensis episcopi et ducis et principum orientalium Saxonum, qui omnes iusticiam de duce a cesare implorabant.

freundlichkeit[1] hat ihn bestimmt, sondern ganz andere Gründe. Wenn er noch von Italien aus den Streitenden Frieden gebot, wenn er später zögernd und langsam vorging, so kann freilich seine Absicht nicht gewesen sein, dem Angeklagten immer neue Hintertüren der Gnade zu öffnen. Die unbarmherzige Strenge, mit der er ihn zu Boden schlug, beweist, daß es sich für ihn um einen Kampf auf Tod und Leben gehandelt hat. Man kann sich Friedrich I. nicht als großen Herrscher vorstellen und zugleich für möglich halten, er habe sich zur Vernichtung Heinrichs des Löwen gegen seine ursprüngliche Absicht drängen oder hinreißen lassen.[2] Er hat sie gewollt von Anfang an, der Sturz des Herzogs ist sein Werk. Und weil er das wollte, konnte er nicht wünschen, daß in seiner Abwesenheit etwas Entscheidendes geschehe, konnte es um so weniger wünschen, als dabei die Befürchtung nur zu begründet war, daß die Kräfte der Gegner Heinrichs zersplittert und aufgerieben würden, ehe der Kaiser die Möglichkeit hatte, selbst einzugreifen. Gerade weil er Heinrich vernichten wollte, mußte er das zu verhindern, alle vorhandenen Kräfte aufzusparen und zu einem Hauptschlag zusammenzufassen suchen.[3]

Aber auch nach seiner Rückkehr nach Deutschland sehen wir ihn noch ein und dreiviertel Jahre verstreichen lassen, ehe er zu diesem Hauptschlag ausholt. Dem Kriege geht ein Prozeß voraus, der fast so lange gedauert hat wie nachher der Feldzug, ein Prozeß, so reich an rechtsgeschichtlicher Belehrung, zugleich aber auch an rechtsgeschichtlichen Schwierigkeiten, daß die Forschung wohl Grund hatte, sich immer wieder eingehend mit ihm zu befassen.

Der Prozeß gegen Heinrich den Löwen ist ein politischer Prozeß. Er verfolgt politische Absichten in den Formen des Rechts. Es leuchtet ein, wie sehr dadurch schon die Untersuchung erschwert wird. Man wird mit der Voraussetzung rechnen müssen, daß alle Schritte mit Überlegung auf eine Verurteilung des Angeklagten eingerichtet, einmal erhobene Anklagen, wenn sie keinen Erfolg versprachen, nicht weiter verfolgt worden sind. Man wird vor allem, wenn man nach Schuld oder Unschuld fragt, nicht vergessen dürfen, daß ein politischer

---

[1] Wie Philippson II, 232 gemeint hat. Auch Prutz, H. d. L. 350, nennt Friedrichs Verfahren „durchaus schonend und mild".

[2] Die Darstellung von Prutz, H. d. L. 351, und K. Friedrich, III, 65f., scheint mir aus diesem Grunde so verfehlt wie nur möglich. Friedrich I. ein Gemütsmensch! Friedrich „gezwungen, dem Drängen der Fürsten nachzugeben" (Prutz, Friedrich, III, 67)! Wir wissen doch wirklich genug von ihm, was diese Vorstellungen ausschließt.

[3] Ähnlich schon Klein, Das Gerichtsverfahren gegen Heinrich den Löwen (Progr. Swinemünde 1902/3), S. 9.

Prozeß auf solche Fragen selten oder nie eine zuverlässige Antwort gibt. Mit einem Wort: man wird nicht verlangen können, daß hier alles in Ordnung sei, daß Geschichte und Recht genau aufeinander passen, daß aus dem Prozeß die geschichtliche Wahrheit hervorgehe. Die Forschung hat diese Einschränkungen bisher vielleicht nicht genug beachtet.

Sie sind freilich um so drückender, da wir uns nicht schmeicheln dürfen, das rechtmäßige Verfahren bei derartigen Prozessen in jener Zeit sicher zu kennen. Es kann nur zu Selbsttäuschungen führen, wenn man, wie in älteren Abhandlungen über den Prozeß Heinrichs des Löwen gelegentlich geschieht, das Verfahren des Reichshofgerichts gegen Reichsfürsten als eine im Ganzen wohl bekannte Sache behandelt. Ein Blick in die Literatur zeigt vielmehr, daß für die Schilderung dieses Verfahrens kein Fall häufiger herhalten muß, als gerade der Prozeß Heinrichs des Löwen. Wäre nun dieser in seinem tatsächlichen Verlaufe bekannt! Aber im Gegenteil, die Zeugnisse darüber sind durchaus widerspruchsvoll, vielfach ganz unvereinbar. Sie lehren, daß selbst die zeitgenössischen Schriftsteller, die davon berichten, die Sache gar nicht immer verstanden haben; daß es also nicht bloß Verwechslungen und Irrtümer im Tatsächlichen sind, die hier die Kritik herausfordern, sondern ebenso sehr mangelndes juristisches Verständnis, das auch richtig gewußte Tatsachen in falschen Zusammenhang bringt und Wesentliches übersieht.

Von dem Prozeß und der Verurteilung sprechen unter den zeitgenössischen Schriftstellern mehrere, die meisten aber erwähnen nur einzelne Punkte ohne die Absicht, den Verlauf des Ganzen zu erzählen. Wie wenig ihnen daran mitunter liegt, zeigen die Annalen des St. Petersklosters in Erfurt. Hier werden die sächsischen Kriege eingehend berichtet, auch die Reichstage dieser Zeit so vollständig wie sonst nirgends verzeichnet, aber von dem Prozeß erfährt man nur den Abschluß, die Ächtung und Enteignung zu Würzburg im Januar 1180.[1] Die Annalen von Magdeburg vermerken ebenfalls nur dieses Ereignis,[2] die Chronik von Poehlde sagt sogar nur, Heinrich sei auf vielen Tagen geladen, aber nicht erschienen und darum schließlich mit Entziehung von Eigen und Lehen gestraft worden.[3]

Sie alle können vorläufig außer Betracht bleiben, ebenso wie die Annalen von St. Georgen im Schwarzwald, die nichts weiter kennen

[1] Monum. Erphesfurt. ed. Holder-Egger p. 64.

[2] M.G. SS. XVI, 194.

[3] l. c. 95: Quem imperator multis curiis evocatum sed minime consentientem tandem principum iudicio rebus et beneficiis abiudicavit.

als die Anklage auf dem Reichstag zu Worms zu Anfang 1179.[1] Den Gang des Prozesses berichten nur Arnold von Lübeck, die Annalen von Pegau, die Kölner Chronik und Otto von St. Blasien, jeder auf andere Weise.

Nach Arnold[2] wäre der Prozeß zuerst in Worms (Januar 1179), zum zweiten Mal in Magdeburg (Juni 1179), zum dritten Mal in Goslar (wann?) verhandelt und hier das Urteil gesprochen worden, doch hätte Friedrich dem Verurteilten auf Bitten der Fürsten noch einen vierten Termin (wohin? auf wann?) gesetzt, wo dann das Urteil ausgeführt wurde. Die Annalen von Pegau erwähnen zwar auch den Reichstag in Worms am 13. Januar, sagen aber hierzu nichts vom Prozeß. Dieser beginnt für sie am 24. Juni in Magdeburg. Zu einem zweiten Termin lassen sie den Herzog nach Nürnberg laden, zum dritten nach Kaina, die Verurteilung aber erfolgt erst in Würzburg nach Epiphanias 1180.[3] Wieder anders die Kölner Chronik: nach ihr wird die Klage in Worms am 13. Januar erhoben, in Magdeburg zum zweiten Mal verhandelt, das Urteil in Gelnhausen zu Mittfasten 1180 gesprochen.[4] Otto von St. Blasien endlich nennt drei Termine ohne Zeitangaben, den ersten in Ulm, den zweiten in Regensburg, den dritten in Würzburg, wo das Urteil fällt.[5]

In diese sich widersprechenden Angaben ohne weitere Hilfe eine Übereinstimmung zu bringen, ist hoffnungsloses Bemühen. Mag man auch den späteren Chronisten von St. Blasien ganz beiseite lassen — er muß die Notizen, die er über die Reichstage dieser Zeit vorfand, gründlich mißverstanden haben —, so bleiben immer noch die ganz unvereinbaren Chronotopographien bei den drei andern Gewährsmännern. Zwischen ihnen eine Wahl zu treffen ist ebenso unmöglich, wie es unstatthaft ist, einzelne Nachrichten von ihnen aufzunehmen, andere zu verwerfen. Ein eklektisches Verfahren dieser Art ist zwar oft angewandt worden, hat aber bei jedem Forscher unvermeidlich zu einem andern Ergebnis geführt, weil es auf subjektiven Kriterien beruht.

---

[1] Item Caesar post Natale Domini curiam Wormaciae constituit, ubi Heinricus dux Saxoniae de coniuratione adversus Caesarem accusatus est. M.G. SS. XVII, 296. Vgl. oben S. 346 Anm. 2.

[2] II 10, p. 47f.

[3] M.G. SS. XVI, 262f.

[4] SS. r. germ., p. 130.

[5] p. 450. Von der Weltchronik Eikes von Reppichau kann man absehen (M.G. Deutsche Chroniken II, 230f.). Was an ihrem Bericht gut ist, stammt aus bekannten Quellen. Die Verknüpfung der Nachrichten aber ist spätere Arbeit und beruht zum Teil auf theoretischer Konstruktion, die sich bis zu wörtlicher Entlehnung aus dem Sachsenspiegel (230, 22) versteigt. Vgl. Zeumer in der Festschrift für Heinrich Brunner (1910) S. 152.

Nur einen objektiven Maßstab könnte es hier geben:[1] die Vereinbarkeit der einzelnen Angaben mit den Vorschriften des öffentlichen Rechts. Diese aber sind selbst für jene Zeit so umstritten, daß man auf ihre Verwendung verzichten muß, solange man nicht über sie zur Klarheit gekommen ist. Über Zeiten und Orte der Verhandlungen hätten wir also vorläufig nur Fragezeichen, käme uns nicht die Urkunde zu Hilfe, in der Kaiser Friedrich in Gelnhausen am 13. April 1180 über das eingezogene Herzogtum Sachsen verfügt. Sie sagt mit klaren Worten, daß als Abschluß des Prozesses Heinrich alle seine Reichslehen auf einem Reichstag in Würzburg entzogen worden seien.[2] Dieser Reichstag kann kein anderer sein als der auch sonst bezeugte im Januar 1180.[3] Damit ist die Angabe der Annalen von Pegau in diesem Punkte bestätigt, die der Kölner Chronik widerlegt und Arnold von Lübeck ergänzt, der für den letzten Termin weder Zeit noch Ort wußte. Dadurch vereinfacht sich das Problem, denn was nun von den Nachrichten der Kölner Chronik übrig bleibt — erster Termin in Worms, zweiter in Magdeburg —, das deckt sich mit Arnold. Bestehen bleibt der Zwiespalt zwischen diesem und den Annalen von Pegau: hat der Prozeß, wie diese sagen, in Magdeburg, Nürnberg, Kaina, oder, wie Arnold will, in Worms, Magdeburg, Goslar gespielt, hat er im Januar oder erst im Juni 1179 begonnen? Die zweite Frage ist nicht ohne Bedeutung, wie nicht erst ausgeführt zu werden braucht, aber eine Antwort einstweilen nicht möglich, man müßte denn, gleichsam im Wege der Stimmenmehrheit, für Arnold entscheiden, weil ihm in diesem Punkte die Kölner Chronik beitritt. Wozu ich mich aber nicht verstehen kann. Denn so gut wie diese Chronik über das Ende des Prozesses irrte, indem sie es nach Gelnhausen statt nach Würzburg verlegte, ebenso gut mag sie auch über den Anfang im unklaren sein. Will man überhaupt eine Stimmenzählung dieser Art zulassen, so wäre nicht einzusehen, warum das Schweigen anderer Quellen nichts bedeuten sollte, die, wie die Erfurter Annalen und die Pöhlder Chronik,[4] den Reichstag zu Worms wohl nennen, aber vom Prozeß dabei nichts sagen.

---

[1] Das Itinerar des Kaisers bietet einen solchen Maßstab nicht, weil es zu mangelhaft überliefert ist. Wenn z. B. der Tag zu Nürnberg, den die Annalen von Pegau haben, und der zu Goslar bei Arnold von Lübeck sonst nicht erwähnt werden, so ist damit noch keineswegs gesagt, daß sie nicht dennoch stattgefunden haben. Die übrigen Reichstage sind sämtlich auch sonst bezeugt.

[2] Universa que ab imperio tenuit beneficia per unanimem principum sententiam in sollempni curia Wirziburc celebrata ei abiudicata sunt.

[3] Die Zeugnisse sind zusammengestellt bei Giesebrecht VI, 569f.

[4] Vgl. oben S. 350.

Noch unbefriedigender wird das Ergebnis, wenn wir, weiter gehend nach dem sachlichen Inhalt der Verhandlungen fragen: wer ist Kläger, wessen wird der Herzog angeklagt, wofür und nach welchen Rechtssätzen wird er verurteilt?

Lassen wir wieder den kürzesten Nachrichten den Vortritt, so sagen die Magdeburger Annalen, Heinrich sei nach Fürstenspruch als Majestätsverbrecher zum Verlust seiner Lehen verurteilt worden;[1] die Pöhlder Chronik, der Kaiser habe ihm nach Fürstenspruch Eigen und Lehen entzogen;[2] die Chronik von Lauterberg, beides verbindend, er habe als Majestätsverbrecher nach Fürstenspruch Eigen und Lehen verloren.[3] Redseliger sind die Erfurter Annalen: Heinrich ist aus handgreiflichen Anzeichen als Feind des Reiches erkannt, hat schon längst seinen Anblick dem Kaiser entzogen und wird als gottloser Kirchenräuber und frevler Bedrücker der Armen Christi durch einen Spruch des Kaisers mit einhelliger Zustimmung der Fürsten all seines Besitzes verlustig erklärt, geächtet und sein Herzogtum Sachsen auf Graf Bernhard (von Anhalt) übertragen. Dies alles soll in Würzburg im Januar 1180 geschehen sein.[4]

---

[1] Dux Heinricus ab imperatore ad curiam Wirciburc vocatus et venire contempnens ex sententia principum reus majestatis et privari beneficiis adiudicatur. M.G. SS. XVI, 194.

[2] Quem imperator ... principum iudicio rebus et beneficiis abiudicavit, l. c. 95.

[3] Ex sententia omnium principum reus majestatis dampnatus est omnisque ei hereditaria proprietas et beneficiaria possessio abiudicata est. SS. XXIII, 157. Daß diese drei Berichte unter sich verwandt sind, sieht man auf den ersten Blick. Wir brauchen ihr Verhältnis zueinander und zu den Annalen von Pegau hier nicht zu untersuchen. Es genügt, auf die Tatsache der Verwandtschaft hinzuweisen. Güterbocks Bemerkungen S. 84 über die Magdeburger Annalen als Quelle der Pegauer scheinen mir nicht tief genug zu dringen.

[4] Imperatore curiam suam ... apud Wirceburc habente Heinricus Saxonum ac Noricorum hactenus ducatu potens et famosissimus inter regni primates, evidentibus indiciis Romani agnitus hostis imperii, presenciam sui regie maiestati iam diu animose subtrahens, velut improbus multarum invasor ecclesiarum et violentus ubique oppressor Christi pauperum, ex sententia imperatoris et unanimi consensu episcoporum seu principum suis omnibus abdicatus cunctis persequendus proscribitur et Saxonie ducatus eidem secundum censuram presencium ablatus Bernhardo comiti in presenti solemniter addicitur. Monum. Erphesfurt. ed. Holder-Egger p. 64. Ozlberger S. 21 und nach ihm Weiland, Forschungen VII, 178 Anm. 3 nehmen an, daß diese Notiz aus der Gelnhäuser Urkunde oder einer verwandten schöpfe. Aus der Gelnhäuser Urkunde sicher nicht, da diese dem Erzb. von Köln in Gelnhausen gegeben ist, die Annalen aber Bernhard von Anhalt in Würzburg das Herzogtum empfangen lassen. Es könnte sich also nur um die Urkunde für Bernhard handeln. Aber auch diese ist, wenn überhaupt jemals, erst in Gelnhausen ausgestellt worden (Chron. Colon. p. 130 vgl. Giesebrecht V, 922). Mit der Benutzung der Urkunde durch den Annalisten wird es also wohl nichts sein. Die An-

Bei Arnold von Lübeck beginnt der Prozeß in Worms mit einer nicht näher bezeichneten Klage von Fürsten gegen Heinrich. Dazu kommt in Magdeburg die Anklage wegen gewisser Verrätereien gegen das Reich, erhoben durch den Markgrafen Dietrich von Landsberg, der sich zum Zweikampf erbietet. In Goslar aber wird Heinrich nicht wegen dieser Vergehen verurteilt, sondern der Kaiser selbst erwirkt einen Spruch der Fürsten, daß einer, der die dritte Ladung vor das Königsgericht verächtlich versäumt hat, zu ächten und aller Lehen verlustig zu erklären ist. Was denn auch geschieht, nur daß die Ausführung, nämlich Entziehung des Herzogtums und dessen Übertragung auf Bernhard von Anhalt, die Aberkennung der Kirchenlehen und Einziehung des Eigenguts, erst auf einem vierten Tage erfolgt. Zwischen die Tage von Magdeburg und Goslar verlegt Arnold eine Begegnung, wobei der Kaiser dem Herzog seine Verzeihung und guten Dienste anbietet um den Preis einer Buße von 5000 Mark Silber, was der Herzog als zu hoch ablehnt.[1]

Die Annalen von Pegau, die sich in bezug auf den Schluß des Prozesses am besten unterrichtet zeigten, äußern sich über den Inhalt der Anklage mit keinem Wort. Sie sagen nur, Heinrich sei in Würz-

klänge im Ausdruck lassen sich auch anders erklären, etwa aus dem Schreiben eines geistlichen Teilnehmers am Reichstag.

[1] Circa dies illos reversus est imperator de Ytalia, cui occurrit dux apud Spiram. Illatas sibi iniurias a domno Coloniensi conquestus est in presentia ipsius. Quod imperator tunc quidem dissimulans eis curiam indixit apud Wormatiam, ducem tamen precipue ad audientiam citavit illuc responsurum querimoniis principum. Quod intelligens dux eo venire dissimulavit. Imperator autem aliam ei curiam indixit in Magdeburg, ubi Thidericus marchio de Landesberch duellum contra eum expetiit, imponens ei quasdam traditiones contra imperium factas. . . . Dux autem hoc animadvertens venire noluit. In Haldeslef tamen constitutus per internuncios colloquium domni imperatoris expetiit. Imperator itaque exivit ad eum ad locum placiti. Quem dux verbis compositis lenire studuit. Imperator autem quinque milia marcarum ab eo expetiit, hoc ei dans consilium, ut hunc honorem imperatorie maiestati deferret et sic ipso mediante gratiam principum, quos offenderat, inveniret. Illi autem durum visum est tantam persolvere pecuniam, et non acquiescens verbis imperatoris discessit. Exinde imperator tertiam ei curiam Goslarie prefixit; nec minus illam supersedendo neglexit. Imperator itaque procedens in concionem sententiam adversus eum proposuit, querens quid iustitia super hoc decernat, quod tertio legitime vocatus iudicium declinaverit et per contemptum ad audientiam suam venire noluerit. Cui ex sententia principum responsum est, quod dictante iustitia omni sit honore destituendus, ita ut proscriptione publica dijudicatus et ducatu et omnibus beneficiis careat et alter in locum eius consurgat. Confirmata igitur sententia imperator adiudicavit fieri. Quartam tamen adhuc curiam rogatu principum ei indixit; ad quam cum non venisset, fecit ut superius ex sententia principum instructus erat et Bernardum comitem de Anahalt pro eo ducem constituit et episcopis ut sua reciperent que in beneficio habuerat mandavit et bona eius publicari precepit (p. 47. 48).

burg als Majestätsverbrecher verurteilt worden, weil er trotz (dreifacher) Ladung nicht erschien. Außerdem seien ihm dort alles Eigengut und alle Reichs- und Kirchenlehen entzogen worden. Die Aufteilung des Herzogtums Sachsen unter Bernhard von Anhalt und den Erzbischof von Köln sei aber erst Mitte April in Gelnhausen erfolgt.[1]

Die Kölner Chronik kennt zwar die Klage der Fürsten gegen Heinrich. Sie läßt dem Kaiser in Magdeburg den Verrat des Herzogs enthüllt werden. Worauf aber die Verurteilung — Entziehung des Herzogtums — sich gestützt habe, sagt sie nicht.[2]

Ganz anders beim Chronisten von St. Blasien. Hier ist es der Kaiser, der als Ankläger auftritt und die Beschuldigung erhebt, Heinrich halte es mit den Feinden des Reichs in Italien. Da der Beklagte dreimal nicht erscheint, wird er durch Fürstenspruch mit Entziehung seiner beiden Herzogtümer und aller Eigengüter und Lehen „feodali pena" gestraft.[3]

Größer könnten die Widersprüche nicht sein. Bald ist der Kaiser der Ankläger, bald sind es die Fürsten; bald ist Verrat am Reich Gegenstand der Klage, bald Bedrückung der Kirche; bald erfolgt die Verurteilung wegen dieser Vergehen, bald nur wegen Versäumnis des kaiserlichen Gerichts. Wiederum ist es unmöglich, zwischen den abweichenden Aussagen eine Wahl zu treffen, wie es unstatthaft ist, sie zu kombinieren. Und diesmal hilft uns auch die Urkunde von Gelnhausen nicht aus der Verlegenheit: in ihrer nur allzu knappen und dadurch dunklen Ausdrucksweise scheint sie von allem etwas zu enthalten. Mit ihr hat bisher noch jeder seine Meinung verfechten zu können geglaubt, der sowohl, der an des Herzogs Verrat am Reiche festhält, wie der ihn leugnet, der die Verurteilung auf den Vergehen selbst wie der sie nur auf der Versäumnis des Gerichts beruhen ließ.

---

[1] Imperator post Epifaniam curiam habuit in Wirciburg, ad quam dux Heinricus vocatus non venit et ideo ex sententia principum reus majestatis adiudicatur. Preterea omnis hereditas eius et omnia beneficia quae vel a regno vel ab episcopis possedit, eidem abiudicantur ... Imperator curiam habuit Geilinhusen ante Pascha XIV noctes usw. SS. XVI, 263.

[2] Zu 1179: Imperator ... curiam .. Wormaciae habuit pro predicta dissensione .. ducis et principum .. qui omnes iusticiam de duce a cesare implorabant. .... Curia apud Magedeburg satis celebris ... ibique fraus eius [sc. ducis] et perfidia primum imperatori detecta est. Zu 1180: In media Quadragesima curiam apud Gelinhusin habuit. Ibi sententia ipsius cesaris et iudicio cunctorum principum dux Saxoniae ducatu suo privatur usw.

[3] (Imperator) memor contemptus a duce Heinrico apud Clavennam sibi exhibiti in ipsum vehementissime exarsit et quod Italicis hostibus rei publice contra imperium faveret universis principibus conqueritur. Nach Versäumnis des dritten Termines in Würzburg wird Heinrich sententia principum ducatu Norico cum Saxonico et omni prediorum et beneficiorum possessione feodali pena multatus privatur.

Ja, diese Urkunde, statt, wie sonst Urkunden zu tun pflegen, unsere Zweifel zu heben, vermehrt sie nur. Sie gibt uns neue Rätsel auf. Sie spricht von einer Klage der Fürsten wegen Bedrückung der Kirchen und Fürsten des Reichs, auf die hin der Herzog, als er trotz Vorladung nicht erschien, geächtet worden sei. Sie spricht weiter von fortgesetzter Bedrückung der Kirchen und Fürsten, von vielfacher Verachtung des Kaisers und insbesondere von handgreiflichem Majestätsverbrechen, von dreimaliger vergeblicher Ladung nach Lehnrecht und Verurteilung Heinrichs als eines „Widerspenstigen".[1] Aber sie sagt nicht, was unter der Verachtung des Kaisers und dem handgreiflichen Majestätsverbrechen zu verstehen sei, sie läßt uns die Wahl, wie wir ihre einzelnen Satzteile syntaktisch verbinden wollen, ob namentlich Heinrich wegen Majestätsverbrechen bloß geladen und nur wegen Widerspenstigkeit verurteilt, oder ob er wegen Majestätsverbrechens als Widerspenstiger verurteilt worden ist. Sie spricht im zweiten Teil unzweideutig von einer dreifachen Ladung nach Lehnrecht, scheint aber im Gegensatz dazu vorne nur eine einmalige Ladung zu kennen, der alsbald die Ächtung folgte. Kurzum, sie schafft viele Schwierigkeiten und beseitigt keine einzige; sie vor allem muß erst erklärt werden, ehe man sie verwerten kann.

Um ihre Erklärung hat sich schon mancher bemüht, aber man könnte nicht sagen, daß irgendwer dabei wirklichen Erfolg gehabt hätte. Jeder hat es bisher erleben müssen, daß sein Versuch, den er für gelungen hielt, von dem nächsten Nachfolger als mißglückt beiseite geschoben wurde. Die Schwierigkeiten sind in der Tat groß; sie beginnen schon bei der Interpunktion. Ja, hieran hängt eigentlich die ganze Erklärung. Der Fall ist eigentümlich, vielleicht einzig in seiner Art. Kaiserurkunden pflegen sonst in diesem Punkte klar und deutlich zu sein. Man darf das auch wohl von einer Urkunde rechtlichen Inhalts verlangen. Hier ist es nicht so. Es läßt sich nicht leugnen, daß der

---

[1] Es ist unvermeidlich, auch ihren Wortlaut hierher zu setzen. Ich folge dabei vorläufig dem Texte Weilands, M.G. Constitut. I, 385, sehe aber von seiner gekünstelten Interpunktion ab. Es heißt dort: noverit universitas qualiter Henricus quondam dux Bawarie et Westphalie, eo quod ecclesiarum Dei et nobilium imperii libertatem possessiones eorum occupando et iura ipsorum imminuendo graviter oppresserit, ex instanti principum querimonia et plurimorum nobilium quia citatione vocatus maiestati nostre presentari contempserit et pro hac contumacia principum et sue conditionis Suevorum proscriptionis nostre inciderit sententiam; deinde quoniam in ecclesias Dei et principum et nobilium iura et libertatem grassari non destiterit: tam pro illorum iniuria quam pro multiplici contemptu nobis exhibito ac precipue pro evidenti reatu majestatis sub feodali iure legitimo trino edicto ad nostram citatus audientiam, eo quod se absentasset nec aliquem pro se misisset responsalem, contumax iudicatus est.

Wortlaut, so wie er uns vorliegt, einer einfachen, ungezwungenen und übersichtlichen Satzordnung einigen Widerstand leistet.[1] Das beweisen allein schon die wiederholten und unter sich recht verschiedenen Versuche, ihrer durch Interpunktion Herr zu werden, Versuche, deren keiner doch völlig befriedigt. Am wenigsten wohl der von Weiland, wenn er auch durch Aufnahme in die Monumenta Germaniae eine gewisse Autorität erlangt haben mag. Eine Satzordnung, die nur klar wird durch Anwendung eines typographischen Hilfsmittels, das dem 12. Jahrhundert unbekannt war (Gedankenstriche), kann unmöglich die natürliche, vom Verfasser beabsichtigte sein. Aber auch das kunstvolle System der eckigen und runden Klammern und des Sperrdrucks, das Güterbock[2] zu Hilfe nimmt, um die Gliederung anschaulich zu machen, verfehlt seinen Zweck. Ich wenigstens kann nicht finden, daß der Text dadurch an Klarheit gewinnt, eher umgekehrt.

Ich verzichte darauf, die früher nach dieser Richtung gemachten Versuche der Reihe nach zu analysieren,[3] und ziehe es vor, meinen eigenen Weg einzuschlagen, indem ich, im Gegensatz zu den Vorgängern, die Gliederung des Satzbaus nicht aus dem Inhalt, sondern aus dem Wortlaut, rein grammatisch, zu erkennen suche.

Die erste Frage wird sein, welche Tatsache eigentlich durch die Urkunde bezeugt werden soll. Diese hebt an: noverint universi qualiter Henricus ... Wo ist das Prädikat hierzu? Welches der vielen Zeitworte, die weiterhin, erst im Konjunktiv, dann im Indikativ auftreten (oppresserit, contempserit, inciderit, destiterit, se absentasset, misisset, iudicatus est) gehört zu ‚qualiter'? Die meisten von ihnen scheiden sofort aus, weil sie sich auf eine andere, unmittelbar vorhergehende Kausalkonjunktion beziehen: oppresserit hängt ab von eo quod, contempserit von quia, inciderit — weil durch et angeknüpft — ebenfalls von quia, destitit von quoniam, se absentasset vom zweiten eo quod, misisset desgleichen (angeknüpft mit nec). Somit bleibt als allein mögliches Prädikat zu qualiter das Zeitwort iudicatus est. Das entspricht auch, wie schon Waitz bemerkt hat,[4] dem Stil der Kaiserurkunden gerade dieser Zeit. Die Beispiele dafür sind zahlreich. Schon

---

[1] Waitz, der den Stil der Urkunde gegen Weiland und Ficker verteidigte (Forschungen X, 159), strafte sich selbst Lügen, wenn er den Text im selben Atemzuge für emendationsbedürftig erklärte; s. u. S. 359 Anm. In der Tat lehrt schon die Zahl und Verschiedenheit der Erklärungen durch so anerkannte Forscher wie Ficker, Waitz, Weiland, Schäfer, daß der Text, den wir kennen, das Lob der Klarheit nicht verdient.

[2] S. 55f.

[3] Sie sind zusammengestellt bei Güterbock S. 54ff.

[4] Forschungen X, 154.

im Jahre 1155 lesen wir in den kaiserlichen Erlassen: notum fieri volumus, qualiter ... Hartmannus ... obtulit; noverit, qualiter ... admisimus et ... suscepimus; cognoscant universi ... qualiter nos ... studuimus; notum sit ... qualiter ... est illustrata. 1161: notum esse volumus, qualiter Heinricus ... defecit; 1163: cognoscant ... qualiter ... donavit; 1165: noverit ... qualiter ... decidimus; 1168: noverit ... qualiter ... imploravit; 1174: nosse volumus qualiter ... stabilimus; 1180: noverint ... qualiter ... significavit; 1187: notum fieri volumus, qualiter ... compromiserunt.[1] Zum Vergleich geeignet ist auch die Wendung, gleichfalls aus dem Jahre 1180: noverit ... quod cum Godefridus ... commiserit, hoc imperialis nostra curia ... decrevit.[2] Der Rahmen des Satzes würde also lauten: Noverint universi qualiter Henricus ... iudicatus est. Die Verurteilung Heinrichs ist die Tatsache, die durch die Urkunde zu allgemeiner Kenntnis gebracht wird. Alle Zeitwörter, die sich zwischen qualiter und iudicatus est finden, können folglich nur Begründungen für das iudicatus est enthalten, wie sie auch sämtlich durch Kausalkonjunktionen angeknüpft erscheinen. Sie geben die Motive des Urteils, gleichsam ex mente des Gerichts, deshalb stehen sie hier auch mehrfach im Konjunktiv, obwohl sie von Konjunktionen abhängen, die an und für sich nur den Indikativ zulassen (eo quod, quia). Dagegen wird sich grammatisch kaum etwas einwenden lassen.

Wir hätten somit folgende Tatsachen als Gründe für das Urteil: 1. Heinrich hat Kirchen und Edle des Reiches bedrückt; 2. er ist der Ladung vor des Kaisers Gericht nicht gefolgt; 3. er ist wegen dieser Kontumaz geächtet worden;[3] 4. er hat in seinen Bedrückungen fort-

---

[1] Monum. Boica XXIX 1, 317. 321. 324. 327. 362. 365. 374. 385. 390. 422. 439. 451.

[2] l. c. 441. Der Konjunktiv kommt in dieser Verbindung kein einziges Mal vor.

[3] Die Meinung von Weiland u. a., daß hier von Kontumaz gegen die Fürsten und eignen Standes- und Stammesgenossen gesprochen werde (Weiland verband: contumacia principum usw.), ist schon durch Waitz, Forschungen X, 154f. mit guten Gründen bekämpft worden. Eigentlich sollte man von ihr nicht zu sprechen brauchen. Kontumaz kann es dem Begriffe nach nur gegenüber einem Vorgesetzten, Übergeordneten geben. Denn contumacia ist nicht Mißachtung, wie Weiland und auch Waitz meinten, sondern Widerspenstigkeit. Somit bleibt nur die Verbindung von principum mit sententia möglich. Der Satz würde also in anderer Wortfolge lauten: pro hac contumacia incidit principum et sue conditionis Suevorum sententiam nostre proscriptionis. Wer mit Waitz in dem doppelten Genitiv und scheinbaren Widerspruch „principum sententiam“ und „sententiam nostre proscriptionis“ eine „Härte des Ausdrucks“ finden sollte, die „man nicht leicht der Urkunde zutrauen kann“, den darf man darauf aufmerksam machen, daß nostra proscriptio in Königsurkunden feststehender Kunstausdruck für „Reichsacht“,

gefahren; 5. er ist, trotz dreimaliger Ladung, vor des Kaisers Gericht nicht erschienen, hat auch keinen Fürspruch gestellt. Es bedarf wohl nicht vieler Worte, um zu zeigen, was mit all dem gegeben sein soll: es ist die tatsächliche Begründung des Urteils, der Tatbestand.[1]

Das Eigentümliche der Urkunde liegt nun darin, daß der Tatbestand nicht etwa in einfach erzählender Rede vorgebracht wird, sondern in einer Folge von kausalen Untersätzen, die sämtlich dem Obersatz „qualiter — iudicatus est" eingeschaltet sind. Diese Untersätze wiederum werden an einer Stelle durch einen deutlichen Einschnitt in zwei Gruppen zerlegt, durch die Worte „deinde quoniam". Jedes einigermaßen stilistisch geschärfte Ohr hört hier die starke Cäsur sofort heraus, es ist darum auch kein Zufall, daß das Original der Urkunde „deinde" mit großem Anfangsbuchstaben schreibt.[2] Das entspricht vorzüglich dem Inhalt, denn die letzte Tatsache, die vor „deinde" berichtet wird, ist die Ächtung Heinrichs (proscriptionis nostre inciderit sententiam). Hier endet also die erste Phase des Prozeßverfahrens. Was bis hierher gesagt wird, muß sich auch syntaktisch für sich allein befriedigend auflösen lassen. Das ist aber nicht der Fall. Man betrachte das Gerippe des Satzes: [iudicatus est] eo quod — oppresserit ex instanti principum querimonia quia citatione vocatus — presentari contempserit et — proscriptionis nostre inciderit sententiam. Wo soll man hier das Komma setzen? Setzt man es vor „quia", so kommt der Un-

proscriptio imperialis zu sein scheint. Vgl. Friedrichs I. Gesetz gegen Brandstifter (1186), Constitut. I, 450, § 2: Quod si aliquis in ducatu alicuius incendium fecerit, ipse dux proscriptum nostrum eum pronuntiet. Entsprechend heißt es von der bischöflichen Exkommunikation in Friedrichs II. Confoederatio cum principibus ecclesiasticis von 1220, Constitut. II, 96, § 6: Item ... excommunicatos eorum ... vitabimus. Damit entfällt das Bedürfnis und zugleich die Möglichkeit, ein etwa ausgefallenes „iudicio" oder „consilio" zu ergänzen, wie Waitz a. a. O., Heigel-Riezler, Herzogtum Baiern S. 54 und zuletzt noch Schäfer, S. 406f. wollten.

[1] Was Waitz, Forschungen X, 158 mit wenig glücklichem Ausdruck die „historische Begründung" nannte.

[2] Daß es unter Historikern auch Ohren gibt, die dergleichen nicht immer hören, und daß in unserm Falle der Herausgeber der Constitutiones, Ludwig Weiland, harthörig war, ist gewiß bedauerlich, ändert aber an der Sache nichts. Auf welche Art könnte wohl die Cäsur an dieser Stelle noch deutlicher gemacht werden, als durch Anknüpfung mit 'deinde quoniam' und Anwendung eines großen Anfangsbuchstabens? Wer da noch nichts merkt, dem ist wirklich nicht zu helfen. Diktator und Schreiber haben ihr Möglichstes getan. Mit Recht lehnt Waitz, Forschungen X, 154, den Schluß ab, daß der große Anfangsbuchstabe einen neuen Hauptsatz einleiten sollte. Aber bedeutungslos kann er darum doch nicht sein, innerhalb des einen langen Satzes markiert er den Einschnitt.

sinn heraus, Heinrich habe Kirchen und Fürsten bedrückt auf dringende Klage der Fürsten.[1] Setzt man es hinter „oppresserit“ und nimmt eine Inversion in der Wortfolge an, so daß das spätere „quia“ dem Sinne nach hier vorangestellt zu denken wäre (quia ex instanti),[2] so ist das einmal eine recht verrenkte Ausdrucksweise, in rhetoricis gewiß nicht unmöglich, in einer Urkunde aber höchst befremdlich. Doch selbst abgesehen hiervon, diese Interpunktion ergibt eine Sinnwidrigkeit. Der Satz lautete dann: [iudicatus est] eo quod — oppresserit, quia ex instanti principum querimonia citatione vocatus — presentari contempserit et — proscriptionis nostre inciderit sententiam. Auf deutsch: Heinrich wurde verurteilt auf Grund des Tatbestandes, daß er Bedrückungen verübt hatte, weil er auf Ladung nicht erschien und geächtet wurde. Das ist widersinnig; logischerweise könnte es nur heißen: Heinrich wurde verurteilt auf Grund des Tatbestandes, daß er Bedrückungen verübt hatte, trotz Vorladung nicht erschienen und deswegen geächtet worden war. Oder: er wurde verurteilt auf Grund dessen, daß er geächtet worden, weil er Bedrückungen verübt und sich nicht vor Gericht gestellt hatte. Lateinisch würde es in den Ausdrücken der Urkunde heißen müssen entweder: „iudicatus est eo quod oppresserit, presentari contempserit et proscriptionis inciderit sententiam“; oder: „iudicatus est eo quod proscriptionis inciderit sententiam quia oppresserit et presentari contempserit“. Entweder die drei Tatsachen — verübte Bedrückungen, Nichterscheinen, Ächtung — können koordiniert sein; oder, wenn eine Subordination stattfinden soll, muß die Ächtung zu oberst stehen, die Bedrückungen und das Nichterscheinen ihr als Begründungen untergeordnet werden. Ein drittes kann es nicht geben. Wenn also die Urkunde etwas anderes sagt, so tut sie etwas Sinnwidriges, sie ist an dieser Stelle fehlerhaft. Daß sie nicht alle drei Momente koordinieren will, ist unzweideutig. Wollte sie das, so müßte sie entweder nur eine Kausalpartikel für alle drei Zeitworte gemeinsam anwenden (eo quod oppresserit, presentari contempserit et proscriptionis nostre inciderit sententiam), oder sie müßte dreimal dieselbe Partikel setzen (eo quod oppresserit, eo quod contempserit et eo quod inciderit). Da sie mit der Partikel wechselt und von der einen zwei Zeitworte gemeinsam und durch „et“ verbunden abhängig macht, so drängt sich die

[1] Weiland suchte dem zu entgehen, indem er einen Gedankenstrich setzt. Ich habe schon oben bemerkt (S. 357), daß dies nicht im Sinne des Verfassers der Urkunde sein kann. Überdies zerstört Weiland hier den ganzen Satzbau, vgl. die letzte Anmerkung.

[2] So tat Ficker, Reichs- und Rechtsgeschichte I, 176, und so tut jetzt wieder Güterbock.

Subordination des „quia contempserit et inciderit“ unter das „oppresserit“ auf. Und das ist eben ein Unsinn. Es ist also nicht zu leugnen, hier ist etwas nicht in Ordnung. Worin auch der Fehler stecken mag, hier ist die Urkunde fehlerhaft.

Doch lassen wir das einstweilen, und suchen wir dem zweiten Teile der Urteilsbegründung beizukommen, der mit „deinde quoniam“ beginnt. Gehen wir auch hier grammatisch analytisch vor, so zeigt sich folgendes Satzgerippe: „quoniam — non destiterit — citatus — eo quod se absentasset — contumax iudicatus est.“ Hier ist eigentlich alles völlig klar: Heinrich ist wegen fortgesetzter Bedrückung geladen und, weil er sich nicht stellte, „contumax iudicatus“. Nur darüber könnte man einen Augenblick schwanken, ob nicht zwischen „contumax“ und „iudicatus est“ ein Komma zu setzen sei; ob man verstehen soll, Heinrich sei wegen Widerspenstigkeit verurteilt worden, oder er sei als Widerspenstiger, der sich nicht stellte, verurteilt, „abgeurteilt“ worden. Aber auch dieser Zweifel ist doch eigentlich ohne jede Berechtigung. Iudicare heißt nun einmal, wie schon Ficker hervorhob,[1] nicht „aburteilen, verurteilen“, sondern „urteilen, beurteilen“, es ist nicht gleichbedeutend mit „condemnare“, sondern an sich neutral und bedarf dringend einer Erläuterung durch ein prädikatives Adjektiv. „Heinricus iudicatus est“ sagt noch gar nicht, ob Heinrich verurteilt oder freigesprochen wurde, nur, daß man über ihn Recht gesprochen hat. Um den Inhalt des Urteils zu erklären, muß unbedingt entweder ein reus, culpabilis oder innocens, insons u. ä. dazutreten. Da die Urkunde von einer Verurteilung sprechen will, muß zu ihrem „iudicatus est“ auch das „contumax“ gehören; d. h. Heinrich wurde für widerspenstig erklärt.

Nicht im Satzbau, nicht in der Form des Ausdrucks liegt die Schwierigkeit bei diesem zweiten Teil der Urteilsbegründung, sondern im Inhalt. Was besagen die Worte „tam pro illorum iniuria quam pro multiplici contemptu nobis exhibito ac precipue pro evidenti reatu majestatis sub feodali iure legitimo trino edicto ad nostram citatus audientiam“?[2] Weiland und andere finden hierin einen Hinweis auf Majestätsverbrechen, deren der Herzog sich durch Verrat an Kaiser und Reich schuldig gemacht habe. Das würde zum Tatbestand gehören und in zwiefacher Hinsicht Anstoß geben. Einmal wäre schon

---

[1] Forschungen XI, 304 gegenüber Waitz. Güterbock S. 66 hat dies entweder übersehen oder mißverstanden.

[2] Von der unhaltbaren Meinung von Weiland und Waitz (Forschungen VII, 170 und X, 158), die ‚sub feodali iure legitimo‘ zusammenzogen, wie übrigens schon Gelenius tat, braucht man kaum mehr Notiz zu nehmen. In der Tat ein sonderbarer Einfall, als ob es ein ius illegitimum geben könnte! Vgl. Güterbock S. 61.

die Ausdrucksweise befremdlich. Tatsachen, auf die ein Urteil gegründet werden soll, pflegt man sonst klar und bestimmt anzugeben. Hier wäre es nicht geschehen, man hätte sich mit Andeutungen begnügt, sogar mit recht orakelhaften Andeutungen, wie denn noch heutigen Tages die Ausleger der Urkunde über nichts so uneinig sind wie über den Sinn dieser Worte. Die Urkunde würde also an dieser Stelle nicht nur stilistisch, sondern juristisch fehlerhaft sein, und das würde die weitesttragenden Folgen haben. Ist der Tatbestand nicht klar und unwiderleglich dargetan, so ist bekanntlich die Verurteilung zweifelhaft. Und war hier die Aberkennung des Herzogtums Sachsen eine rechtlich zweifelhafte Sache, so nicht minder seine Weiterverleihung. Ob der kluge Philipp von Heinsberg sich mit einer juristisch so anfechtbaren Grundlage für den Besitz des Herzogtums Westfalen zufrieden gegeben hätte?

Sodann wäre es auffällig, wenn Dinge, die zum Tatbestand gehören und vor dem Beginn des Prozesses geschehen sein müßten, nicht dort, wo man sie erwarten dürfte, nämlich im Anfang der Darstellung des Tatbestandes erwähnt sein sollten, sondern erst ganz zum Schluß der Urteilsbegründung. Man hat wohl zur Erklärung dieses auffallenden Umstandes gemeint, die Verrätereien Heinrichs seien nicht zu Anfang vorgebracht worden, sie hätten in der ganzen ersten Phase des Prozesses, vor der Ächtung, überhaupt keine Rolle gespielt, sondern seien erst im letzten Teile des Verfahrens zur Sprache gekommen.[1] Aber das schafft nur neue Schwierigkeiten. Die Urkunde würde durch diese Annahme zu einem Monstrum von Ungeschicklichkeit gestempelt. Denn niemand vermöchte aus ihr herauszulesen, worauf sich die angebliche neue Hochverratsklage eigentlich bezog, noch auch, wann und von wem sie erhoben wurde, — Dinge, über die man von einer halbwegs brauchbar stilisierten Gerichtsurkunde doch Auskunft verlangen dürfte. Vielmehr käme man auf diesem Wege zu der allen Rechtsbegriffen zuwiderlaufenden Annahme, daß die Urkunde wohl von einer Verurteilung Heinrichs wegen Verrat, nicht aber von einer Anklage wegen dieses Verbrechens spräche, daß also nach ihrer Darstellung der Herzog wegen einer Schuld verurteilt worden wäre, deren er gar nicht angeklagt war.[2]

---

[1] So Krammer, Deutsche Literaturzeitung 1910, Sp. 1388.

[2] Ähnlich, wenn auch sehr kurz, äußerte sich schon Waitz, Forschungen X, 161. Damit dürften die Bemerkungen Krammers widerlegt sein. Wenn dieser darauf hinweist, „daß die Hochverratsklage erst zu Magdeburg (Juni 1179), wo das landrechtliche Verfahren durch den Achtspruch bereits seinen einstweiligen [?] Abschluß gefunden hatte, erhoben wurde", so operiert er mit drei falschen Voraus-

Diese sachlichen Erwägungen schließen eigentlich schon die Möglichkeit aus, daß mit den Worten „pro evidenti reatu majestatis" ein besonderer, neuer Tatbestand aufgeführt werden soll. Eine formelle Beobachtung bestätigt das. Man beachte, daß hier der multiplex contemptus gegen den Kaiser und evidens reatus majestatis in derselben Wortfassung und in völliger syntaktischer Gleichstellung mit der iniuria principum aufgeführt werden: tam pro illorum iniuria quam pro multiplici contemptu nobis exhibito ac precipue pro evidenti reatu majestatis. Mit den Worten „pro injuria illorum" wird unzweideutig nichts tatsächlich Neues gesagt, sondern nur auf das vorher Gesagte, die Bedrückung der Fürsten, verwiesen. Der Schluß ist unabweisbar — solange Sprache und Satzbau bei der Erklärung von Urkunden etwas bedeuten — daß auch mit dem contemptus und reatus majestatis nichts tatsächlich Neues, keine neuen Elemente des Tatbestandes gemeint sein können. Das schließt wohl auch schon die angewandte Präposition pro — nicht propter — von vornherein aus, eine Unterscheidung, die im Lateinischen deutlich genug ist, wenn wir sie auch im Deutschen nicht wiedergeben können.

Was aber enthalten die Worte „tam pro illorum" bis „reatu majestatis", wenn sie keinen Tatbestand geben? Ich denke, dies kann nicht länger zweifelhaft sein: so wie sie überhaupt nicht Tatsachen behaupten, sondern Urteile abgeben, bringen sie die juristische Würdigung des vorher dargelegten Tatbestandes, den Rechtsgrund für die letzte dreifache Ladung und, da auch diese versäumt wurde, zugleich für die schließliche Verurteilung in contumaciam.[1]

---

setzungen. Erstens, daß es erlaubt sei, eine Urkunde aus Schriftstellern zu interpretieren, von denen sie nichts weiß, statt allein aus ihren eigenen Angaben. Aus diesen aber ist schlechterdings nicht zu ersehen, daß eine Verratsklage gegen Heinrich erhoben und worauf sie begründet worden sei. Zweitens widerspricht auch die sonstige Überlieferung, die, soweit sie von einer Hochverratsklage gegen Heinrich weiß, diese keineswegs erst nach dem Achtspruch, wie Krammer meint, sondern ausdrücklich vor diesem ansetzt. Drittens aber erfolgte die Ächtung Heinrichs gar nicht im Juni 1179 in Magdeburg, sondern erst später, wie ich beweisen werde.

[1] Güterbock, S. 58, kann „an eine formale Unterscheidung zwischen einer historischen und einer juristischen Begründung ... nicht glauben". Das ist denn doch eine schwer verständliche Skepsis. Bei jedem Strafurteil sind Tatbestand und juristische Würdigung, Tatfrage und Schuldfrage verschiedene Dinge, die für sich gesondert behandelt und festgestellt sein wollen. Ist es doch keine ganz seltene Erscheinung, daß die Richter schwanken, unter welchen Schuldbegriff ein klarer Tatbestand zu bringen sei, etwa ob unter Diebstahl oder Unterschlagung. Daß dieselbe Handlung je nach den begleitenden Umständen, das eine Mal als Mord, das andere Mal als bloßer Totschlag zu kennzeichnen ist, gehört zu den juristischen Fragen, die auch der Laie kennt.

Fassen wir zusammen, was nach dieser Erklärung die Urkunde sagt. Heinrich ist von den Fürsten wegen Bedrückung verklagt worden, hat sich nicht gestellt und ist geächtet worden; er hat danach mit Bedrückungen nicht aufgehört. Auf Grund dieses Tatbestandes, der einerseits als ein Unrecht gegen die Fürsten, andererseits als eine vielfache Mißachtung des Kaisers und besonders als offenbares Majestätsverbrechen anzusehen ist, wird er wiederum vorgeladen, und da er sich auch jetzt nicht stellt, in contumaciam zum Verlust aller Reichslehen verurteilt.

Damit hätten wir zunächst ein Ergebnis gewonnen, das zwar nur negativ, aber darum nicht minder wertvoll ist: die Urkunde spricht mit keinem Wort von den angeblichen Verrätereien Heinrichs gegen Kaiser und Reich. Sie kennt nur zwei Tatsachen als Grundlagen der Verurteilung: die Bedrückungen der Fürsten, die auch nach der Ächtung fortgesetzt werden, und das hartnäckige Ausbleiben im Königsgericht. Es zeigt sich also, daß Ficker mit seiner ursprünglichen Ansicht vollständig recht hatte, in der Urkunde werde „als die das ganze Verfahren veranlassende Missetat lediglich die Vergewaltigung der Kirchen und Großen, nicht irgendwelche Verletzung des Kaisers selbst hingestellt“.[1] Von irgendwelchen hochverräterischen Handlungen Heinrichs, handle es sich nun um Verbindung mit Reichsfeinden oder um verweigerte Kriegspflicht, ist in der Urkunde mit keinem Wort die Rede. Sie kennt nur den einen Prozeß, der durch die Klage der sächsischen Fürsten über Bedrückungen durch den Herzog entstanden ist; sie weiß namentlich nichts davon, daß in irgend einem Stadium dieses Prozesses noch eine besondere Klage wegen Hochverrats erhoben sei. Die Meinungen sowohl von Weiland und Waitz,[2] die in dem Prozeß von Anfang an eine Folge von Heinrichs Verrat an Kaiser und Reich fanden, wie auch die spätere von Ficker, der wenigstens ein nachträglich hinzugekommenes zweites Verfahren wegen Hochverrats annahm,[3] finden in der Urkunde keinen Anhalt. Sie wurden auch nur aufgestellt, indem man die Angaben der Urkunde durch die Nachrichten der Schriftsteller zu erklären unternahm, ein Verfahren, das in doppelter Hinsicht bedenklich erscheinen muß. Denn die Nachrichten der Schriftsteller sind — das haben wir gesehen — selbst im höchsten Grade der Erklärung bedürftig und unter sich im Wider-

[1] Forschungen zur Reichs- und Rechtsgeschichte Italiens I, 176. Daß Ficker selbst die richtige Ansicht wieder aufgab (Forschungen zur deutschen Geschichte XI, 309), hat die ganze Erörterung nicht wenig verwirrt.

[2] Hauptsächlich Forschungen VII, 169 und X, 162.

[3] Forschungen XI, 313.

spruch. Aber auch wenn sie das nicht so sehr wären, würde doch der Grundsatz gelten müssen, daß eine Urkunde zunächst aus sich selbst verstanden sein will; d. h. es gilt zuerst festzustellen, was sie sagt und sagen will. Dieses aber mit Hilfe von Schriftstellern zu unternehmen, von denen nichts weniger als fest steht, daß sie dasselbe sagen wollen wie die Urkunde, ist — bei allem Respekt vor Forschern wie Ficker und Waitz muß es gesagt werden — ein methodischer Fehler.

Die ganze Erörterung ist gerade darum bisher so ergebnislos und auch so unerfreulich, weil man vorschneller Weise die Nachrichten der Schriftsteller in die Erklärung der Urkunde hineingezogen hat, bevor feststand, was diese eigentlich sage und sagen wolle; mit andern Worten, weil man mit der Exegese und Kritik ihres Inhalts begann, ehe die Interpretation des Wortlauts feststand. Niemand wird bestreiten, daß zur Kritik der sachlichen Angaben einer Urkunde die Nachrichten der Schriftsteller benutzt werden können und sollen. Aber bei der Interpretation — das wird ebensowenig bestritten werden können — muß die Urkunde ganz allein für sich genommen werden.[1] Ein anderes Verfahren kann nur zu Verwirrung führen und hat in unserm Falle dazu geführt.[2]

Konnten und mußten wir uns bei der Interpretation der Urkunde auf ihren eignen Wortlaut beschränken, so hört das auf, wenn wir nunmehr dazu übergehen, ihren Inhalt zu erklären. Da erhebt sich eine Reihe von Fragen, die sich ohne Herbeiziehung anderer Quellen nicht beantworten lassen. Es fragt sich zunächst, worin der erwähnte multiplex contemptus und evidens reatus majestatis zu sehen sei. An die anfängliche Bedrückung der benachbarten Fürsten wird man dabei nicht denken dürfen, denn das war kein Vergehen gegen den Kaiser. Dagegen bleibt die Wahl offen, ob hier die fortgesetzten Bedrückungen auch nach der Acht gemeint sind oder das hartnäckige Nichtbeachten der kaiserlichen Ladungen. Aus dem Wortlaut der Urkunde läßt sich das nicht entscheiden. Sodann fragt sich: für welches Vergehen hat Heinrich die Strafe des Lehnsverlustes erlitten, für das begangene Unrecht gegen die Fürsten und den Kaiser, oder nur für sein Fernbleiben

[1] Güterbock hat S. 52 den richtigen Grundsatz ausgesprochen, man müsse „die Worte der Gelnhäuser Urkunde zunächst aus sich selbst heraus zu erklären suchen“. Aber befolgt hat er ihn nicht, da er beständig den Spuren seiner Vorgänger nachgeht, die die Urkunde nicht aus sich selbst erklären wollten, und da er sich überdies sofort an die sachliche Exegese macht, für die natürlich die Urkunde allein nicht ausreicht.

[2] Daß dies nicht nur für Urkunden, sondern für alle schriftlichen Quellen gilt, versteht sich von selbst.

vom Gericht? Daß er wegen all dieser Dinge geladen wurde, steht außer Zweifel, aber ob sie auch bei der Verurteilung und Strafe alle zusammen oder nur das letzte allein, das Ausbleiben, den Rechtsgrund abgaben, das ist die Frage und ist ohne Zuhilfenahme anderer rechtsgeschichtlicher Belehrungen aus der Urkunde allein nicht zu ersehen.

Es fragt sich aber noch mehr: worin bestand die Acht, die proscriptio nostra, die den Herzog nach Fürstenspruch getroffen hatte und von ihm mißachtet wurde? Welchen Charakter und welche Tragweite hatte sie? War sie eine lösbare, nur auf den Zwang zur Unterwerfung hinzielende Strafe, ein „Ungehorsamsbann“, mit Ficker zu reden, oder war es die unlösbare, endgültige Oberacht, die nichts geringeres als völlige Rechtlosigkeit bedeutete, den Verurteilten rechtlich vernichtete, ihn ehrenlos und rechtlos machte, wie der Ausdruck seit dem 13. Jahrhundert lautet?[1] Die Urkunde sagt darüber nichts.

Sodann: in welchem Verfahren und in welchem Zeitpunkt ist diese Acht verhängt worden? Wie viele Ladungen waren ihr vorausgegangen? Über den Zeitpunkt macht die Urkunde keine Angaben, über die Zahl der Ladungen scheint sie sich undeutlich zu äußern: citatione vocatus, sagt sie, sei Heinrich nicht erschienen. Soll man darunter dennoch eine dreifache Ladung verstehen,[2] oder ist die Wendung absichtlich gewählt, um im Gegensatz zu dem später gebrauchten „trino edicto citatus“ eine bloß einmalige Ladung zu bezeichnen? Darüber herrscht Streit, der sich wiederum aus der Urkunde allein nicht entscheiden läßt. Beide Auffassungen sind möglich, wenn auch die erste eine Undeutlichkeit des Ausdrucks voraussetzen würde, die an dieser Stelle geradezu ein Fehler wäre. Aber der Fehler ist nicht ausgeschlossen, und wir sahen ja, daß gerade bei diesen Worten die Fassung der Urkunde überhaupt fehlerhaft ist.

Endlich: die letzte Ladung erging sub feodali jure, „nach Lehnrecht“, wie man heute zu übersetzen pflegt; genauer sollte man vielleicht sagen: „in lehnsrechtlichem Prozeß“.[3] Also, darf und muß man

[1] Vgl. die gründlichen Erörterungen von Ficker, Reichs- und Rechtsgeschichte Italiens I, 174ff.

[2] So Waitz, Forschungen X, 155f.

[3] Jus, jura sind in dieser Zeit vieldeutig, sie haben nicht immer die abstrakte Bedeutung von „Recht“ in unserem Sinne. Sehr gebräuchlich ist die Bedeutung „Abgaben“, „Einkünfte“. Man denke an das nova jura condere des Fürstenprivilegs von 1232 (= neue Steuern schaffen) oder an die jura advocatiae = Vogteisteuern. Am deutlichsten wohl in einer Urkunde Friedrichs I. von 1180: ut omnia jura praenominatae praeposituræ teneamini requirere. Monum. Boica XXIX 1, 441. „Sub jure feodali“ ist auch wohl nicht identisch mit „secundum jus feodale“, wenn es auch praktisch hier auf dasselbe herauskommt. Streng genommen scheint mir jus

schließen, erfolgte auch die Verurteilung nach Lehnrecht, auf Grund verletzter Lehnspflicht, wie denn auch die Strafe — Lehnsverlust — sich nach dem Wortlaut der Urkunde ganz auf dem Boden des Lehnrechts hält. Ist das die ganze Strafe gewesen? Wurden Heinrich zu Würzburg im Januar 1180 nur seine Reichslehen aberkannt? Man wird das nicht ohne weiteres sagen dürfen. Denn da die Gelnhäuser Urkunde nur eine Verfügung über ein eingezogenes Reichslehen, das Herzogtum Sachsen, bezweckt, hat sie nicht nötig, andere Teile der zu Würzburg verhängten Strafe zu erwähnen, die für diesen Zweck nicht in Betracht kommen; obwohl es immer das Natürliche wäre, die ganze Strafe anzugeben, deren einer Teil hier die Voraussetzung der beurkundeten Maßnahmen war. Somit bleiben wir im Ungewissen darüber, ob der letzte Akt des Prozesses ausschließlich nach Lehnrecht oder zugleich auch nach gemeinem Recht, nach „Landrecht", wie man damals wohl gesagt hat, sich abspiegelte. Das wird der Untersuchung bedürfen; um so mehr als damit die Antwort auf die andere Frage zusammenhängt, welches Recht im Beginne des Prozesses zugrunde gelegt wurde, ob das Landrecht oder das Lehnrecht, — eine Frage, auf die die Antworten neuerdings entgegengesetzt lauten.

Ich beginne mit der letzten Frage: nach welchem Recht ist Heinrich verklagt worden? nach Landrecht oder nach Lehnrecht? Die Frage klingt müßig. Der Wortlaut der Urkunde scheint das Lehnrecht auszuschließen, da er von einer Klage der Fürsten wegen Beraubung und Bedrückung und von einer Bestrafung durch die Acht redet,[1] also von Dingen, die nicht unter den Begriff des Lehnrechts fallen. Die gesamte ältere Literatur antwortet denn auch einstimmig: eröffnet wurde der Prozeß nach Landrecht. „Die Anklagepunkte, sagt Weiland, hatten mit dem Lehnrecht nichts zu tun."[2] Alle anderen Forscher waren bislang derselben Meinung. Kürzlich jedoch hat Güterbock die Behauptung aufgestellt und mit Scharfsinn und Geschick zu beweisen versucht, daß das Verfahren gegen Heinrich den Löwen zu Ende des Jahres 1178 nicht nach Landrecht, sondern nach Lehnrecht eröffnet worden

in dieser Zeit den Sinn von „Rechtsweg, Rechtsverfahren, Prozeß" zu haben, wofür der Sachsenspiegel regelmäßig „im rehte" sagt. Man vergleiche das Reichsweistum von 1223, Constitut. II, 393, wo die jura imperii definiert werden, die der Herzog von Brabant beobachten soll: es sind lauter Vorschriften des Prozeßverfahrens. Dabei heißt es dann wohl: quod in jure feodali omnis feodotarius eque judicare possit; oder: quod quilibet ... in jure feodali ... potest citari; oder: in jure feodali nullus potest esse advocatus. Das ist alles ganz unzweideutig.

[1] Eo quod ecclesiarum Dei et nobilium imperii libertatem possessiones eorum occupando et iura ipsorum imminuendo graviter oppresserit ... proscriptionis nostre inciderit sententiam. [2] Forschungen VII, 170.

sei.[1] Er scheut sich nicht, den Satz auszusprechen, „daß die Veranlassung zu einem lehnrechtlichen Verfahren nicht in Lehnrechtsstreitigkeiten zu liegen brauchte, daß es bei Einleitung eines Lehnrechtsverfahrens überhaupt nicht so sehr auf die Natur des Anlasses ankam." Er schränkt dies freilich sogleich ein wenig ein, wenn er sagt: „Jedes schwerere[2] Vergehen minderte die Ehre des Lehnsträgers und machte ihn des Lehens unwürdig. Insofern konnte ein Lehnsträger durch jedes schwerere Vergehen lehnrechtlich strafbar werden".[3]

Ich will dahingestellt lassen, was man sich hier unter „schwereren Vergehen" denken soll. Es kommt nichts darauf an, denn der Satz ist unter allen Umständen falsch. Über die Fälle, in denen nach geltendem Recht der Lehnsverlust eintrat, sind wir doch bisher nicht so völlig im Dunkeln gewesen, wie nach der Behauptung Güterbocks scheinen könnte. Wir haben aus Deutschland das Lehnrecht des Sachsenspiegels und des Schwabenspiegels, aus Italien die Libri feudorum, aus Frankreich, England, Syrien entsprechende Aufzeichnungen. Gewiß dürfen die ausländischen Rechtsbücher nicht ohne weiteres als Quellen für das in Deutschland geltende Recht angezogen werden. Aber daß auch sie über die dem internationalen Lehnrecht zugrunde liegenden Rechtsbegriffe Auskunft geben und insofern die deutschen Quellen ergänzen können, wird keines Beweises bedürfen. Nirgends begegnet in all diesen Werken auch nur der Schatten der Auffassung, daß jedes schwerere Vergehen den Lehnsverlust nach sich ziehen könne. Wo einmal die Fälle des Lehnsverlustes aufgezählt werden, da ist mit seltenen Ausnahmen immer nur von Vergehen gegen den Lehns*herrn* die Rede.[4] Von diesen abgesehen sind es nur die allerschwersten Verbrechen, solche, die Ehrlosigkeit und Rechtlosigkeit nach sich ziehen, die dem Herrn das Recht geben, das Lehen des Schuldigen an sich zu nehmen, keineswegs aber „alle schwereren Vergehen". Das wäre auch schlechterdings nicht zu begreifen, es stände mit dem Wesen und den

---

[1] S. 116ff., 159ff.

[2] Von mir gesperrt.

[3] S. 123f. — Die Wiedergabe seiner Ansicht durch Krammer, Deutsche Literaturzeitung 1910, Sp. 1386f., wird Güterbock selbst schwerlich als zutreffend anerkennen.

[4] Eine solche Ausnahme macht z. B. der ‚Richtsteig Lehnrechts', der neben anderm auch die Fälle nennt, daß der Mann heerflüchtig, daß er „rechtlos" wird oder „sich veruntreut" (eine Treulosigkeit begeht). Homeyer, Sachsenspiegel II 1 (1842), 442f. Die Libri feudorum Antiqua II u. VI 5, Vulgata I 5 u. 16 (ed. Lehmann, S. 90 u. 101), nennen nur Vergehen gegen den Herrn. Die Assisen von Jerusalem des Jean d'Ibelin zählen ch. 91 auf: unterlassene Huldigung, Mord oder Totschlag wenn der Täter sich dem Gericht nicht stellt, und fei mentie vers son seignor; ed. Beugnot, Historiens des croisades I, 305.

Grundbegriffen des Lehnrechts in Widerspruch. Denn, wie Heusler in klassischer Kürze sagt, „nur soweit man sich in Lehnsverhältnissen bewegt, steht man unter Lehnrecht“.[1] Das Lehnrecht regelt ja nur das Verhältnis zwischen zwei Personen, Herr und Mann, die durch wechselseitige Rechte und Pflichten verbunden sind. Aufgehoben kann dieses Verhältnis der Natur der Sache nach nur werden durch Verschuldungen eines Teils gegen den andern oder durch solche Verbrechen, die jede Verpflichtung des einen Teils lösen, weil sie mit der juristischen Person jedes Recht des andern auslöschen. Was Güterbock da so nebenher vorträgt, ist nichts mehr und nichts weniger als eine vollständige Umwertung des gesamten mittelalterlichen Lehnrechts, für die man zum mindesten starke Beweise aus dem Lehnrecht selbst erwarten darf.[2] Güterbock gesteht, daß er solche aus dem aufgezeichneten Recht nicht vorzubringen vermag.[3] Dafür beruft er sich auf tatsächliche Vorgänge, in denen er seine Auffassung wiederfindet. Er führt zwei Prozesse vor, wo der Anlaß in Gewalttaten lag, die mit dem Lehnrecht wenig zu tun hatten,[4] und wo trotzdem von Anfang an nach Lehnrecht verfahren wurde: den Prozeß Rudolfs I. gegen Ottokar von Böhmen (1274 und 1275) und einen Prozeß des Abts von Korvei gegen Wedekind von Schwalenberg vor Heinrich dem Löwen (1157). In beiden Fällen hat er sich getäuscht.

Der Prozeß Ottokars liegt in dieser Hinsicht ausnehmend einfach, so verwickelt er sonst sein mag.[5] Es steht außer allem Zweifel, daß Ottokar zuerst nach Lehnrecht aller seiner Reichslehen entkleidet, dann erst nach Landrecht geächtet worden ist.[6] Es steht aber ebenso außer allem Zweifel, daß die Schuld im ersten Falle die hartnäckig verweigerte Lehnshuldigung vor dem neuen König war, also ein rein rechtliches

---

[1] Institutionen des deutschen Privatrechts I, 35.

[2] Er sagt wohl S. 123: „Bei der großen Bedeutung, die das Lehnswesen in der Stauferzeit besaß, erscheint eine derartig weite Kompetenz des Lehnsgerichts ja leicht verständlich.“ Wenn das wirklich mehr als eine Phrase sein sollte, so ist es doch sicher kein Beweis.

[3] S. 116: „Um diese Frage zu beantworten, genügt es meines Erachtens nicht, die überlieferten Rechtsaufzeichnungen nachzuprüfen.“ Gewiß genügt das nicht; wenn aber die „Nachprüfung“ ergibt, daß „eine derartig weite Kompetenz des Lehnsgerichts“ nicht nur nirgends nachweisbar, sondern nach allem geradezu ausgeschlossen erscheint?

[4] Wenn er S. 122 meint: „So dürftig auch das Quellenmaterial für die Lösung rechtsgeschichtlicher Probleme ist“ —, so wird er damit wohl nur sagen wollen, daß er für seine Behauptung keine unmittelbaren Zeugnisse gefunden hat. Muß aber daran unbedingt das „Quellenmaterial“ schuld sein?

[5] Vgl. Güterbock, S. 119ff. Ich komme unten ausführlich auf ihn zu sprechen.

[6] Die Lehnsentziehung erfolgte im Mai, die Ächtung Ende Juni 1275. Böhmer-Redlich, Regesta imperii n. 372a. 389a.

Vergehen, wie es sich reiner nicht gut denken läßt. Das ist der Fall, den der Sachsenspiegel im Lehnrecht Art. 42 § 1 vorsieht, daß ein Mann sein Lehen „verjähret" hat, ein Fall, der den Lehnsverlust nach sich zieht, wenn der Mann seine Unschuld nicht erweisen kann.[1] Ob es sich bei den aberkannten Lehen um rechtmäßig besessene wie Böhmen und Mähren oder um wiederrechtlich angeeignete wie Österreich, Steiermark und Kärnten handelte, ist hier vollkommen gleichgültig. Es handelte sich unter allen Umständen um Reichslehen, auf die Ottokar durch die unterlassene Mutung alles Rechts, des wirklichen wie des vermeintlichen, verlustig ging. Wenn irgendwo, so war hier ein lehnrechtliches Verfahren am Platze.

Nicht so einfach liegt der zweite Fall. Güterbock findet ihn klarer als andere, aber mir scheint, er hat ihn auf etwas gewaltsame Art „geklärt": er hat ihn verstümmelt.[2] Nach ihm ist Wedekind von Schwalenberg durch Heinrich den Löwen seiner Lehen beraubt worden, weil er den Grafen Dietrich von Höxter erschlagen hatte. Ein landrechtliches Delikt und eine lehnrechtliche Strafe! „Wenn man's so hört, so möcht' es leidlich scheinen." Wie aber liegt die Sache in Wirklichkeit? Den Tatbestand erfahren wir aus einem Briefe des Abtes Wibald an den Kaiser,[3] der klagt (1156), daß Wedekind von Schwalenberg den Vogt des Klosters, Grafen Dietrich von Höxter, „sedentem in iurisdictione sua . . super consecratum ecclesie murum propriis manibus . . interemit". Im Auftrag des Kaisers greift Herzog Heinrich ein, zwingt den Übeltäter, Urfehde zu schwören, das Land zu verlassen, der Familie des Erschlagenen Buße zu zahlen. Dies berichtet der Herzog dem Kaiser und fügt hinzu:[4] „Castrum meum Dasenberch remota omni conditione vel verbo gratiae recepi, sicque is qui prius beneficia sua beneficiali iure a me perdidit, hoc quoque dimisit." Was folgt hieraus? Nichts weiter, als daß der Schwalenberger alle seine Lehen verloren hat. Aber warum? Unmittelbar als Folge des begangenen Totschlags? Davon steht doch kein Wort da. Die Klage Wibalds, nicht genauer datiert, gehört zweifellos ans Ende des Jahres 1156; der Bericht des Herzogs ist vom Mai (1157). Was dazwischen liegt, wissen wir nicht. Platz genug ist da für ein landrechtliches Verfahren, dessen letzte Folge erst die Entziehung der Lehen gewesen wäre. Aber noch mehr als das! Der Streit selbst ging bis ins Jahr 1152 zurück. Schon damals hatte

---

[1] Vgl. die Darstellung von Homeyer, Sachsenspiegel II 2, S. 506.

[2] S. 117f. Angeführt hatte den Fall schon Weiland, Forschungen VII, 172, aber in anderer Absicht.

[3] Jaffé, Bibliotheca I, no. 446.

[4] l. c. nr. 462.

Abt Wibald beim König Klage geführt über Beraubung des Klosters.[1] Daß den Übeltäter eine exemplarische Strafe treffen solle, hatte Friedrich damals angekündigt.[2] Vom weiteren Verlauf erfahren wir leider nichts, auch nichts von einer Sühne. Ist es nicht denkbar, daß zwischen der ersten und zweiten Klage ein Zusammenhang besteht, daß inzwischen ein Urteil gegen den Friedbrecher ergangen war, daß er seine Mordtat schon als Geächteter begangen und dadurch schließlich das energische Eingreifen Herzog Heinrichs herbeigeführt habe?[3] Ist es nicht auch denkbar, der Schwalenberger habe dem Herzog, von dem er Lehen trug, bei der Exekution Widerstand geleistet, und ihm dadurch an Ehre und Gut Schaden zugefügt, so daß jener ihm „beneficiali iure" seine Lehen entzog und ihn schließlich zwang — man glaubt die gewaltsame Gegenwehr zwischen den Zeilen zu lesen — auch die Burg Dasenberg herauszugeben?[4] Das sind doch recht naheliegende Vermutungen, besonders wenn man die Charakteristik kennt, die Helmold von Bosau von dem unverbesserlichen Raubgrafen entwirft.[5] Auch sagt Helmold ausdrücklich, Wedekind sei gefangen und eine Weile in Haft gehalten worden;[6] er hat sich also nicht freiwillig gestellt, ist vielmehr aller Wahrscheinlichkeit nach zunächst geächtet worden — kurzum, ein sofortiges lehnrechtliches Verfahren wegen eines landrechtlichen Vergehens ist hier nichts weniger als erwiesen. Das Wahrscheinlichste dürfte sein, daß der Missetäter wegen fortgesetzter schwerer Friedensbrüche gegenüber dem eigenen Lehnsherrn[7] geächtet, bezwungen und seiner Lehen verlustig erklärt worden, der Lehenverlust also nur die letzte Folge eines landrechtlichen Verfahrens gewesen ist. Von einem

[1] l. c. nr. 384.

[2] l. c. nr. 390: talem faciemus vindictam, quod alii similia committere non presument.

[3] Prutz H. d. L., 155ff., stellt denn auch diese Begebenheiten von 1152 bis 1157 als zusammenhängend dar. Unmittelbar überliefert ist das nicht, aber es hat die meiste Wahrscheinlichkeit für sich.

[4] Remota omni conditione vel verbo gratiae heißt doch wohl nichts anderes als „auf Gnade und Ungnade". Daß er die Burg später dennoch zurückerhalten haben muß, lehrt die Erzählung bei Helmold, s. die nächste Anmerkung.

[5] Chronica Slavorum II 11 (ed. Schmeidler c. 107, p. 210, zu 1168): Cum autem omnis bellorum motus auctore Deo rediret in serenam pacis quietem, Wedekindus de Dasenberg recusavit pacem ... Hic enim ab adolescentia sua ad malum strennuus semper militiae usum in rapinas detorserat.

[6] Captus enim aliquando et in vincula conjectus fidem dederat, ut de cetero temperaret a rapinis usw. Auch der neueste Herausgeber hat dies auf den Fall von 1157 bezogen.

[7] Dies geht aus der früheren Klage Wibalds über ihn (1152) hervor, Jaffé I, no. 384: Invaserunt nos homines nostri, qui nobis fidelitatem iuraverunt et magna beneficia a nobis habent ... Folcwinus videlicet et Widekindus fratres.

Beweise dafür, daß „jedes schwere Verbrechen“ ohne weiteres lehnrechtlich geahndet werden konnte, ist hier keinesfalls eine Spur zu finden.

Ich glaube, hiermit die ebenso neue wie überraschende Theorie von Güterbock, die das Wesen des Lehnrechts in ungeahntem Lichte zeigen würde, zerstört zu haben. Von einem lehnrechtlichen Verfahren gegen Heinrich den Löwen konnte, solange nur die Klage der Fürsten wegen Bedrückung vorlag, keine Rede sein. Wohl sieht auch das Lehnrecht ein Vergehen darin, daß einer seinen Mitvassallen, wissend, daß er in desselben Herrn Diensten steht, in seinem Lehen oder seiner Ehre angreift. Aber in diesem Fall setzt es nur Bußzahlung an den Herrn, 100 Pfund bei einem Reichsfürsten, nach dem Sachsenspiegel.[1] Daß man mit solchen Sätzen einem Fürsten wie Heinrich habe zu Leibe gehen wollen, kommt wohl nicht ernstlich in Betracht; das versprach doch zu wenig Erfolg, auch abgesehen von der zweifelhaften Begründung einer solchen Klage. Es bleibt also nur übrig, zu der bis vor kurzem allein bestehenden Meinung wieder zurückzukehren, daß der Prozeß gegen Heinrich den Löwen auf die Klage der Fürsten nach Landrecht eröffnet und betrieben worden ist. Das steht im Einklang mit dem Wortlaut der Gelnhäuser Urkunde, wo diese Klage, da Heinrich sich dem Gerichte nicht stellt, zur Ächtung „pro contumacia“ führt, zu einem Urteil ausschließlich nach Landrecht. Erst in der zweiten Phase des Prozesses tritt das Lehnrecht auf, und zwar jetzt das Lehnrecht allein.[2]

Lassen wir alle sonstigen Nachrichten beiseite und halten wir uns streng an den Text der Urkunde; er ist vollkommen klar und bedarf an dieser Stelle keiner Erläuterung aus anderen Quellen. Heinrich ist wegen Unrechts gegen andere Fürsten verklagt und wegen Ausbleibens vor Gericht geächtet worden; als er fortfährt, Unrecht zu tun, wird er wiederum geladen, und zwar, wie ausdrücklich gesagt ist, sub feodali jure; wie denn auch das Urteil diesmal ein bloß lehnrechtliches ist, die Aberkennung der Reichslehen. Ich denke, wenn man den methodischen Grundsatz festhält, daß eine Urkunde vor allem aus sich selbst erklärt sein will, wenn man nicht zugleich nach den Angaben der Schriftsteller und den angeblich bekannten

---

[1] Sachsenspiegel Lehnrecht 68 § 4: Underwint sik ok en man sines husgenotes lenes mit unrechte oder dut he ime smaheit mit worden oder mit dat, die wile he't weit dat he in's herren dienste is, ... dar umme mut he deme herren gewedden oder he mut sik der scult untsecgen uppe'n hilgen. § 8: ... Svelk vorste aver vanlen hevet, die weddet deme koninge hundert punt.

[2] Auf die Meinung von Waitz und Weiland, daß überhaupt nur ein einziges Verfahren stattgefunden habe, in dem Landrecht und Lehnrecht „verquickt“ waren, werde ich später Rücksicht nehmen.

Sätzen des Prozeßverfahrens schielt, so gibt es hier gar keine Schwierigkeiten. Was die Urkunde sagen will, kann gar nicht zweifelhaft sein: auf den landrechtlichen Prozeß, der mit der Ächtung schloß, folgte ein lehnrechtlicher, der zur Aberkennung der Reichslehen führte, und zwar ist der zweite Prozeß aus dem ersten hervorgegangen, da der Verurteilte fortfährt, Unrecht zu tun.

In diesem fortgesetzten Delikt ist nun aber ein neues Schuldmoment gegeben. Jetzt, bei der Ladung nach Lehnrecht, handelt es sich nicht mehr bloß um injuria principum, Unrecht gegen die Fürsten, sondern auch um multiplex contemptus, vielfache Mißachtung gegen den Kaiser, und precipue — in erster Linie — um evidens reatus majestatis, offenkundige Versündigung gegen die Majestät. Sind das lehnrechtliche Vergehen? Mir scheint, auch ohne besondere Zeugnisse könnten wir diese Frage ohne weiteres bejahen. Mißachtung des eigenen Herrn steht im Widerspruch mit der beschworenen Vassallenpflicht; es ist nur logisch, daß der Bruch dieser Pflicht lehnrechtlich geahndet wird.[1] Aber es fehlt auch nicht an ausdrücklichen Zeugnissen im geschriebenen Lehnrecht, wonach der Vassall, der dem Herrn die schuldige Ehrerbietung versagte, seine Lehen verlor.[2]

Worin bestanden nun der multiplex contemptus und evidens reatus majestatis? Wir haben vorhin festgestellt, daß es sich nicht

---

[1] Die Stelle im Sachsenspiegel Lehnrecht Art. 3 ist noch sehr allgemein gehalten: Die man sal sime herren bi plicht hulde dun unde sveren dat he ime so trüwe unde also holt si alse durch recht die man sime herren sole. Ebenso in der Antiqua der Libri feudorum VIII 11 (ed. Lehmann, S. 120): Qualiter autem jurare debeat videamus: „Juro ego . . . quod a modo inantea ero fidelis huic sicut debet esse vassallus domino, nec id quod mihi sub nomine fidelitatis commiserit alii pandam me sciente ad eius detrimentum." Schwört er aber als Gesinde (ex familia) oder Untertan des Herrn, nämlich quia de jurisdictione eius sit cui jurat, nominatim vitam mentem membrum et illius rectum honorem jurabit. Erst die Vulgata II 7 hat beide Teile zu einer volleren Formel (alia de novo . . . forma inventa) verschmolzen. Aber schon der älteste Kommentar zum Lehnseid, der von Fulbert von Chartres stammte und durch Aufnahme in das Dekret des Gratian (c. 18 C. 22 qu. 4) allgemein bekannt war, zählt die Begriffe auf, unter denen der Vassall sich eidlich band: incolume, tutum, honestum, utile, facile, possibile. Das erklärt er im einzelnen, und zwar: honestum, ne sit ei in damno de sua justitia vel de aliis causis, quae ad honestatem eius pertinere noscuntur; utile: ne sit ei in damno de suis possessionibus. Auch der sogenannte Glanville sagt c. IX § 4, das homagium müsse sub hac forma geleistet werden, daß der Huldigende fidem illi (dem Herrn) portet . . . et quod eius in omnibus terrenum honorem servet.

[2] Richtsteig Kap. 12 (ed. Homeyer II 1, 443 ff.). Als Grund zur Lehnsentziehung galt es hiernach schon, wenn der Vassall vor seinem Herrn nicht aufstand oder ihm nicht den Vortritt ließ. Auch die fei mentie der Assisen von Jerusalem (s. oben S. 368, Anm. 4) dürfte die gleiche Deutung zulassen, als Bruch der gelobten Treue.

um neue Tatsachen, sondern nur um die juristische Würdigung des vorher dargestellten Tatbestandes handelt: Bedrückung der Fürsten, Versäumnis des Gerichts, fortgesetzte Bedrückung auch nach der Verurteilung. Der Schluß ist zwingend, daß der contemptus und reatus majestatis nichts anderes sein können als entweder die Versäumnis des Gerichts oder das fortgesetzte Unrecht oder beides.

Ein Vassall, der eine gerichtliche Ladung durch den Lehnsherrn ohne Grund unbeachtet ließ, verstieß gegen seine Lehnspflicht. Es war eine Nichtachtung gegen den Herrn, eine Minderung seiner Ehre und führte — dies ist ausdrücklich bezeugt — im Falle der Hartnäckigkeit zum Lehensverlust. Das steht wiederum in mehr als einem geschriebenen Lehnrecht.[1] Wir brauchen also gar nicht lange nach dem Tatbestand des multiplex contemptus zu suchen: er liegt in der wiederholten Versäumnis des kaiserlichen Gerichts. Schon der Ausdruck contemptus muß darauf führen, denn er nimmt ganz unverkennbar das kurz vorher gebrauchte „presentari contempserit" wieder auf. Auch der evidens reatus majestatis ist nicht mehr zweifelhaft. Daß die Worte eine Tautologie seien und nur einen anderen, schärferen Ausdruck für dieselbe Sache, die Terminversäumnis enthalten sollen, wird man ohne zwingenden Grund nicht annehmen können. Handelte es sich um ein Dokument unserer vielschreibenden Zeit, wäre diese Annahme wohl die natürlichste. Heute kommt es ja auf ein paar Worte mehr oder weniger nicht an. Das 12. Jahrhundert hatte andere Gewohnheiten, zumal seine Urkunden zeichnen sich gerade durch die Kürze und Prägnanz ihres Ausdrucks aus, der jedes überflüssige Wort zu vermeiden weiß. Der evidens reatus majestatis wird also etwas anderes sein als die versäumten Termine. Auch hier brauchen wir nicht lange zu suchen, die Tatsache ist unmittelbar vorher genannt worden: es ist das fortgesetzte Unrecht, das der Verurteilte seinen Nachbarn antut, ohne sich an den ergangenen Achtspruch des Kaisers zu kehren. Waren die Bedrückungen der Fürsten zunächst nur ein Unrecht gegen diese, das Ausbleiben vor Gericht eine Mißachtung des Kaisers, so war das Beharren im Unrecht nach gesprochenem Urteil zwar zunächst auch noch ein Unrecht gegen die Fürsten, zugleich aber ebensosehr eine offene Auflehnung gegen die rechtmäßige Herrschergewalt, eine Versündigung an der Herrscher-

[1] Sachsenspiegel Lehnrecht, Art. 65, § 18—20, führt den Fall aus, daß der Mann, zum drittenmal geladen, nicht erschienen ist. Wenn der Herr dies in den vorgeschriebenen Formen erwiesen hat, so vint man to rechte, men sole ime sin gut verdelen, dat he von deme herren hevet. Dasselbe sagt Glanville l. I c. 7 § 1: erscheint der Mann bei der dritten Ladung nicht, capietur tenementum in manum domini regis.

würde des Kaisers, reatus majestatis.[1] Lauter Dinge, die nach Lehnrecht zu strafen waren: Schädigung von Mitvassallen, Minderung der Ehre des Herrn, tätlicher Widerstand gegen sein Urteil. Nach Lehnrecht also konnte und mußte Heinrich jetzt wiederum vorgeladen werden, nach Lehnrecht traf ihn, da er auf jede Verteidigung verzichtete,[2] die angemessene Strafe, die Entziehung der Lehen. Das ist alles so klar und natürlich, wie man nur wünschen mag. Es wäre wohl auch nie ein ernsterer Zweifel darüber entstanden, hätte man nicht, was ich schon wiederholt als fehlerhafte Methode zurückweisen durfte, voreilig die Angaben der Schriftsteller mit denen der Urkunde vermengt, ohne zu fragen, ob jene denn dasselbe sagen wollen und können wie diese, ob sie überhaupt von denselben Dingen reden. Was doch keineswegs von vornherein feststeht.[3]

Eine stillschweigende Voraussetzung habe ich freilich selbst soeben gemacht, für die ich den Beweis nachholen muß. Ich sagte: der multiplex contemptus gegen den Kaiser liegt in der wiederholten Versäumnis des Gerichts. Die Urkunde aber scheint in der ersten, land-

---

[1] Den reatus majestatis im Sinne der alten Zeit kennt die Gegenwart nicht. Im deutschen Strafgesetzbuch gibt es kein „Majestätsverbrechen", nur noch eine Majestätsbeleidigung, die von der gemeinen Beleidigung nicht qualitativ, nur quantitativ verschieden ist. Frank, Strafgesetzbuch[7], S. 187. Woher sollen wir auch den Begriff des Majestätsverbrechens nehmen, da für uns die Majestät selbst zu einem Wort ohne bestimmten Inhalt, einem bloßen Titel herabgesunken ist! — Güterbocks Deutung des reatus majestatis als „gerichtlicher Ungehorsam" (S. 115) trifft die Sache auf keinen Fall. Das wäre bloß contumacia, die doch mit jenem lange nicht identisch ist. Zur Erläuterung des Begriffes dient u. a. die Stelle der Vita Chuonradi Salisburg., SS. XI, 68: Heinrich Haupt wirft i. J. 1111 dem Erzbischof vor, er sei reus majestatis, weil er die Ausführung des Vertrags hindert, den Heinrich V. mit Paschal II. geschlossen hat. Um Verrat handelt es sich dabei nicht, aber um Widerstand gegen die Reichsgewalt. — Die Dissertation von Otto Kellner, Das Majestätsverbrechen im deutschen Reich bis zur Mitte des 14. Jahrhunderts (Halle 1911), ist ein Produkt unfreiwilliger Komik. Ihr Verfasser übersetzt contumax mit „abwesend" (S. 55) und findet (ebenda) unter dem evidenti reatu majestatis seien „alle anderen Anklagepunkte gegen den Herzog zusammengefaßt, die seit 1176 entstanden, als dunkle Gerüchte (!) im Umlauf waren, und die, erwiesen oder nicht (!), jeweilig gegen ihn vorgebracht wurden". Eine saubere Vorstellung von Recht und Gericht des 12. Jahrhunderts! S. 4 nennt der Verfasser das Majestätsverbrechen sogar eine „Einrichtung", wenn auch keine „einheitliche", sondern „es ist geworden wie jede andere Institution". Ist es schon bedauerlich, daß jemand am Schlusse eines akademischen Studiums so etwas schreibt, warum muß es auch noch als Dissertation gedruckt werden?

[2] Eo quod se absentasset nec aliquem pro se misisset responsalem.

[3] Waitz schließt seinen Aufsatz, Forschungen X, 166, mit den Worten: Urkunde und Historiker, richtig verstanden, „erläutern und ergänzen sich gegenseitig. Die historische Kritik aber erfüllt ihre Aufgabe, indem sie dies nachweist". Man kann mit demselben Recht unter Umständen das Gegenteil sagen.

rechtlichen Phase des Prozesses keine wiederholten Ladungen, sondern nur eine einzige zu kennen: quia citatione vocatus — — presentari contempserit.

Trotzdem haben alle früheren Forscher an einer dreifachen Ladung festgehalten. Es schien ihnen ausgemachte Sache, daß im Prozeß nach Landrecht der abwesende Beklagte erst im dritten Termin verurteilt werden durfte. Daß die Urkunde in unserm Fall etwas anderes sagen könne, als was nun einmal stehender Rechtsbrauch war, das schien ihnen ausgeschlossen. Folglich mußten die Worte so verstanden werden, als meldeten sie von dreifacher Ladung, obwohl da nur von Ladung überhaupt etwas zu lesen stand.[1]

Es läßt sich nicht leugnen, daß diese Schlüsse willkürlich sind. Güterbock hat durchaus Recht, wenn er sagt, bei dieser Ansicht müßte eine arge Nachlässigkeit des urkundlichen Ausdrucks angenommen werden.[2] Man kann ihm auch wenigstens strenge Folgerichtigkeit nicht absprechen, wenn er nun seinerseits den Schluß zieht: da die Urkunde nur von einer Ladung vor der Acht spricht, so wird auch nur eine Ladung erfolgt sein, und wenn in einem so wichtigen Prozeß nur eine Ladung erfolgen konnte, so wird das eben Rechtens gewesen sein. Dies zu beweisen, daß nämlich im Landrechtsprozeß eine einmalige peremtorische Ladung zur Verurteilung eines ausgebliebenen Beklagten genügte, setzt Güterbock sich zur Aufgabe, und dies glaubt er auch wirklich bewiesen zu haben. Es ist wohl der Kern und der wesentlichste Ertrag seines Buches und — soviel ich sehe — so allgemein und unumwunden anerkannt worden, daß man schon etwas gründlich zu Werke gehen muß, wenn man ihm widersprechen will.

---

[1] Besondere Zurückweisung verdient die Auffassung von Weiland und Waitz. Weiland, Forschungen VII, 175f., meint, „daß es verkehrt wäre, nach dem Wortlaut der Urkunde, welcher die Achtserklärung vor dem Verbrechen [reatus majestatis] aufführt, anzunehmen, diese seien nicht von vornherein Gegenstand der Anklage gewesen. ... Das trino edicto ad nostram citatus presentiam ... braucht durchaus zeitlich nicht für später, angesehen zu werden als die Tatsachen des voraufgehenden Wütens gegen die Kirche, ist vielmehr ein und derselbe Vorgang, welcher mit den Worten citatione vocatus vor der Ächtung erwähnt wird". Das würde besagen: die Urkunde erzählt denselben Vorgang zweimal, aber mit verschiedenen Worten. Ähnlich Waitz, Forschungen X, 155. 158 (das erstemal soll die „historische", das zweitemal die juristische Begründung gegeben werden). Wenn aber hier irgend etwas unbestreitbar ist, so ist es dies, daß die Urkunde unter den Gründen des lehnrechtlichen Urteils eine Tatsache anführt, die nur in der Zeit nach dem Achtsurteil denkbar ist, nämlich das fortgesetzte Delikt (deinde quoniam ... non destitit). Wie sollen da die Ladung vor der Ächtung und die vor der Lehnsentziehung identisch sein? Man sieht wohl, was hier „verkehrt" ist.

[2] S. 127.

Seine These lautet: nach Lehnrecht kann jeder Beklagte fordern, dreimal geladen zu werden, ehe man ihn verurteilt. Die Frist beträgt für gewöhnlich je 14 Tage, für Reichsfürsten aber je 6 Wochen. Anders nach Landrecht. Dieses kennt in bezug auf die Fristen kein Vorrecht der Reichsfürsten, es gestattet dagegen eine Zusammenziehung der drei Termine von je 14 Tagen zu einem einzigen peremtorischen von 6 Wochen. Wohl sagt der Sachsenspiegel hierüber das Gegenteil: „Klaget man ungerichte over enen vrien scepenbaren man, deme sal man degedingen dries, immer over ses weken under koninges banne" (Landrecht I 67 § 1). Aber diese Bestimmung, meint Güterbock, „scheint auf Irrtum zu beruhen oder nur beschränkte Bedeutung besessen zu haben; sie hat jedenfalls im 12. Jahrhundert noch keine allgemeine Gültigkeit gehabt".[1] Das gehe schon hervor aus den Bestimmungen der Landfrieden von 1104—1108 und von 1179, wo nur von einer dreimaligen Frist von je 14 Tagen, nicht 6 Wochen die Rede sei. Es stehe überdies in Einklang damit, daß wohl das Lehnrecht, nicht aber die Stammesrechte den Fürsten Vorzüge einräumten. Man habe im Mittelalter den Satz des römischen Rechts von der möglichen Zusammenziehung mehrerer Termine in einen peremtorischen (unum pro omnibus) wohl gekannt, wie seine Erwähnung in der Formelsammlung Markulfs beweise. Endlich aber — und dies wäre die Hauptsache — es ließen sich mehrere landrechtliche Fürstenprozesse nachweisen, in denen so verfahren, d. h. den Angeklagten nur ein peremtorischer Termin von dreimal 14 Tagen = 6 Wochen gesetzt und bei dessen Versäumnis das Achtsurteil gefällt worden sei. Dies wären — wenn wir die Fälle übergehen, auf die Güterbock wegen Verdachts der Unregelmäßigkeit oder mangelhafter Überlieferung selbst kein Gewicht legt — die Prozesse gegen Otto von Northeim im Jahre 1070, gegen Erzbischof Konrad von Salzburg im Jahre 1166, gegen die Mörder König Philipps im Jahre 1208—1209, gegen die Mörder Erzbischof Engelberts von Köln im Jahre 1225, gegen Ottokar von Böhmen 1274—1275 und gegen den Grafen Guido von Flandern im Jahre 1282. Nicht weniger als 6 Fälle in etwas über 200 Jahren, das scheint allerdings durchschlagend! Und ist dennoch nicht richtig.

[1] S. 129. Ebenso sagte schon Weiland, Forschungen VII, 179: „Doch glaube ich nicht, daß der Satz des sächsischen Landrechtes . . . schon damals zu allgemeiner Geltung gekommen war, daß nicht noch von seiten des Reichstages gegenüber einem verklagten Fürsten davon abgewichen werden konnte. Es wird sich hiermit wie mit so manchen anderen Terminen der Rechtsbücher verhalten." Abgesehen von dem letzten etwas orakelhaften Satze verrät sich hier eine recht überraschende Ansicht von der Bedeutung der Formen im Recht, die aus der Geschichte des deutschen Rechts im Mittelalter schwerlich gerechtfertigt werden kann.

Man darf zunächst auf einen Widerspruch hinweisen, in den Güterbock sich verwickelt hat. Der Satz des Sachsenspiegels soll im 12. Jahrhundert „noch keine" Geltung erlangt haben;[1] also müßte er sie wenigstens im 13. Jahrhundert besessen haben? Nicht doch, die Gegenbeispiele stammen ja mit zwei Ausnahmen sämtlich aus dem 13. Jahrhundert, von 1208—1282. Wann wäre er denn in Geltung gewesen? Im 12. Jahrhundert noch nicht, im 13. Jahrhundert augenscheinlich nicht mehr — also niemals! Eike von Reppichau hätte sich gröblich geirrt in einer Sache, die er unbedingt wissen mußte. Von dem erfahrenen Richter, dem Praktiker und Theoretiker des geltenden Rechts darf man eigentlich verlangen, daß er solche Irrtümer nicht begehe, sonst schwindet alles Vertrauen zu seinen Worten. Zu dieser Annahme wird sich niemand so leicht entschließen; denn am Ende, wer konnte über diese Dinge besser Bescheid wissen als er, der das geltende Recht aus eigner langer Erfahrung aufzeichnete? Seine Aussage aber ist so klar und so bestimmt, daß sie jeden Widerspruch wie jedes Mißverständnis auszuschließen scheint. Die Kontroverse läuft hier auf ein Duell zwischen Eike von Reppichau und Ferdinand Güterbock hinaus, und da scheinen mir die Waffen doch recht ungleich zu sein. Man wird es mir nicht übel nehmen, wenn ich bis zum schlagenden, völlig einwandfreien Gegenbeweis Eiken mehr glaube als dem gelehrtesten Forscher unserer Tage. Die Zeiten sind ja glücklicherweise nicht mehr, wo der einzige große Jurist, den Deutschland im Mittelalter besessen hat, vor dem Gerichte der Kritik auf der Armsünderbank saß. Eine schwere methodische Verirrung ist damit aufgegeben, wenn auch vielleicht noch nicht ganz gesühnt. Gewiß wird niemand den Sachsenspiegel für unfehlbar erklären wollen. Seine Systematik ist oft willkürlich, er konstruiert nach vorgefaßtem Schema. Aber von da bis zu dem Vorwurf gröblicher Unrichtigkeit in Dingen, die zum Alltäglichen des Rechtslebens gehörten, ist doch ein sehr weiter Weg. Daß hierin der „Spiegel" volles Vertrauen verdient, dafür bürgt uns allein sein Erfolg. Wie konnte man nur im Ernste glauben, ein Buch über das geltende Recht sei in kurzer Zeit zu maßgebendem Ansehen gelangt, obwohl es das geltende Recht in wesentlichen, jedermann bekannten Stücken falsch darstellte! Das müßte man auch in unserm Fall annehmen. Man müßte es für möglich halten, Eikes Buch sei die Bibel der deutschen Gerichte geworden, obgleich darin nicht einmal die Äußerlichkeiten des Prozeßverfahrens richtig dargestellt waren, die doch jeder Richter in Deutschland kannte, die jeder Abschreiber sofort berichtigen konnte und gegebenen Falles ohne weiteres

[1] So auch schon Weiland, Forschungen VII, 179.

berichtigt haben würde. Um aber dies ohne zwingende Gründe für möglich zu halten, muß man schon sehr beherrscht sein von der unglücklichen Neigung, „die Quellen zu belehren, statt von ihnen zu lernen“.[1]

Doch prüfen wir die Gründe, die Güterbock für seine neue Auffassung vorbringt!

Was soll zunächst die Berufung auf den Satz „unum pro omnibus“ des römischen Rechts? Daß man ihn in Deutschland im 12. Jahrhundert gekannt habe, ist durch nichts zu belegen, und wenn es damals grundgelehrte Leute gegeben haben sollte, die etwas davon wußten, so werden sie sich gehütet haben, in des deutschen Königs Gericht davon Gebrauch zu machen. Güterbocks Berufung auf eine Markulfsche Formel ist, fürchte ich, Gelehrsamkeit am falschen Ort. Warum nicht auch die zwölf Tafeln heranholen oder lieber noch Hammurabis Gesetze? Zwischen Markulf und Friedrich Barbarossa liegen bekanntlich rund fünf Jahrhunderte, alle heute bekannten Markulf-Handschriften waren zu Barbarossas Zeiten schon 300 Jahre alt, die Sammlung selbst schon unter Ludwig dem Frommen außer Gebrauch gekommen. Gerade so gut hätte man sich anno 1849 gegen die preußischen Steuerverweigerer auf den Sachsenspiegel berufen können.[2]

Auch der Hinweis auf den Unterschied in der Tendenz von Lehnrecht und Landrecht, von denen jenes den Fürsten Vorrechte gebe, dieses nicht, ist verunglückt. Der Sachsenspiegel spricht hier nicht von einem Vorrecht der Fürsten, sondern der schöffenbar Freien vor den übrigen Geburtsständen. Will Güterbock leugnen, daß die Stammesrechte diesen Unterschied der Stände sehr scharf hervorheben?

Sodann die beiden Landfrieden des 12. Jahrhunderts. Sie beweisen gar nichts. Ob der erste, der schwäbische Landfriede von 1104—1108, der uns nicht im vollen Text vorliegt,[3] sich mit seinen entehrenden Strafen — Handabhauen und Brandmal — für niedrige gemeine Verbrechen wie Diebstahl und Wilddieberei auf Hochfreie beziehen soll, kann man bezweifeln. Gerade der § 2, auf den Güterbock sich beruft, weil er drei vierzehntägige Fristen festsetzt, beginnt mit den Worten: „Si quis inculpatus fuerit pro furto“. Hat man dabei an hochfreie,

---

[1] v. Domaszewski, Sitzungsberichte der Heidelberger Akademie der Wissenschaften 1910, 4. Abhandlung, S. 9.

[2] Ich würde bei diesem Mißgriff nicht verweilen, wenn Güterbock selbst nicht (S. 131, Anm. 1) von einem „für seine Untersuchungen wertvollen Argument“ spräche.

[3] M. G. Constitutiones I, 613f.

schöffenbar freie Leute und Fürsten gedacht?[1] Und selbst wenn es möglich war, die Bestimmungen dieses Landfriedens auf die höchsten Stände anzuwenden, so bleibt doch die Annahme offen, daß in diesem Fall eben nicht die dreimal vierzehntägige sondern die dreimal sechswöchentliche Frist gegeben werden mußte, wenn das auch in dem Gesetz nicht ausdrücklich gesagt war. Wer weder das eine noch das andere zugeben will, dem gebe ich noch ein drittes zu erwägen. Der Landfrieden setzt Strafen fest für gemeine Verbrechen und Bruch dieses besondern Landfriedens. Sollten nicht für diese Fälle, im Interesse rascher Justiz, kürzere Fristen eigens verfügt worden sein? Etwas anderes bezweckte doch ein Landfriede überhaupt nicht als verschärfte Handhabung des Strafrechts. Eben deswegen mag man auch eine Verkürzung des Verfahrens in ihm angeordnet haben. Aber was änderte das am gemeinen Recht? Konnten die Satzungen eines temporären Landfriedens die uralten Sätze des gemeinen Volksrechts für immer umstoßen? Das Gleiche gilt von dem rheinfränkischen Landfrieden von 1179,[2] wo es heißt (§ 6): „Si reus perpetrato maleficio effugerit, per trinas XIIII dierum inducias citetur"; und (§ 9): „Si malefactores legitime citati ad ternas indutias XIIII dierum venire contempserint." Auch dieses Gesetz hat nur zeitweise Geltung, auf zwei Jahre. Wenn hier nicht bei den 14tägigen Ladefristen die Ausnahme zugunsten der Hochfreien stillschweigend vorbehalten blieb, so war es eben eine zeitweilige Verschärfung des geltenden Rechts, die an dessen ererbten Sätzen so wenig etwas ändern konnte, wie heute ein zeitweiliger Belagerungszustand das gewöhnliche Recht dauernd abändert.

Vielleicht ist es nicht überflüssig, darauf hinzuweisen, daß die längere Frist bei Angeklagten hochfreien Standes kein Ehrenvorrecht, sondern eine praktische Notwendigkeit gewesen sein dürfte. Den kleinen Mann, der an seinem Orte festsaß, konnte man binnen 14 Tagen laden, nicht aber den großen Herrn, dessen Leben sich in viel weiterem Kreise bewegte, der vielleicht in Sachsen und Schwaben, in Hessen und Oesterreich zugleich begütert war und in des Königs Dienst über Land reiten mußte. Ihm gegenüber war die dreimal längere Frist nur recht und billig, keine Vergünstigung.

---

[1] An welches Gericht bei den Worten in § 2 gedacht ist, daß der Kläger vadat ad parrochiam accusati, lasse ich dahingestellt. (Die Beziehung nicht auf das Pfarrgericht, sondern auf das bischöfliche Sendgericht ist nicht ausgeschlossen, da parrochia für dioecesis in dieser Zeit vorkommt, z. B. in einer Urkunde EB. Heinrichs von Mainz 1150: infra terminos parrochiae meae. Würdtwein, Dioecesis Moguntina I, 87). Vom Hofgericht des Königs ist hier keinesfalls die Rede.

[2] Constitutiones I, 381f.

Kommen wir nun zu dem, was in Güterbocks Beweisen gegen die Aussage des Sachsenspiegels die Hauptsache sein soll, zu den sechs praktischen Fällen. Soweit wir in ihnen überhaupt klar sehen — und das ist glücklicherweise bei den meisten der Fall, — beweisen sie, richtig verstanden, genau das Gegenteil, die vollkommene Richtigkeit, die praktische Geltung und das hohe Alter der Sätze des Sachsenspiegels.

Sehr einfach liegt der Prozeß von 1282.[1] Das Haus von Avesnes prozessiert seit Jahrzehnten gegen das von Dampierre um den Besitz Flanderns. Auf die Vorgeschichte braucht hier nicht eingegangen zu werden.[2] Am 5. August 1281 wurde das Hofgericht König Rudolfs durch eine Klage Johanns von Avesnes damit befaßt und erließ, auf Grund eines früheren Urteils (von 1252), einen Einsetzungsbefehl zugunsten des Klägers. Am 16. April 1282 klagte dieser wegen gewaltsamen Widerstandes der Gegenseite. Der Beklagte, Gui von Dampierre, ist zugegen und leugnet. Zur Feststellung des Tatbestandes wird die Sache vertagt und am 15. Juni 1282 wieder vorgenommen. Diesmal ist der Beklagte nicht erschienen; er wird sofort geächtet. Mit vollem Recht: er hatte keinen Anspruch auf weiteren Aufschub, denn die Klage war in seiner Gegenwart anhängig gemacht worden, und er hatte die Verteidigung aufgenommen. In diesem Fall aber gab es nur einen einzigen Termin.[3] Vielleicht kam auch ein anderer Satz zur Anwendung, den Güterbock ebenso übersehen hat, und den der Sachsenspiegel im Landrecht II 45 angibt: „Svene man vor gerichte scüldeget in sîn antwerde (? geinwerde ?), wert he dingvluchtich, her is in der klage gewunnen. Is he scüldeget um ungerichte, man sal in vervesten altohant.“ Wenn Gui von Dampierre sich dem Gericht gestellt hatte, aber bei der Fortsetzung des Prozesses ausgeblieben war, so konnte er wohl als ‚dingflüchtig‘ gelten und sofort der Acht verfallen sein. Dies wäre dann der gleiche Fall wie ein

[1] Ich will kein Gewicht darauf legen, daß dieser Prozeß sich nicht sonderlich zum Vergleich eignet, insofern er vielleicht als eine Klage um Lehen anzusehen ist, nicht um Ungerichte, wie die Klage gegen Heinrich den Löwen.

[2] Wir kennen den ganzen Prozeß aus den Urkunden des Hofgerichts M.G. Constitut. III, 288f. 301f. Er ist übersichtlich dargestellt bei Franklin, Reichshofgericht I, 152ff. Vgl. Brosien, Der Streit um Reichsflandern (1884) S. 11ff., Redlich, Rudolf von Habsburg, S. 649ff. und im allgemeinen Pirenne, Geschichte Belgiens I, 275ff.

[3] Sachsenspiegel Landrecht II 3 § 1: Beklaget man enen man in sine jegenwarde, ... man sal ime degedingen to me nesten dinge ...., sint sal he antwerden. Dazu II 9 § 1: Sve so ok begint to antwerdene, unde wirt ime en ding geleget mit ordelen, ne kumt he nicht vore, he is in der klage gewunnen.

anderer aus dem Jahre 1186, auf den Bernheim zuerst aufmerksam gemacht hat.[1] Da wird der Graf von Genf auf die Klage des Bischofs „super iniuriis“, vom kaiserlichen Hofgericht geächtet und zu hoher Bußzahlung und Verlust seiner Genfer Kirchenlehen verurteilt, und zwar „per culpam et contumaciam suam“, nicht weil er sich nicht gestellt, sondern weil er sich zuerst gestellt, dann aber vor dem Spruch den Hof verlassen hat.[2]

Wir kommen zu dem Prozeß Ottokars von Böhmen. Es steht fest, daß hier der Angeklagte wiederholt vorgeladen wurde, ehe seine Verurteilung erfolgte. Güterbock findet dennoch auch hier seine These bestätigt, indem er annimmt, Ottokar sei wohl nach Lehnrecht dreimal, nach Landrecht dagegen nur einmal peremtorisch binnen sechs Wochen geladen worden. Seine Ansicht steht im Widerspruch mit allem, was bisher über diesen wiederholt behandelten Prozeß gesagt worden ist. Gleichwohl verzichtet Güterbock auf „eingehende Begründung“. Das kann ich nur bedauern, da es auch mir eine vollständige Auseinandersetzung mit ihm unmöglich macht. So wie er seine Ansicht vorträgt, wird ein kritisch gestimmter Leser den Eindruck erhalten, daß dies nicht eine Belehrung aus den Quellen über

---

[1] Göttingische Gelehrte Anzeigen 1909 S. 745.

[2] Constitut. I, 432: Willelmus comes Gebennensis legitima citatione coram majestate nostra constitutus juravit stare mandatis nostris super injuriis et excessibus et dampnis que .. Gebennensi episcopo .. dinoscitur intulisse. Qui subterfugiendo justiciam a curia nostra clam recessit et ... degeravit. — So dankbar man Bernheim für den Hinweis auf diesen bisher allgemein übersehenen und in mehr als einer Richtung lehrreichen Fall sein muß, er hat ihn doch nicht in allen Stücken richtig aufgefaßt. Zunächst hat er übersehen, daß es sich hier um ein Kontumazialurteil nicht wegen Gerichtsversäumnis, sondern wegen Dingflucht handelt. Sodann hat er den Unterschied zwischen dem eben zitierten Urteil zugunsten des Bischofs von Genf und einem andern vom 2. März 1186 — einen Tag später — zugunsten des Bischofs von Lausanne (Constitut. I, 433) verkannt. In jenem heißt es, der Graf sei legitima citatione geladen, in diesem, er sei ter citatus legitime nicht erschienen. Bernheim schließt daraus, da die Prozesse ganz analog und gleichzeitig seien, daß man auch im ersten unter der legitima citatio eine dreimalige Ladung zu verstehen habe. Ein allzu rascher Schluß! Die Prozesse mögen analog und gleichzeitig gewesen sein, so sind sie doch nicht in gleicher Weise verlaufen. Der Klage des Bischof von Genf hatte der Graf sich zunächst gestellt, nicht aber derjenigen des Bischofs von Lausanne. Cum enim ... ter citatus legitime fuisset et venire et satisfacere contempsisset, heißt es hier. Im Lausanner Prozeß ist es also gar nicht zur Verhandlung in Gegenwart des Beklagten gekommen, darum ist der Rechtsgrund der Verurteilung hier die Versäumnis der dritten Ladung, während es dort, wo der Beklagte zu Anfang erschien und nachher erst verschwand, ganz gleichgültig war, ob es sich um den ersten, zweiten oder dritten Termin handelte: er wurde eben nicht wegen Versäumnis, sondern wegen Verlassens des Gerichts geächtet. Weiter unten werde ich zeigen, daß auch von einer späteren Verhängung der Oberacht, die Bernheim S. 746 zu erkennen glaubt, nicht die Rede sein kann.

eine in Frage stehende Theorie ist, sondern ein Versuch, die fertige Theorie in den Angaben der Quellen wiederzufinden. Und nicht einmal ein glücklicher Versuch. Ich könnte mir ein näheres Eingehen darauf ersparen, da jeder zugeben wird, daß eine „im Gegensatz zu der herrschenden Auffassung“ vorgetragene, aber nicht eingehend begründete Meinung unter keinen Umständen als Beweis für eine ebenfalls neue „im Gegensatz zur herrschenden Auffassung“ stehende Theorie gelten kann. Doch will ich immerhin den Versuch machen, ihr auch so gerecht zu werden und festzustellen, was sich feststellen läßt.

Der Prozeß ist nicht eben gut überliefert.[1] Aktenstücke haben wir nur für seinen Beginn, für den Verlauf sind wir auf Angaben von Schriftstellern angewiesen, die keineswegs erschöpfend sind. Es steht fest, daß der Reichstag zu Nürnberg auf die Klage König Rudolfs am 19. November 1274 die erste Vorladung an Ottokar erließ, indem er ihm einen Termin von 6 Wochen und 3 Tagen stellte, unter Zubilligung von weiteren 18 Tagen für die Zustellung der Ladung. In den Akten wird dieser Termin ausdrücklich als „peremptorius“ bezeichnet.[2] Trotzdem spricht der Reichstag zu Würzburg am 23. Januar 1275 kein Urteil, sondern erläßt eine erneute Ladung. Das Urteil fällt erst bedeutend später, und zwar geht die übereinstimmende Annahme der Forscher, der auch Güterbock beitritt, dahin, Ottokar sei auf dem Reichstag zu Augsburg im Mai 1275, nachdem er durch einen Gesandten Einwendungen gemacht hatte, die zurückgewiesen wurden, seiner Lehen verlustig erklärt[3] und erst am 24. Juni geächtet worden.[4] Man hat dies bislang immer so verstanden, daß der Prozeß nacheinander an mehreren Gerichtstagen verhandelt worden, das „peremtorisch“ also hier nicht im strengen Sinne zu fassen sei, „als wenn damit im ersten Termin ein endgültiges Urteil in Aussicht gestellt werden sollte.“[5] Geteilt waren die Meinungen nur darüber, ob schon der Tag von Nürnberg, auf dem Rudolf die Klage erhob, als erster von drei Terminen anzusehen sei, oder ob es im ganzen nur zwei Termine gegeben habe. Dabei war man übereinstimmend der An-

---

[1] Die Literatur verzeichnet Güterbock S. 119 Anm. 2. Vgl. die übersichtliche Darstellung bei Franklin I, 166f., die freilich nicht in allem richtig ist.

[2] M. G. Constitutiones III, 59ff.

[3] Die zuverlässigste Angabe bietet die sächsische Fortsetzung zu Eikes Weltchronik, M. G. Deutsche Chroniken II, 286f. Dazu kommt die Österreichische Reimchronik, l. c. V 1, 170f. Vgl. Böhmer-Redlich, Regesta imperii VI nr. 372a.

[4] Das zweite ist nicht direkt überliefert, es ist nur ein Schluß, den man aus späteren Tatsachen ziehen kann (vgl. Böhmer-Redlich nr. 389a), der mir aber nicht unbedingt sicher scheint.

[5] So die Worte von Zeissberg, Archiv für österr. Geschichte LXIX, 6.

sicht, der Prozeß sei zunächst als lehnrechtlicher und erst nachträglich auch als landrechtlicher behandelt worden, weil das lehnrechtliche Urteil dem landrechtlichen Urteil vorausging. Güterbock kehrt dies um: eröffnet wurde das Verfahren nach Landrecht, der erste sechswöchentliche Termin war peremtorisch im vollen Sinne des Wortes, und nur mit Rücksicht auf die schwebenden Verhandlungen mit dem Papste wurde das Urteil aufgeschoben, das von Rechts wegen schon im Januar 1275 zu Würzburg hätte gesprochen werden können. Inzwischen habe man ein zweites Verfahren gegen Ottokar nach Lehnrecht weiter verfolgt, wobei man — so muß ich wohl Güterbocks Ausführungen ergänzen[1] — auf den Papst nicht dieselbe Rücksicht nahm, so daß der zweite Prozeß früher zum Abschluß kam als der erste.

Daß diese Erklärung sonderlich einfach und natürlich anmute, wird man nicht behaupten können. Wenn sich eine einfachere finden ließe, würde sie unstreitig den Vorzug verdienen. Sie setzt überdies einiges voraus, was erst zu beweisen wäre. Vor allem eines, daß gegen einen und denselben Beklagten in derselben Sache gleichzeitig zwei getrennte Prozesse geführt worden seien, einer nach Landrecht, der andere nach Lehnrecht. Hierauf werden wir näher eingehen müssen.

Es wäre da zunächst der Ansicht zu gedenken, die ihrerzeit von Waitz,[2] in bezug auf den Prozeß Heinrichs des Löwen, geäußert wurde, daß nämlich im Verfahren vor dem Hofgericht Landrecht und Lehnrecht nicht streng geschieden worden seien, daß eine Verbindung oder „Verquickung" lehn- und landrechtlicher Elemente statthatte, „die wir nicht aufzulösen vermögen: man berief sich auf das Lehnrecht als Fundament der ganzen Verurteilung, ohne sich wahrscheinlich selbst klar zu machen, wie weit dies die entscheidenden Normen an die Hand gab". Den letzten Satz darf man wohl rundweg ablehnen. Es ist doch eine ganz unmögliche Vorstellung, daß die deutschen Reichsfürsten, im Hofgericht des Königs, selbst nicht gewußt haben sollten, nach welchem Recht sie ihr Urteil sprachen. Das würde ja nichts geringeres besagen, als daß die Richter sich nicht klar darüber gewesen seien, ob ihr Urteil überhaupt rechtmäßig sei. So etwas widerspräche doch allem, was wir über die Zeit und die Menschen wissen. Wenn etwas an den Verhandlungen der Reichstage wie an dem gesamten öffentlichen Leben jener Tage immer wieder auffällt, so ist es die fast pedantische Feierlichkeit, womit die Formen behandelt werden, vollends sobald eine Rechtsfrage ins Spiel kommt. Welch breiten Raum nehmen doch in den

[1] S. 139. 141.

[2] Forschungen X, 159, wie vorher schon von Weiland, auf den Waitz sich bezieht. Vgl. oben S. 376 Anm. 1.

Rechtsbüchern gerade die Formen des Rechtslebens ein! Das ist es ja, was uns daran so fremdartig berührt, diese fast religiöse Wichtigkeit, mit der überall das Formelle umkleidet erscheint. Wir werden also auch bis zum zwingenden Gegenbeweis immer annehmen dürfen und annehmen müssen, daß man im Hofgericht sich jedesmal sehr klar darüber gewesen ist, ob man nach Landrecht oder nach Lehnrecht vorzugehen und zu urteilen habe. Wenn ein schlichter Rittersmann in der sächsischen Provinz diesen Unterschied so genau kannte, daß er seine Darstellung vom geltenden Recht nach diesen zwei Hauptbegriffen in zwei verschiedene Bücher teilte, so werden die Fürsten des Reichs auf diesem Felde auch nicht im dunkeln getappt und auch nicht nach bloßem Gefühl geurteilt haben.[1]

Etwas anderes ist es freilich, ob wir uns vorstellen sollen, daß in einem Kriminalfall, wo der Angeklagte ein hochfreier Mann und zugleich Vassall des Reiches war, das Hofgericht zwei getrennte Prozesse geführt hat. Dies wäre ein Maß von Formalismus und Pedanterie, das ich meinesteils auch den Deutschen des 12. und 13. Jahrhunderts nicht zutrauen kann, weil so etwas praktisch gar keinen Zweck gehabt und nur die Arbeit ungebührlich erschwert haben würde. Man vergegenwärtige sich: das Gericht ist in beiden Fällen dasselbe, die Formen des Verfahrens decken sich,[2] nur die Rechtssätze und die Rechtsfolgen sind verschieden. Mit andern Worten: dasselbe Gericht entscheidet in denselben Formen, aber nach verschiedenem Recht — was hätte da die Trennung des einen Prozesses in zwei Prozesse für einen Sinn?[3] Es ist ja nicht so, daß im einen Fall ein anderer Gerichtshof zuständig wäre; etwa wie wenn heute derselbe Fall vor einer Strafkammer und vor einem Disziplinargerichtshof verhandelt wird.[4]

---

[1] Eine besondere Zurückweisung verdient die Meinung von Bernheim (Gött. Gel. Anz. 1910 S. 750), daß „sich in diesen Dingen der hinsichtlich systematischer Scheidung ungenaue Geist des Mittelalters“ zeige. Wenn man überhaupt von einem „Geist des Mittelalters“ sprechen darf, was ich nicht tun würde, so wird man doch wohl dabei in erster Linie an die geistige Leistung denken müssen, die das Mittelalter kennzeichnet. Das ist bekanntlich die Scholastik, die die Methode begrifflicher Unterscheidung bis zur Virtuosität ausgebildet hat. Das Mittelalter, das einen Thomas von Aquino und Wilhelm von Ockham und das kanonische Recht hervorgebracht hat, „hinsichtlich systematischer Scheidung ungenau“!

[2] Dies wäre allerdings nicht der Fall, wenn Güterbock recht hätte, daß die Fristen nach Lehnrecht andere waren als nach Landrecht. Aber ich darf hier wohl das Ergebnis meiner Ausführungen vorausnehmen, in denen ich diese Behauptung widerlege.

[3] Dies gilt natürlich nur vom Hofgericht, in dem der König den Fürsten gegenüber zugleich nach Landrecht und nach Lehnrecht Richter ist.

[4] Insofern trifft der von Güterbock S. 124 gezogene Vergleich nicht zu.

Selbst heute erkennt eine Strafkammer unter Umständen im gleichen Verfahren über den Antrag des Staatsanwalts auf Bestrafung und über den Bußanspruch eines privaten Nebenklägers.

Indessen, das sind theoretische Erwägungen, die allenfalls zur größeren Anschaulichkeit beitragen, aber an sich nichts beweisen. Beweiskraft scheinen mir einzelne Stellen des geschriebenen Rechts zu haben, wo im Zusammenhang rein landrechtlicher Bestimmungen lehnrechtliche Konsequenzen festgesetzt werden und umgekehrt, nämlich Lehnsverlust als unmittelbare Folge von Vergehen gegen das Landrecht, und Ächtung als Strafe für Versündigung gegen das Lehnrecht. Ein Fall der ersten Art findet sich im Mainzer Landfrieden von 1235.[1] Wie man sich dort nicht besonnen hat, in ein landrechtliches Gesetz Bestimmungen von ebenso rein lehnrechtlicher Natur aufzunehmen, so ist es auch in dem Landfrieden Friedrichs I. wiederholt geschehen.[2] Umgekehrt finden sich hier und noch in der Goldenen Bulle Karls IV. landrechtliche Strafen für gewisse Missetaten eines Vassallen gegen seinen Herrn.[3]

Übrigens fehlt es auch nicht an einem Beispiel, das uns zeigt, wie im gleichen Prozeßverfahren ein landrechtliches und ein lehnrechtliches Urteil gefällt werden kann. Dies ist der schon erwähnte Prozeß gegen den Grafen Wilhelm von Genf im Jahre 1186. Der Beklagte wird hier in einem Atemzug geächtet, zu hoher Buße verurteilt und seiner Kirchenlehen entkleidet, jenes nach Landrecht, dieses nach Lehnrecht. Von einem doppelten Verfahren ist in der Urkunde, die den Spruch verkündet, nichts zu merken.[4]

Wir brauchen uns also nicht ohne Not zu der befremdlichen Vorstellung zu zwingen, daß bei einer Klage gegen einen Reichsfürsten — hier König Ottokar von Böhmen — zwei getrennte Prozesse neben oder

---

[1] § 15 und 19 wird der Lehnsverlust für Empörung des Sohnes gegen den Vater und Beihilfe dazu ausgesprochen. Constitutiones II, 244f. Ebenso in der Confederatio cum principibus ecclesiasticis 1220 (l. c. 89) für Antastung der Spolien von Geistlichen: ‚proscriptus et exlex habeatur et feodo sive beneficio . . . permaneat destitutus'.

[2] Im Landfrieden von 1152 handeln § 8 und 9 über den Fall, daß zwei oder mehr um ein Lehen streiten, in der Constitutio contra incendiarios von 1186 bestimmt § 10 als Folge der Oberacht auch den Verlust der Lehen. Constitutiones I, 197. 450.

[3] Im Landfrieden von 1152, § 17, wird als Friedbrecher bezeichnet, wer ein ihm aberkanntes Lehen gewaltsam an sich reißt. Die Goldene Bulle c. 14 spricht für unehrliche Lehnsauflassung und Angriff auf den Herrn neben Lehnsverlust auch Ehrlosigkeit und Reichsacht aus. — Ich will hier nur Beispiele anführen, die ein besserer Kenner gewiß leicht vermehren kann.

[4] M. G. Constitutiones I, 432.

hinter einander hergelaufen seien, einer nach Landrecht, der andere nach Lehnrecht. Wenn die Klage, wie hier angenommen zu werden pflegt, wirklich zum einen Teil Dinge des gemeinen Rechts — Beraubung des Reichs und Widerstand gegen den König —, zum andern solche des Lehnrechts — unterlassene Huldigung für ererbte Lehen — enthält,[1] so würde daraus nur folgen, daß das Gericht, das ja, weil aus Standesgenossen, die zugleich Reichsvassallen waren, zusammengesetzt, in beiden Fällen gleich zuständig war, in einem Fall nach den Bestimmungen des gemeinen Rechts, im andern nach denen des Lehnrechts entschied. Verschiedene Termine oder auch nur getrennte „Gerichtssitzungen" anzunehmen, so daß das Hofgericht sich in gewissen Momenten eigens „als Lehnshof konstituiert hätte",[2] liegt gar keine Veranlassung vor.

Man setzt sich aber auch mit dem Wortlaut der urkundlichen Quelle in Widerspruch, wenn man annimmt, Ottokar sei nach Würzburg (auf Januar 1275) zunächst nur nach Landrecht geladen und dort erst — oder gar noch später? — auch das Lehnrecht gegen ihn ins Feld geführt worden. Vergegenwärtigen wir uns doch: König Rudolf hatte vor dem als Hofgericht unter Vorsitz des Pfalzgrafen tagenden Reichstag in Nürnberg die Anklage gegen Ottokar erhoben, daß er seine Reichslehen seit Jahr und Tag zu muten unterlassen habe, und das Hofgericht hatte entschieden, daß, wenn dem so sei, Ottokar seine Lehen verloren habe. Nun erfolgt die Ladung des Beklagten, und diese soll ausschließlich nach Landrecht ergangen sein! Das ist doch

[1] Ich meine allerdings, daß man diese Unterscheidung nicht zu machen braucht. Die Klage, die Rudolf vor dem Nürnberger Reichstag erhob, scheint mir durchaus einheitlich zu sein: 1. was soll geschehen gegenüber gewaltsamer Aneignung von bona imperii (beneficia, feuda)? Mit der Antwort, der König solle sie wieder herbeischaffen und unrechte Gewalt mit Macht vertreiben (iniuriosam violenciam regali potencia debeat repellere), ist die Grundlage gegeben für die zweite Frage: 2. Was gilt dem Böhmenkönig, der seine Lehen nicht gemutet hat? Die Antwort., er habe sie verwirkt, wenn er sine causa legitima so getan, gibt wiederum die Voraussetzung für die letzte Frage: 3. Welches Verfahren ist gegen Ottokar einzuschlagen (qualiter debeat procedere)? Ich kann hier die Notwendigkeit zur Annahme einer Doppelklage nach verschiedenem Recht nicht einsehen. Von Anfang an zielt die Beschwerde Rudolfs auf einen und denselben Punkt, die Vertreibung Ottokars aus seinem Reichslehenbesitz, den er wider Recht behauptet. Es ist, modern gesprochen, ein Verfahren mit dem Ziel der Lehnsentsetzung. Die drei Fragen des Klägers schreiten dabei streng logisch vom Allgemeinen zum Besonderen fort, wie das überhaupt die Art des damaligen deutschen Prozeßverfahrens ist. Die Auffassung von Plischke, Das Rechtsverfahren gegen Ottokar von Böhmen, S. 11 und 16, der erste der gefundenen Rechtssätze sei vorläufig unberücksichtigt geblieben, scheint mir nach jeder Richtung verfehlt.

[2] Diesen Ausdruck Weilands, Forschungen VII, 171, hat schon Waitz, a. a. O. X, 159 zurückgewiesen.

schlechterdings undenkbar. Unter welchen Begriff fiel denn die Klage des Königs, Lehnrecht oder Landrecht? Doch ohne allen Zweifel unter das Lehnrecht. Seit wann wäre versäumte Lehnshuldigung ein Vergehen im Sinne des Landrechts? Wenn also der Reichstag nur einen Prozeß nach Landrecht instruiert hätte, so würde er die auf Lehnrecht gegründete Klage des Königs abgewiesen haben. Zu solchem Widersinn gelangt man auf diesem Wege! Güterbock sagt zwar, in dem Text der Vorladung, die der Pfalzgraf an Ottokar erließ, werde man vergeblich nach einer Erwähnung des Lehnrechts suchen. Da heißt es allerdings nur, Ottokar solle erscheinen, „super injuriis et manifestis violenciis, quas idem rex sibi et imperio a vobis illatas conqueritur, legittime responsuri". Die Ausdrücke iniuriae et violentiae, auch injuriosa violentia sind formelhaft für die Kriminalklage (klage um ungerichte),[1] sie entsprechen dem deutschen „unrechten gewalt". Aber schließen sie darum das Lehnrecht aus? Darf man denn unter dem „legittime" nicht auch den Begriff „sub feodali jure verstehen"? Unrecht und offenbare Gewalt war dem Beklagten vorgeworfen worden; nach welchem Recht, ist gar nicht ausgesprochen. Auch das Lehnrecht kennt Unrecht gegen den Lehnsherrn und Gewalt in Aneignung von Lehen. War es etwa kein Unrecht gegen den König, wenn ein Fürst des Reichs die Huldigung verweigerte, zu der er nach Reichslehnrecht verpflichtet war, und trotzdem, gestützt auf seine kriegerische Macht, den Besitz seiner Reichslehen behauptete? Ich kann durchaus nicht finden, daß der Wortlaut der Ladung das Lehnrecht ausschließe, im Gegenteil, er läßt sich ohne jeden Zwang auf das Lehnrecht deuten.

Güterbock sagt weiter: der König habe gefragt, wie er verfahren solle, um Ottokars contumacia zu begegnen; mit den Worten „procedere ad ipsius contumaciam reprimendam", auf die sich auch die Ladung beziehe (procedemus), könne „nicht an ein lehnrechtliches Urteil, sondern nur an das Achturteil gedacht worden sein, da das Achturteil, und zwar dieses ganz allein, die Mittel bot, den Trotz eines Ungehorsamen zu brechen". Das letzte muß ich entschieden bestreiten: ein gerichtliches Urteil hat noch nie die „Mittel" geboten, „den Trotz eines Ungehorsamen zu brechen". Dazu bedurfte es und bedarf es noch heute der Gewalt. Das Urteil kann nur das Recht, sie anzuwenden, nicht aber die Möglichkeit dazu bieten. Und das Recht hierzu gegenüber einem Vassallen, dem sein Lehn durch das Gericht aberkannt ist, bot — das Lehnrecht. Wie sagt doch der Sachsenspiegel? „Die herre sal

---

[1] Wie es hier im ersten Reichstagsspruch iniuriosam violenciam, in der Vorladung super injuriis et manifestis violenciis heißt, so auch in dem Achtsurteil gegen Gui von Flandern injuriosa violencia. Constitutiones III, 60. 61. 303.

sik underwinden des gudes dat dem manne verdelt is."[1] Warum soll ferner bei den Worten „procedere ad ipsius contumaciam reprimendam" nicht an ein lehnrechtliches Urteil gedacht werden können? Das Lehnrecht kennt den Schuldbegriff der Widerspenstigkeit genau so gut wie das Landrecht, auch das Wort selbst kommt in den Libri feudorum vor,[2] und zum Überfluß sagt in unserm Fall das Protokoll des Nürnberger Reichstags, König Rudolf habe einen Spruch gefordert, was Rechtens sei gegenüber dem König von Böhmen, der die Lehnsmutung widerspenstigerweise unterlassen habe (contumaciter supersedit). Worauf ihm geantwortet wird: wer die Lehnsmutung Jahr und Tag aus Saumseligkeit oder Widerspenstigkeit (per negligentiam vel contumaciam) unterlasse, habe alles Recht an seinem Lehen verloren. Zweimal, in der Frage wie in der Antwort, kommt das Wort contumaciter, contumacia hier vor, und doch handelt es sich ersichtlich immer nur um eine Frage des Lehnrechts. Wenn dann weiter der König die Frage stellt, wie er gegen Ottokar vorgehen solle „ad ipsius contumaciam reprimendam", so ist es doch mit Händen zu greifen, daß das nur die Fortsetzung des vorigen darstellt;[3] ebenso wenn ihm hierauf geantwortet wird, man werde den Böhmen auf 6 Wochen und 21 Tage vorladen „super contumacia responsurum". Die contumacia, um die es sich hier handelt, ist immer eine und dieselbe, die ganze Zeit bewegen wir uns immer in den Grenzen des einen rein lehnrechtlichen Falles, der hartnäckig unterlassenen Lehnsmutung.

Es gibt noch einen kürzeren Weg, zu zeigen, daß der Prozeß Ottokars von Anfang an nach Lehnrecht behandelt werden konnte und mußte. Die Ladung, die ihm zugestellt wurde, lautete auf Anklage „super iniuriis et manifestis violenciis", die er an König und Reich begangen habe. Ottokar ist Vassall des Reichs, König und Reich sind nach Lehnrecht seine Herren. Hat er sich ihnen gegenüber „iniurias et manifestas violentias" zu Schulden kommen lassen, so hat er seine Vassallenpflicht verletzt, indem er sich gegen seinen Herrn versündigte,

[1] Lehnrecht 65 § 22.

[2] Vulgata II 22: De milite vassallo qui contumax est.

[3] Das ‚procedere', auf dessen Wiederholung in der Klage des Königs und in der Ladung durch den Pfalzgrafen Güterbock Gewicht legt, kann sich doch der Sache nach nur auf das gerichtliche Verfahren, den „Prozeß" im engeren Sinne beziehen. Wie könnte sonst der Pfalzgraf als Richter dem Beklagten schreiben: Et sive veneritis sive non, nos nichilominus in eadem causa quantum iuris ordo dictaverit... procedemus? Wenn der Sinn hier unzweifelhaft ist, dann ist er es nicht weniger in der Klage des Königs: qualiter contra regem Boemie deberet procedere. Auch Rudolf fragt das Gericht nicht um Rat, wie er es anfangen solle, um Ottokar zu besiegen, er will nur, daß man „finde", wie er zu prozessieren habe.

dessen Recht und Ehre minderte. Damit schon hatte er seine Lehen verwirkt. Mit andern Worten: die Klage des Herrn gegen den Mann „um ungerichte“ fällt an sich schon unter den Begriff des Lehnrechts, sie kann und muß nach Lehnrecht verfolgt werden. Der Prozeß gegen König Ottokar ist also von Anfang an nach Lehnrecht instruiert worden, und das mit vollem Recht.

Wenn nun die erste Ladung in diesem Prozeß ausdrücklich und zweimal in den Akten als peremtorische bezeichnet wird, so ergibt sich genau das Gegenteil von dem, was Güterbock meinte: die peremtorische Ladung zu einem einzigen, ersten und letzten Termin gehört — hier wenigstens — dem Lehnrecht an und nicht dem Landrecht. Sie ist auch im Lehnrecht nicht das Gewöhnliche; es dürfte schwer sein, sie in solcher Art in den Rechtsbüchern nachzuweisen.[1] Aber ich glaube doch zu erkennen, wie man in diesem Fall dazu gekommen sein kann. Es handelte sich, wie man immer festhalten muß, um unterlassene Huldigung, also unter Umständen um Widerspenstigkeit, contumacia. Diese zog sofort den Lehnsverlust nach sich, es genügte also bloß, daß sie festgestellt wurde, damit die Aberkennung der Lehen ausgesprochen werden konnte. Darum setzte das Hofgericht dem Beklagten nur einen einzigen und endgültigen Termin. Konnte er dort nachweisen, daß er etwa nicht aus contumacia, sondern nur aus negligentia die Mutung unterlassen hatte, oder daß er überhaupt nicht zur Huldigung verpflichtet gewesen sei, so durfte er auf ein milderes Urteil oder Freisprechung rechnen. Gelang ihm das nicht oder versäumte er den Termin, so war die contumacia erwiesen und der Verlust der Lehen trat ein.

Das Auffallende ist nur, daß man diesen Rechtsstandpunkt in Würzburg nicht behauptet hat: Ottokar blieb aus und erhielt trotzdem einen zweiten Termin, vielleicht sogar einen dritten.[2] Wie man dies

---

[1] Das Reichsweistum von 1196 (Constitutiones I, 521), daß der Herr seinen Mann super feodo ad XIIII dies tantum per ternam vocationem vel ad VI septimanas peremptorie teneatur citare, sieht die peremtorische Ladung nur für den dritten und letzten Termin vor, unter Überspringung der beiden ersten. Vgl. Güterbock S. 128.

[2] Zu der Streitfrage, ob ihm noch zwei oder nur ein weiterer Termin gesetzt wurden, möchte ich bemerken, daß zur ersten Annahme kein zwingender Grund vorliegt. Wohl sagt die sächsische Fortsetzung zu Eikes Weltchronik (Deutsche Chroniken II, 287): Nach dem hofe ze Wirzeburg wart einer geleit zu Spire und darnach einer zu Augspurg (wo die Aberkennung erfolgte). Aber daß zu Speier dieser Prozeß überhaupt verhandelt worden sei, ist nach diesen Worten nicht unbedingt sicher. Es kann einfache Vertagung beschlossen worden sein, etwa weil kein Urteil gefunden wurde, oder weil der König als Kläger selbst es wünschte (vgl. Sachsenspiegel Lehnrecht 65 § 11. 12). Entscheidend ist etwas anderes. Nach dem geltenden Recht bedarf es nicht der Annahme, daß Ottokar dreimal geladen worden sei. Denn da er

erklären will, ist eine Sache für sich, die hier nicht zu erörtern steht, da es nur darauf ankam, zu zeigen, daß der Prozeß Ottokars keinen Beleg für die Behauptung bietet, ein Reichsfürst habe nach Landrecht binnen dreimal vierzehn Tagen peremtorisch geladen werden können.[1] Dies glaube ich gezeigt zu haben durch den Nachweis, daß die peremtorische Ladung keine landrechtliche, sondern eine lehnrechtliche war, weil die Klage, die ihr zugrunde lag, sich auf einen reinen Fall des Lehnrechts bezog.

Nach dem was wir soeben kennen gelernt, bietet der Prozeß, den Friedrich I. im Jahre 1165/6 gegen den erwählten Erzbischof Konrad von Salzburg geführt hat, nur geringe Schwierigkeiten.[2] Der Beklagte, ein Anhänger Alexanders III., der dem kaiserlichen Gegenpapst die Anerkennung weigert, ist dreimal vorgeladen worden, jedesmal über 6 Wochen. Auf dem dritten Termin in Nürnberg im Februar 1166 erscheint er.[3] Das Recht, das ihm gegenüber zunächst angerufen wurde, muß das Lehnrecht gewesen sein; denn nach Lehnrecht verteidigt er sich. Er weist nach, daß er zu dreien Malen den Empfang der Be-

---

sich in Augsburg durch einen Fürsprech stellte, konnte der Prozeß dort unter allen Umständen sein Ende finden, ob dies nun der zweite oder der dritte Termin war. Allerdings ist es mehr als wahrscheinlich, daß Ottokar, schon um Zeit zu gewinnen, sich erst auf dem dritten Termin gestellt haben wird. Damit fallen die Bemerkungen von Franklin I, 172, Anm. 4: „Rechtlich mußte der Ächtung eine dreimalige Ladung vorausgehen". Das ist nur richtig, sofern der Beklagte sich nicht stellte. Ottokar aber hat sich gestellt, also konnte er gleich nach oder auf dem Augsburger Tage geächtet werden, auch wenn er bis dahin noch kein Mal nach Landrecht geladen worden war. Will man also an der Trennung des Verfahrens nach Lehnrecht und nach Landrecht festhalten (was ich für irrig halte, s. oben S. 385), so wäre Ottokar in Augsburg auf dem zweiten oder dritten Termin nach Lehnrecht verurteilt und (zugleich oder bald nachher) nach Landrecht geächtet worden, dieses weil er dem König die Anerkennung versagte. Auch die Auseinandersetzungen von Plischke, S. 18ff., sind unhaltbar, weil sie außer acht lassen, daß die drei Termine nur dem nicht erschienenen Beklagten gegenüber obligatorisch sind.

[1] Als Erklärung für das Abgehen von dem ursprünglich ins Auge gefaßten peremtorischen Termin denke ich mir, daß der König oder der Reichstag nachträglich Bedenken über seine Zulässigkeit nach dem geltenden Gewohnheitsrecht gefaßt haben. Daß ein zu spärlicher Besuch des Tages der Grund des Aufschubs gewesen sei (Lorenz, Deutsche Geschichte II, 77, Plischke S. 13), leuchtet nicht ein. Um den Lehnshof zu bilden, genügten sechs Mannen und ein Bote (Sachsenspiegel Lehnrecht 65 § 9).

[2] Den Verlauf schildert Franklin I, 83ff. Vgl. Giesebrecht V, 474ff. 501. VI, 446. 454. Güterbock S. 134.

[3] Magnus von Reichersberg, M. G. SS. XVII, 472: post tertiam vocationem et tertiam curiam, quam dederat ei imperator, a festo S. Michaelis sex septimanis unicuique vocationi deputatis.

lehnung beim Kaiser vergeblich nachgesucht habe.[1] In solchem Fall gab das Lehnrecht dem Manne das Recht, sein Lehen auch ohne Huldigung zu behalten.[2] Der Kaiser aber weist die Verteidigung zurück und entzieht ihm seinen Schutz.[3] Das geschieht in Gemäßheit der Beschlüsse des Würzburger Reichstags von 1165, wo ausdrücklich allen Anhängern Alexanders III. der kaiserliche Schutz verweigert worden war.[4] Auf einem nächsten Tage in Laufen zu Ende März zieht der Kaiser die letzte Konsequenz und verhängt über Konrad die Acht. Ich kann nun durchaus nicht sehen, wo hier ein Beweis für ein Verfahren nach Landrecht in einmaligem peremtorischem Termin von sechs Wochen zu finden sein soll. Sehen wir ab von der oben dargetanen Grundlosigkeit der Annahme, daß in derselben Sache gesonderte Prozesse nach Lehnrecht und nach Landrecht möglich und üblich gewesen seien. Setzen wir selbst den Fall, es sei hier so gewesen, so folgt doch keineswegs, daß der Kaiser, nachdem der Prozeß nach Lehnrecht nacheinander an drei Terminen verhandelt worden war, in diesem Falle noch drei weitere Termine zu setzen verpflichtet gewesen, seitdem er den Beklagten auch nach Landrecht zu verfolgen begonnen. Dieser hätte nur dann einen Anspruch auf dreimalige Ladung gehabt, wenn die Klage in seiner Abwesenheit erhoben worden wäre. Es geschah aber in seiner Gegenwart, und in diesem Falle gab es höchstens eine einmalige Frist, wie wir das schon bei dem Prozeß gegen den Grafen von

---

[1] l. c. Ein seltener Fall, daß der Annalist die juristische Verteidigung des Angeklagten wiedergibt. Um so genauer hätte man auf ihren Inhalt achten sollen. Güterbock S. 134, Anm. 5, sagt nur: „Der Erzbischof . . . scheint sich geschickt verteidigt zu haben."

[2] Sachsenspiegel Lehnrecht Art. 22, § 3: Of die herre weigeret mit unrechte dat he ine to manne untva, die man sal behalden dat gut.

[3] Es scheint mir nicht zutreffend, wenn Franklin I, 84 und Güterbock S. 134 sagen, der Erzbischof sei „ungnädig entlassen", aber „kein Urteil gefällt worden". Der Annalist sagt: Tunc primum sine gratia imperatoris recessit. Wenn ihm die ‚gratia', der Schutz des Kaisers, entzogen wurde, so ist zwar ein Spruch des Gerichtshofs nicht ergangen, aber der Kaiser verhängt doch die Strafe, die in seiner Macht und seinem Belieben steht. Über ihre Bedeutung s. Köstler, Huldentzug als Strafe (1910), besonders S. 37f. 45 (unser Fall ist hier nicht verwertet), und Georg Cohn, Die Strafe des Huldeverlustes (1907) S. 7. 10f. Zur Erläuterung des Ausdrucks mag die Stelle im Edikt Ludwigs d. B. 1338 beitragen: extra nostram pacem sive defensionem semota et in nostram ingratitudinem posita Böhmer, Acta imperii, p. 529. Hier werden Königshuld und Königsschutz offenkundig gleichgesetzt. Analog spricht auch Landgraf Ludwig III. von Thüringen von villicis et telonariis in utraque terra (Thüringen uud Hessen) sub districtu gratie mee. Dobenecker II n° 834.

[4] Constitutiones I, 315: Nulli etiam fautorum eius [Rolandi] gratiam nostram umquam reddemus.

Flandern 1282 gesehen haben.[1] Gesetzt also den Fall, nach Ablauf des Lehnsprozesses auf dem Nürnberger Reichstag im Februar 1166 hätte der Kaiser eine neue, landrechtliche Klage gegen Konrad erhoben, so war er, da die Klage in Gegenwart des Beklagten anhängig gemacht wurde, unter allen Umständen befugt, den verurteilenden Spruch, die Acht, sechs Wochen später fällen zu lassen, gleichviel ob der Angeklagte erschien oder nicht.[2]

Die beiden Prozesse von 1208 und 1225 lassen sich gemeinsam betrachten. Sowohl die Königsmörder von 1208 wie der Mörder Erzbischof Engelberts von Köln sind, obwohl abwesend, doch binnen so kurzer Zeit geächtet worden, daß von Einhaltung einer Frist von $3 \times 6 = 18$ Wochen nicht die Rede sein kann.[3] Güterbock zieht hieraus einen doppelten Tatsachenbeweis für seine Auffassung, daß nach Landrecht auch für den Fürsten nur 3×14 Tage $= 6$ Wochen die übliche Frist gewesen seien. Aber der Schluß ruht auf sehr schwacher Grundlage. Ich bestreite, daß hier irgend eine Analogie vorliegt. Kann man wohl im Ernst diese beiden Fälle mit den übrigen Fürstenprozessen über einen Kamm scheren? Ich will kein Gewicht darauf legen, daß in keinem von beiden die Beklagten Fürsten des Reiches waren; denn die Differenz besteht hier, wie ich schon oben bemerkte, nicht zwischen Fürsten und Nichtfürsten, sondern zwischen Hochfreien und Geringeren. Aber der Rechtsfall ist doch beide Male von ganz ungewöhnlicher Art: hier wie dort ein gemeines Verbrechen der allerschwersten Natur, Ermordung des Königs, Ermordung eines Prälaten, hier wie dort über die Tat so wenig ein Zweifel wie über die Schuld. Die Sätze des Gewohnheitsrechts, die dem abwesenden Beklagten gewisse Ladefristen gewährten, konnten hier mit Fug als nicht verbindlich erachtet werden. Sie hatten ja nur den Zweck, daß Tatfrage und Schuldfrage entsprechend geprüft und dem Beklagten die Möglichkeit der Verteidigung gewahrt werden sollte. Wozu das hier, wo der Tatbestand notorisch

---

[1] Oben S. 381, unten S. 402.

[2] Worin dabei das Vergehen gesehen wurde, bedarf wohl keiner Erläuterung. Da Konrad sich weigerte, den Würzburger Eid zu leisten, gleichwohl aber die Salzburger Kirchengüter nicht räumte, war er des reatus majestatis schuldig (vgl. oben S. 375). Auf den wenig späteren Prozeß gegen den Erwählten Adalbert von Salzburg (1174) braucht hier nicht eingegangen zu werden, da er zu undeutlich überliefert ist.

[3] Quellen und Literatur gibt Güterbock S. 135f. an. Dabei hat er freilich zu seinem Schaden die Abhandlung von Weiland, Sächsischer Landfrieden aus der Zeit Friedrichs II., in der Zeitschrift der Savigny-Stiftung, Germ. Abt. VIII, 88ff., besonders S. 110ff., übersehen. Hätte er sie gekannt, ich glaube, er hätte die Mordprozesse von 1208 und 1225 nicht für seine Meinung zu verwerten versucht.

war und es eine Verteidigung nicht geben konnte? Kurz gesagt, es handelte sich hier um Fälle, die nach ihrer ganzen Natur zu summarischem Verfahren einluden, zum Hinwegschreiten über die üblichen Formen. Daß man sich dessen sehr wohl bewußt war, beweist der Verlauf der ersten Gerichtssitzung, in der der Fall 1225 verhandelt wurde. Da treten die Ministerialen der Kölner Kirche als Kläger auf und legen als Beweise die zerrissenen und blutbefleckten Gewänder des Ermordeten vor. Der junge König fordert einen Spruch, ob angesichts dieser handgreiflichen Beweise nicht sofort die Ächtung erfolgen solle? Als Urteilsfinder antwortet Gerlach von Büdingen mit Ja, da der Mord offenkundig erwiesen sei. Dem widerspricht Friedrich von Trüdingen: der Angeklagte müsse vielmehr peremtorisch geladen, nicht sofort geächtet werden. Hierüber entspinnt sich zunächst ein Wortstreit zwischen den beiden Herren, dann ein allgemeiner Zank, Zweikämpfe werden angeboten, und schließlich entsteht ein Handgemenge unter den Anwesenden, wobei 48 Menschen umkommen.[1] Es kann doch kein Zweifel sein, daß dieser Fall als Ausnahmefall nicht nach den gewöhnlichen Regeln behandelt wurde, daß man hier ein summarisches Verfahren einschlug. Er beweist uns, daß ein solches Ausnahmeverfahren unter Umständen für möglich gehalten wurde, was man ohne weiteres auch annehmen durfte,[2] zumal, da das Verfahren im altdeutschen Gerichte nicht als ein für allemal feststehend behandelt, sondern in jedem einzelnen Falle „gefunden", d. h. Schritt vor Schritt durch besondere Beschlüsse geregelt wurde. Diese Beschlüsse sollten zwar in der Regel dem Herkommen entsprechen, aber sie gaben doch

[1] Cronica Reinhardsbrunnensis, M. G. SS. XXX, 603: Rex autem ... querens sententiam a nobili Gerlaco de Butingen sciscitatus est, si in presenciarum judicio Romani imperii proscribendus foret necne, presertim cum evidentissima signa ac manifestissima indicia homicidii essent iudicio presentata. Respondit itaque Gerlacus regi dictavitque sententiam in hunc modum, quod jure proscriptioni teneretur, quippe cum evidentissime declaratum esset homicidium. Audiens hoc nobilis Fredericus de Trunden reclamavit, dicens pocius esse reum peremptorie citandum juxta jus suum quam in presenti proscribi. Dazu die (bisher nicht benutzte) Nachricht in Eikes Weltchronik (M. G. Deutsche Chroniken II, 245): Binnen deme gherichte wart en tweiunge umme en ordel, dar manich sich to campe umme bot. Vgl. die Ann. von Scheiern SS. XVII, 633: dissidentibus ex sententia invicem episcopo Trevirorum et quodam libero comite de Truhentingen, tumultus non parvus ortus est, unde ad 60 et amplius, ceteris ad arma concurrentibus, in descensione quadam miserabiliter vita functi sunt. — Vgl. Winkelmann, Jahrbücher Friedrichs II. II, 469. Regesta imperii V n° 3994a.

[2] Obwohl sich in Franklins Buch über das Reichshofgericht nichts darüber findet. Weiland in der vorhin angeführten Abhandlung ist, soviel ich sehe, der einzige, der diese Frage aufgeworfen hat. Er hat sie auch anstandslos bejaht.

auch die Möglichkeit, ohne Rechtsbruch vom Herkommen abzuweichen, wenn die Umstände das geboten oder erlaubten. Ein solches Abweichen vom gewöhnlichen Herkommen, ein summarisches Ausnahmeverfahren wurde 1225 vom Büdinger beantragt, ein ebensolches, nur weniger streng, wird auch die peremtorische Ladung gewesen sein, worauf die den Spruch scheltende Partei des Umstandes drang, und ein ebensolches summarisches Verfahren wird auch gegen die Königsmörder im Jahre 1208 bei der Notorietät von Tat und Schuld eingeschlagen worden sein.[1] Als Belege für die Formen des Verfahrens in gewöhnlichen Fällen können diese beiden höchst außergewöhnlichen Prozesse also nicht dienen.

Nun bleibt schließlich noch ein einziger Fall übrig, der für die Meinung von Güterbock zu zeugen scheint: der Prozeß gegen Otto von Northeim (1070). Auf die Klage des Egeno, daß Otto dem König nach dem Leben getrachtet habe, wird dem Beklagten nur ein Termin von 6 Wochen gesetzt und, da er sich dort nicht stellt, die Acht über ihn ausgesprochen.[2] Von Lehnrecht kann hier nicht die Rede sein, weder der Sache noch der Zeit nach; es ist ein landrechtliches Verfahren. Berichtet wird das allerdings nur von dem einzigen Lampert von Hersfeld, der im allgemeinen nicht gerade als klassischer Zeuge gelten darf, am wenigsten in Fragen des formalen Rechts. Aber ich sehe doch keinen Grund, seinen Bericht in Zweifel zu ziehen,[3] denn er stimmt durchaus, sogar in der Angabe des Termins von sechs Wochen,[4] mit den überlieferten Rechts-

[1] Der Mainzer Reichsfriede von 1235 verordnet in § 24 der lateinischen Fassung gegen den, der wegen Anschlags gegen Kaiser und Reich zum Zweikampf gefordert ist, si legitimis sibi indutiis prefixis non comparuerit, die Erklärung der Ehr- und Rechtlosigkeit. Wozu die eine Handschrift den Zusatz macht: Item pro perfidia vel homicidio quod dicitur mort. Unter den legitime indutie kann hier nur ein einmaliger Termin verstanden werden, da es nur diesen bei Herausforderung zum Zweikampf gab (s. unten S. 396). Mithin würde hier auch für Mordtaten das abgekürzte Verfahren in einmaligem peremtorischem Termin eingeführt worden sein. Aber in der Erneuerung des Gesetzes durch Rudolf I. (1281) fehlt der Paragraph. Haben wir in diesem Schwanken einen Kampf ums Recht vor Augen, bei dem die laxere Anschauung siegt?

[2] Vgl. Güterbock S. 131.

[3] Wie Ficker, Forschungen XI, 310 tat, weil diese Auffassung „anscheinend ziemlich vereinzelt" sei.

[4] Man sieht, wie oberflächlich die Annahme von Dieffenbacher, Lambert von H. als Historiograph (1890) S. 73 ist, der in der Sechszahl ein typisches Motiv und damit einen Beweis freier Erfindung sehen will. Typisch ist die Zahl allerdings, aber nicht im Geiste des Annalisten, sondern im altdeutschen Recht.

normen überein, wenn auch keineswegs in dem Sinne, wie Güterbock will. Otto von Northeim wurde nämlich in seiner Gegenwart vom Ankläger zum gerichtlichen Zweikampf herausgefordert.[1] In diesem Falle aber gab es nach geltendem Recht nur die Möglichkeit einmaligen Aufschubs, für den schöffenbar Freien sechs Wochen, für andere vierzehn Tage. Wurde dieser Termin versäumt, so erfolgte die Verurteilung. Das steht mit klaren Worten im Sachsenspiegel[2]: „Grot man enen man to kampe, de ungewarnet dar komen is unde ime umme die sake dar nicht gedegedinget 'n is, he sal dach hebben na siner bord of he's bedet, dat he sik dar to warne, sven it kamp gelovet is, unde êr nicht, die vri scepenbare man over ses weken, die dinstman over virtein nacht unde andere vri lude".[3] Der Fall von 1070 ist ungemein wertvoll, insofern er ein schlagendes Beispiel liefert für das hohe Alter, ja die Ursprünglichkeit der Sätze des Sachsenspiegels. Die Meinung Güterbocks von den für alle Welt gleichmäßig kurzen Ladungsfristen nach Landrecht wird durch ihn schlagend widerlegt: nur auf einmaligen Aufschub hat hier der Angeklagte nach der Natur des Rechtsfalls Anspruch, aber als Hochfreier wird er nicht über vierzehn Tage, sondern über sechs Wochen geladen. Für die Beurteilung des Prozesses gegen Heinrich den Löwen, wie er sich in dem Bericht der Urkunde darstellt, kommt dieser Fall sonst nicht in Betracht. Denn die Urkunde Barbarossas, deren Deutung wir suchen — von anderem ist einstweilen nicht die Rede —, weiß nichts von einer Herausforderung des Löwen zum Zweikampf.

So hat von den sechs Fällen, auf die sich Güterbock zum Beweise seiner These beruft, kein einziger der Prüfung standgehalten. Keiner von ihnen paßt als Analogie zum Prozeß Heinrichs des Löwen,

---

[1] Lambert von Hersfeld ed. Holder-Egger, p. 113: Is [Egen] crimen adversus eum [Ottonem] detulit, quod se ad occidendum regem ... sollicitasset ... Si inficiaretur, paratum se quovis indicio verbis suis fidem facere ... Igitur rex eum Moguntiam cum caeteris principibus ad colloquium evocavit, quid delatum esset exposuit, negantique inducias in sex ebdomadas dedit, ut ... obiectum crimen congressus cum accusatore suo manu propria refelleret.

[2] Landrecht II 3 § 2. Hier werden die Fälle der Anklage gegen einen Gegenwärtigen behandelt, gegenüber I 67, wo die Fristen für den abwesend Verklagten stehen.

[3] Die Darstellung Lamperts läßt die Annahme nicht zu, Otto sei schon zu dem Reichstag von Mainz (Mitte Juni 1070) zur Verantwortung geladen worden. Auch die Alteicher Annalen (ed. Oefele[2] 79) sagen ziemlich bestimmt das Gegenteil: Quo cognito (es ist die Denunziation Eginos) rex ... ducem in sui praesentiam venire iussit; quae de eo audierat coram multitudine aperuit.

allesamt fallen sie unter andere Rechtssätze, zum Teil unter wohlbekannte Sätze des aufgezeichneten Rechts.[1]

Auf der anderen Seite kennen wir nicht weniger als drei Prozesse aus der Zeit, um die es sich handelt, die das klare Gegenteil dessen beweisen, was Güterbock behauptet. Zwei von ihnen hat er ganz übersehen, über den dritten ist er allzu rasch hinweggeglitten.

Dieser letzte ist der Prozeß gegen Herzog Friedrich den Streitbaren von Österreich 1236. Wir hören darüber — neben andern kürzeren Nachrichten — aus den Annalen von Heiligenkreuz, der Herzog sei mehrfach geladen und, da er zu erscheinen verschmähte, geächtet worden, einmal wegen Mißachtung (des Gerichts), dann auch auf die Beschwerde vieler Fürsten und anderer Leute geistlichen wie weltlichen Standes.[2] Es war also ein landrechtlicher Prozeß, genau wie der Heinrichs des Löwen im Anfang einer war. Auch die Termine, an denen er verhandelt wurde, sind überliefert: von Mitte August, wohin die erste Ladung ergangen war, auf Anfang November, sodann auf Anfang Januar.[3] Es sind also richtig ihrer drei. Jedesmal liegen mehr als sechs Wochen dazwischen; eben das, was Güterbock nicht als Recht gelten lassen will.[4]

---

[1] Es darf vielleicht auch zu den eigentümlichen Fata der Quellenstellen gerechnet werden, von denen Bernheim Götting. Gel. Anzeigen 1909 S. 745 spricht, daß, soviel ich sehe, alle früheren Forscher, die sich mit Fürstenprozessen beschäftigt haben, von Franklin bis zu Güterbock und Bernheim selbst, die Unterschiede des Verfahrens gegenüber Anwesenden und Abwesenden, bei Gottesurteil und Inquisitionsbeweis vollständig übersehen haben, obwohl doch die Rechtsbücher hierüber ganz bestimmte Angaben bieten und die Tatsachen sie bestätigen. Einzig Waitz, Forschungen X, 165, hebt die Besonderheit des Verfahrens bei Zweikampfklage hervor, aber auch nur als Vermutung, ohne die Belege aus dem geschriebenen Recht zu erwähnen.

[2] M. G. SS. IX p. 638: Fredericus dux Austrie et Styrie, sepe vocatus ad curiam ab imperatore Friderico et venire contempnens, tandem sententiam proscriptionis coram multis principibus incurrit, tum propter contemptum, tum etiam propter querimoniam multorum prelatorum ecclesiarum et principum ac diversarum personarum ecclesiastici ordinis et potentie secularis. Hauptquelle ist das Manifest des Kaisers, Constitutiones II, 269ff.

[3] Am deutlichsten in den Annalen von Scheftlarn, SS. XVII, 340: dux Austrie se obposuit imperatori, nolens venire ad curias quas condixerat eo anno, videl. apud Moguntiam primam [Aug. 15], secundam aput Augustam in festo beati Martini, terciam in Epiphania domini apud Rehnum.

[4] Er weiß über den Prozeß gegen den Österreicher S. 118f. nur zu sagen: „Der Grund der Verurteilung ist nicht klar zu erkennen; vermutlich spielte hier der Ungehorsam eine entscheidende Rolle." Die maßgebende Quelle, das Manifest des Kaisers, erwähnt er nicht. Er ist hier ganz von Franklin abhängig, dessen Meinung I, 100, es seien gar keine Rechtstage gewesen, auf einem Mißverstehen der Worte des Manifestes beruht. Friedrich sagt darin keineswegs, der Herzog habe nicht sollen ge-

Ebenso wird im Jahre 1180 gegen die Anhänger Heinrichs des Löwen vorgegangen. Sie erhalten nach der Angabe der Annalen von Pegau auf einem Reichstag zu Mariä Himmelfahrt (15. August) durch Fürstenspruch drei Termine zur Unterwerfung bei Strafe des Eigenverlustes, und zwar sollen die Termine Mariä Geburt (8. September), St. Michaelis (29. September) und St. Martin (11. November) gewesen sein.[1] Zwischen dem zweiten und dritten Tage liegen genau sechs Wochen. Mit dem ersten muß der Annalist sich irren, sei es daß St. Michaelis der erste, St. Martin der zweite Termin war und der Annalist den dritten falsch ergänzt hat,[2] sei es daß der urteilende Reichstag selbst nicht am 15. August, sondern ungefähr am 25. Juli stattfand.

Die gleichen drei Termine treffen wir auch im Prozeß des Kaisers gegen Erzbischof Philipp von Heinsberg und die Stadt Köln 1187/8. Hier berichtet die Kölner Chronik, der Kaiser habe zu Mariä Himmelfahrt (15. August) auf dem Hoftag zu Worms wider den Erzbischof und die Bürger geklagt, daß sie ihm den Durchzug sperrten und ihn in der Welt verleumdeten. Zu Weihnachten in Trier habe er die Klage erneuert, daß er in seinem hohen Alter von dem Pfaffen von Köln genötigt werde, ein Heer zu versammeln und das Land seines Reiches wider Willen zu verwüsten. Endlich zu Lichtmeß (2. Februar) in Nürnberg, fällt der letzte, peremtorische Termin für den Erzbischof, der die früheren versäumt hatte. Er erscheint jetzt und erhält Vertagung seines Prozesses bis Lätare nach Mainz, wo dann seine und der Stadt Aussöhnung

---

zwungen werden zu Recht zu stehen, sondern: wenn der Herzog schuldig sein sollte, habe er, der Kaiser, selbst nötigenfalls die Buße an die Gegner auf sich nehmen wollen (quod eum super objectis ad justitiam nullatenus cogeremus, si deberemus offensis principum satisfacere per nos ipsos). Ebenso grundlos ist die Behauptung, der Herzog sei nach Hagenau geladen worden „wieder ohne jedes gerichtliche Präjudiz". Die Worte des Manifests sagen deutlich das Gegenteil (Constitutiones II, 271): Deinde quia aput Augustam venire noluit, supplicantibus nobis pro iterata citatione sua ... Salisburgensi archiepiscopo et aliis nunciis suis et acceptantibus, ut apud Hagenowe ad nostram presentiam citaretur, indiximus sibi eundem locum et terminum competentem. Man darf übrigens nicht vergessen, daß es dem Kaiser mit diesem Manifest darauf ankommt, zu beweisen, daß er dem Angeklagten, trotz all seiner Missetaten, ein gerechter und gnädiger Richter habe sein wollen.

[1] SS. XVI, 263: In assumptione sanctae Mariae in curia apud Werle habita omnibus fautoribus ducis termini, ut ab eo resipiscant, praefiguntur ex sententia principum, scil. natale sanctae Mariae, festum sancti Michaelis, tercius terminus ad festum sancti Martini, sed nisi ad gratiam imperatoris interim redissent, ipsi et filii eorum jure hereditario abjudicarentur.

[2] Wie er auch im Prozeß des Löwen einen Termin irrtümlich konstruiert, s. unten S. 407.

mit dem Kaiser durch hohe Buße vollzogen wird.[1] So klar wie möglich liegt hier der Verlauf vor uns. Höchstens könnte es zweifelhaft sein, ob der Wormser Tag im August schon als erster Gerichtstermin zu betrachten sei, in welchem Falle man anzunehmen hätte, daß der Erzbischof und die Stadt eine Vorladung erhalten hatten;[2] oder ob zwischen Worms und Nürnberg ein Termin gelegen hat, den wir nicht kennen, was der Zeit nach sehr wohl möglich wäre. In jedem Falle steht es fest, daß den abwesenden Beklagten wiederholte Termine von sechs Wochen und mehr gesetzt wurden. Alles das geschieht nach Landrecht. Daß dem Erzbischof gegenüber auch das Lehnrecht unter Umständen angewandt werden durfte, ist freilich nicht zu bestreiten. Aber gegen die Bürger von Köln konnte nach Lehnrecht nicht verfahren werden, der Prozeß ist also zur einen Hälfte sicher landrechtlich. Wenn er trotzdem als ein einziger Prozeß behandelt wird, so scheint mir das eine Bestätigung der oben vorgetragenen Auffassung, daß ein gesondertes Doppelverfahren nach Lehnrecht und nach Landrecht in ein und derselben Strafsache nicht zu den Bräuchen des Hofgerichts gehört hat.[3]

---

[1] Chronica regia Coloniensis p. 136. 138f.: (1187) in Assumptione sanctae Mariae curiam habuit Wormaciae, ubi coram principibus querimoniam fecit de archiepiscopo et Coloniensibus, quod transitum ei per terram imperii sui vetare et verbum tam probrosum per orbem Romanum de eo disseminare non timuissent. — (1188) Imperator natale Domini agit Treveris, ubi publice toti curiae et senatui conquestus est, quod in provecta aetate cogeretur a Coloniensi clerico exercitum adunare, terram imperii sui vastare contra voluntatem suam. (Daß der Gerichtstag in Wirklichkeit in Straßburg Anfang Dezember gehalten wurde, zeigt Scheffer-Boichorst, Friedrichs I. letzter Streit mit der Curie, S. 198 n. 6; vgl. Giesebrecht VI, 672). Imperator purificationem sanctae Mariae apud Nurinberg agit, ubi archiepiscopo Coloniensi post plurimos dies ex sententia prefixos, quos ille supersedit, tandem peremptorium diem sentencialiter posuerat. Quo cum idem presul occurrisset, inde usque Laetare Iherusalem ad curiam Mogontiae causa induciata est. — Ibi quoque archiepiscopus et Colonienses reconciliantur imperatori, eodem tamen presule triplex sacramentum prestante pro objectis, duo pro duabus curiis non quesitis, unum pro Judeis, quos in contumeliam imperatoris diffamatus erat pecunia multasse. Modus autem reconciliationis hic erat: dabant imperatori duo milia marcarum ducentas et sexaginta in curiam usw. (Vgl. Giesebrecht VI, 676.)

[2] Dies sagen die Magdeburger Annalen, SS. XVI, 195, setzen aber den Tag selbst fälschlich ins Jahr 1186. Wertvoller ist die Angabe Giselberts von Mons, daß der Kaiser nach Worms dem Erzbischof ‚diem constituerat'. Ob aber der Tag deswegen als Gerichtstermin gezählt werden konnte, ist doch nicht gewiß. Vgl. Giesebrecht VI, 664.

[3] Aus der Buße geht hervor, daß die Stadt als selbständige Prozeßpartei behandelt wurde. — Man könnte auch das Verfahren des Kaisers gegen die Feinde Heinrichs des Löwen 1168 als Beleg verwenden, wären die Angaben der Geschichtschreiber über die einzelnen Termine nicht so widersprechend, während urkundliche Zeugnisse fehlen. Fest steht nur die Vorladung zu drei Gerichtstagen, nicht zu einem peremtorischen. Vgl. Giesebrecht VI, 484.

Es hat einige Mühe gekostet, die Behauptung zu widerlegen, daß im landrechtlichen Prozeß auch der Fürst wie jeder andere nicht mehr als drei vierzehntägige Fristen beanspruchen durfte und daß es dem Gericht freistand, diese drei Fristen in eine peremtorische sechswöchentliche zusammenzuziehen. Die Behauptung war aufgestellt worden, um die sonst unverständliche Tatsache zu erklären, daß nach dem Wortlaut der Gelnhäuser Urkunde der Beklagte zunächst, solange nur nach Landrecht gegen ihn verfahren wurde, nur einmal scheint geladen worden zu sein, während die spätere Ladung nach Lehnrecht ausdrücklich als dreimal ergangen bezeichnet wird. Die These hat sich als falsch erwiesen. Nicht einen einzigen Fall kennen wir, der sie bestätigte, mehrere, die ihr ebenso widersprechen wie die bestimmten Aussagen der Rechtsbücher, deren Sätze wir auf Schritt und Tritt in in der Praxis, zum Teil bis in sehr frühe Zeit hinauf, belegt fanden. Als unzweifelhaftes Recht der Fürsten wie aller Hochfreien hat sich die dreimalige Ladung auf je sechs Wochen ergeben, bevor die Verurteilung eines in Abwesenheit Verklagten erfolgen konnte. Lehnrecht und Landrecht stimmen auch hierin wie in den meisten Punkten des Prozeßverfahrens vollständig überein.

Und doch ist in der Gelnhäuser Urkunde etwas anderes zu lesen dreimalige Ladung nach Lehnrecht, Ladung schlechtweg im landrechtlichen Prozeß. Sollen wir uns nun die Ausflucht früherer Forscher zu eigen machen, daß unter dem einfachen „citatione vocatus" eine dreimalige Ladung zu verstehen sei? Ich kann mich dazu nicht entschließen. Das hieße, der Schwierigkeit ausweichen, nicht sie lösen. Der richtige Weg scheint mir auf eine andere Seite zu führen.

Will man die erwähnte Ausflucht nicht gelten lassen, so gibt es hier immerhin noch vier mögliche Erklärungen.

Entweder es ist im Prozeß gegen Heinrich den Löwen ein Formfehler vorgekommen, indem man den abwesenden Beklagten schon im ersten Termin ächtete. Dies ist aber schlechterdings nicht zu glauben. Selbst wenn nicht so viele Schriftsteller übereinstimmend von mehreren Terminen berichteten, die der Ächtung vorausgegangen seien, müßten wir ohne weiteres annehmen, daß Kaiser und Fürsten in einem Prozeß von solcher Tragweite alle Formen genau beobachtet haben werden. Die gleichen Gründe, die hundert Jahre später König Rudolf veranlaßten, gegen Ottokar von Böhmen streng nach den Formen des Rechts zu verfahren, die gleichen mußten auch Kaiser Friedrich bestimmen, seine Maßregeln gegen Heinrich den Löwen durch strenge Korrektheit des Verfahrens gegen jeden Einwand rechtlich sicher zu stellen. War Heinrich wirklich nur einmal geladen worden, als man ihn in seiner Abwesenheit ächtete, so war zugleich mit der Acht auch alles Folgende widerrechtlich, die Aberkennung der Lehen eine unrechtmäßige Beraubung, die Verleihung Westfalens an den Erzbischof von Köln wertlos, und Philipp von Heinsberg konnte mit der Gelnhäuser Urkunde ein Feuer anmachen. Das ist schlechterdings unglaublich, würde auch zu der vorsichtigen Langsamkeit am schlechtesten passen, mit der wir die ganze Zeit den Kaiser gegen den Herzog seine Schritte wählen sehen. Es ist überdies indirekt dadurch ausgeschlossen, daß von der Seite des Verurteilten und seiner Erben niemals, soviel wir hören, der Einwand gegen die formelle Rechtmäßigkeit des Urteils erhoben worden ist. Und man darf hier wohl sagen: wäre es geschehen, wir müßten davon hören.

Ebenso ungangbar ist ein zweiter Ausweg, den wir schon einmal zu streifen Gelegenheit hatten, daß zwar das Verfahren rechtmäßig gewesen, der Bericht der Urkunde aber falsch sei. Auch dabei braucht man nicht zu verweilen. Urkunden dieser Art sind nicht offenkundig falsch.

Es bliebe nun noch eine Möglichkeit zu erwägen. Da wir wissen, daß keineswegs in jedem Fall der Angeklagte ein Recht hatte, drei Termine zu fordern, daß es vielmehr Fälle gab, in denen schon die erste Terminversäumnis genügte, um eine Verurteilung in contumaciam zu begründen,[1] so werden wir zu untersuchen haben, ob vielleicht der Prozeß Heinrichs zu diesen Fällen gehören kann; so daß es nichts Absonderliches wäre, wenn die Urkunde im landrechtlichen Verfahren von wiederholten Ladungen nichts weiß. Diese Fälle haben sämtlich zur Voraussetzung, daß ein persönlich Anwesender verklagt ist.[2] Nun wäre es allerdings denkbar, daß die Anklage der Fürsten in Gegenwart Heinrichs erhoben wurde. Der Bericht Arnolds von Lübeck würde die Annahme zulassen, daß in Speier im Oktober 1178 Anklage gegen Anklage gestanden, der Kaiser sich auf die Seite der Fürsten gestellt und den anwesenden Herzog nach Worms auf den Januar 1179 vorgeladen habe.[3] Indes wir können es ganz auf sich beruhen lassen, ob Arnold mit dieser Darstellung Recht hätte; mit seiner Angabe, Heinrich sei vor dem zurückkehrenden Kaiser beschwerdeführend erschienen, steht er ja ganz allein, und nicht jeder hat sie ihm geglaubt.[4] Denn ein Recht auf Aufschub hatte der anwesend Verklagte nur, wenn entweder die Klage sich auf Eigen oder Lehen bezog, was hier nicht der

---

[1] Vgl. oben S. 381. 392. 396.
[2] Sie sind behandelt im Sachsenspiegel Landrecht II 3. Vgl. S. 402 Anm. 1.
[3] Den Wortlaut s. oben S. 354.
[4] Vgl. oben S. 348 Anm. 1.

Fall war, oder wenn er zum Zweikampf herausgefordert wurde.[1] Dies soll allerdings gegenüber Heinrich nach der Angabe von Schriftstellern geschehen sein, aber nicht bei Beginn des Prozesses, sondern erst im zweiten Termin.[2] Es geschah ferner nicht in Gegenwart der Beklagten; und es wird endlich in der Urkunde gar nicht erwähnt, kommt also für ihre Erklärung nicht in Betracht. Die Klage der Fürsten gegen Heinrich war eine Klage um „Ungerichte“, eine Kriminalklage. Bei einer solchen gab es, wenn der Beklagte zugegen war, keinen Aufschub, er mußte sofort „antworten“. In diesem Falle kann Heinrich nach den Worten der Urkunde sich nicht befunden haben. Sie sprechen ausdrücklich von einer Ladung, „citatione vocatus“. Wurde er aber überhaupt geladen, so war die Klage in seiner Abwesenheit erhoben, und dann hatte er Anspruch auf drei Termine von je sechs Wochen.

Also erscheint auch dieser Ausweg verschlossen. Wie man die Sache auch wenden mag, immer ergibt sich die Notwendigkeit, eine mehrfache Ladung anzunehmen, die ja auch die Schriftsteller übereinstimmend berichten. So bleibt nur noch eine letzte Möglichkeit: der Text der Urkunde ist verderbt und muß verbessert werden. Ungern entschließt man sich dazu, diesen Gedanken aufkommen zu lassen. Die Urkunde ist ja im Original erhalten, sie ist wiederholt, zuletzt in den Monumenta Germaniae gedruckt, und in der Hauptsache immer im gleichen Wortlaut, ihr Text scheint volles Vertrauen zu verdienen. Aber dieses Vertrauen ist hier nicht gerechtfertigt; die Stelle ist verderbt, der richtige Wortlaut nicht schwer nachzuweisen.

Zunächst sei eines festgestellt: der Text der Gelnhäuser Urkunde beruht zum allergrößten Teil nicht auf dem Original, sondern auf einer Abschrift aus dem Jahr 1306.[3] Das Original ist dermaßen zerstört,

---

[1] Geht die Klage auf Eigen oder Lehen, das in rechter Gewehre des Beklagten ist, so kann dieser fordern, in aller Form geladen zu werden, andernfalls (‚to der anderen klage‘) darf er bloßen Aufschub erbitten. Bei Unrechtsklage fällt auch diese Vergünstigung fort. Sachsenspiegel II 3: Beklaget man enen man in sine jegenwarde umme egen oder len, dat he in rechten geweren hevet, man sal ime degedingen to me nesten dinge, of he sprict: me ’n is hir umme here nicht gedegedinget; to der andern klage bedet he des dinges, dat sal man ime geven, sint sal he antwerden. ... Um al ander sake ... sal he antwerden to hant. Vgl. S. 396.

[2] Vgl. oben S. 346f.

[3] Das Nähere siehe unten in den Vorbemerkungen zur Beilage. — Hier nur eins: Weilands Ausgabe, Constitutiones I, 384, verdient das unbedingte Lob der Zuverlässigkeit durchaus nicht, das Güterbock S. 53 ihr spendet. Sie ist im wesentlichen verfehlt. Was auch nicht verwundern kann, wenn man aus den Vorbemerkungen und Fußnoten erkennt, daß sie ohne Einsicht des Originals aus einer (mangelhaften) Abschrift Wattenbachs und den Angaben früherer Editoren mit Benutzung der ältesten Kopie (‚in usus nostros vertimus‘) kompiliert ist. Ich gebe in der Beilage den richtigen Text, so wie ich ihn, nicht ohne Mühe, feststellen konnte.

daß man öfter die Buchstaben nur noch erraten kann, wenn man sie schon kennt, stellenweise auch das nicht einmal. Man wird zugeben, daß die Befugnis, an Emendation zu denken, sofort gegeben ist, sobald der Text nicht auf dem Original, sondern nur auf spätern Abschriften beruht. Lassen wir aber einmal die Möglichkeit der Verderbnis zu, so ist das Urteil auch schon gesprochen: der Text ist verderbt.

Man denke: inhaltlich ist die Stelle im höchsten Grade anstößig, sie widerspricht den übereinstimmenden Aussagen der Schriftsteller, sie schlägt allem ins Gesicht, was wir aus dieser und späterer Zeit, aus Urkunden, Schriftstellern, Rechtsbüchern in völligem Einklang über die herrschenden Bräuche des deutschen Kriminalprozesses wissen; und formell, stilistisch betrachtet ist sie nicht weniger anstößig. Erinnern wir uns, was wir oben feststellten: der Satz „[Heinricus contumax iudicatus est] eo quod libertatem oppresserit ex principum querimonia quia citatione vocatus presentari contempserit et proscriptionis inciderit sententiam" —, dieser Satz ist unlogisch. Er stellt uns die Wahl, entweder den Unsinn zu lesen, Heinrich habe auf die Beschwerde der Fürsten die Freiheit bedrückt, oder eine verrenkte Wortstellung — „ex principum querimonia quia" anstatt „quia ex principum querimonia" — und zugleich eine widersinnige Verbindung der Satzteile — „eo quod oppresserit, quia presentari contempserit et inciderit sententiam" — anzunehmen.[1] Das eine ist so unmöglich wie das andere; in der Kanzlei Barbarossas hat man richtig zu denken und sich klar und treffend auszudrücken verstanden, man wird auch die Abfassung gerade dieser hochwichtigen Urkunde nicht dem Belieben eines Stümpers überlassen haben.[2] Von welcher Seite man die Sache betrachtet, ob von der inhaltlichen oder von der stilistischen, immer wird man dazu geführt: der Satz muß verderbt sein.

Das Wort, das an der Verderbnis schuld ist, verrät sich bald: es ist das „quia", diese Kausalpartikel an einer Stelle, wo für eine solche weder Platz noch Veranlassung ist. Denken wir es uns einmal hinweg, so sind die stilistischen Schmerzen ohne weiteres geheilt: [Heinricus judicatus est] eo quod libertatem oppresserit, ex principum querimonia citatione vocatus presentari contempserit et pro hac contumacia

---

[1] Vgl. oben S. 359 ff.

[2] Die Vergleichung mit Stumpf n° 4303, auf dem gleichen Tag ebenfalls für Philipp von Köln gegeben (Or. in Düsseldorf), lehrt, daß beide Urkunden von derselben Hand mit derselben gefährlichen Tinte geschrieben sind, die das Pergament der einen schon großenteils zerfressen hat und dem der andern mit der Zeit dasselbe Schicksal zu bereiten droht. Weitere Untersuchungen anzustellen, ging über meine Mittel und über meinen Zweck hinaus. Sonst wäre ich in der Lage bestimmter zu erklären, ob die Urkunden nicht beide als Empfängerausfertigungen anzusehen sind.

proscriptionis inciderit sententiam. Zu deutsch: auf Grund des Tatbestandes, daß er die Freiheit unterdrückt hat, auf die Klage der Fürsten nicht erschienen und hierfür geächtet worden ist.

Das ist ebenso einfach wie richtig. Das „quia" also ist der Übeltäter, die kranke Zelle im Körper des Satzes. Aber einfach streichen können wir es nicht; irgend ein Wort muß an seiner Stelle im Original gestanden haben — heute zeigt das Pergament hier nur ein Loch —, ein Wort, das der Kopist des 14. Jahrhunderts, dem allein wir hier den Text verdanken, für „quia" hielt. Das Wort, wenn wir es finden könnten, müßte dem Umfang nach in die Schriftzeile, der Bedeutung nach in den Satz hineinpassen und zugleich seiner Gestalt nach, wenn die Schriftzüge verblaßt, für „quia" gehalten werden können.[1] Das Wort, das diese drei Bedingungen erfüllt, heißt — „trina". Daß es in der Zeile ebensogut Platz hat wie „quia", sieht jeder. Daß es dem Sinne nach hinpaßt, brauchen wir nicht mehr zu erörtern; es ist ja das Wort, dessen Fehlen soviel Müh' und Schmerzen verursacht und soviel Tinte und Druckerschwärze gekostet hat. Bleibt nur die Möglichkeit der Verlesung zu beweisen. Wer sich von ihr überzeugen will, der sehe auf der beigegebenen Schrifttafel in Nr. 1 Zeile 6 der Urkunde und die Abbildung Nr. 3 an, wo die Worte „legitimo trino edicto" stehen. Die Anfangsbuchstaben tr sehen heute einem q täuschend ähnlich; das folgende ui für in zu halten, ist das Nächstliegende von der Welt. Mehr als ein geschulter Paläograph, dem ich das Wort im Original zeigte, antwortete ohne Besinnen, er lese „quia", andere erklärten ebenso schnell und bestimmt den Anfangsbuchstaben für ein q. Können wir dem wackern Schreiber von 1306 — der auch sonst bei offenkundig ernsthaften Absichten doch manches gründlich verpfuscht hat[2] — einen Vorwurf daraus machen, daß auch er das „trina" seiner Vorlage für „quia" gehalten hat? Die Schrift muß schon damals an dieser Stelle gelitten haben. Siebzig Jahre später war nach dem Zeugnis eines andern Kopisten von dem ganzen obern Teil der Urkunde überhaupt nichts mehr sicher lesbar.[3] Die Verlesung ist also entschuldbar und natürlich; wenn alle Fehler von Abschriften es ebensosehr wären, wir dürften zufrieden sein. Schließlich aber — die Photographie zeigt hier einmal mehr als das Original. Man betrachte die in Rede stehende Stelle auf der beigefügten Schrifttafel (in der 3. Zeile von Nr. 1, und in Originalgröße in Nr. 2): wer sich in die Form der Schriftzüge hinein-

---

[1] Aus diesen Gründen ist die Emendation „querela", die Schambach, Histor. Vierteljahrschrift XIII, 90, vorschlug, unmöglich.

[2] Das Nähere wiederum in den Vorbemerkungen zur Beilage.

[3] s. ebendort.

gelesen hat, wird die Reste des anlautenden t und r, den Querbalken von jenem und von diesem die kräftig geschweifte Unterlänge, die bei q in dieser Schweifung nicht vorkommt, bald erkennen. Diese Reste der Schrift genügen, um es völlig auszuschließen, daß hier einmal ein „quia" gestanden haben könnte.

Ich stelle also den viel umstrittenen Satz in seiner ursprünglichen Form wieder her:

„.. noverit universitas qualiter Heinricus quondam dux Bawarie et Westfalie, eo quod ecclesiarum Dei et nobilium imperii libertatem, possessiones eorum occupando et jura ipsorum imminuendo, graviter oppresserat[1], ex instanti principum querimonia et plurimorum nobilium trina citatione vocatus majestati nostre presentari contempserit et pro hac contumacia principum et sue conditionis Suevorum proscriptionis nostre inciderit sententiam; deinde quoniam in ecclesias Dei et principum et nobilium jura et libertatem grassari non destitit[2]: tam pro illorum injuria quam pro multiplici contemptu nobis exhibito ac precipue pro evidenti reatu majestatis sub feodali jure legitimo trino edicto ad nostram citatus audientiam, eo quod se absentasset nec aliquem pro se misisset responsalem, contumax judicatus est ac proinde tam ducatus Bawarie quam Westfalie et Angarie quam etiam universa que ab imperio tenuit[3] beneficia per unanimem principum sententiam in sollempni curia Wirziburc celebrata ei abjudicata sunt nostroque juri addicta et potestati."

Ich versuche eine Übertragung ins Deutsche, wie sie etwa in alter Zeit von Wort zu Wort gelautet haben würde: „... kund und zu wissen jedermann, welcher Gestalt Heinrich, weiland Herzog von Baiern und Westfalen, sintemalen er die Freiheit von Kirchen Gottes und Edlen des Reiches durch Einnahme ihrer Güter und Minderung ihrer Rechte schwer bedrückt, auf dringende Beschwerde von Fürsten und Edlen dreimal geladen sich unserm Gerichte zu stellen verschmäht und um dieser Widerspenstigkeit willen nach dem Spruch von Fürsten und Genossen seines Standes aus Schwaben des Reiches Acht auf sich gezogen hat; dieweil er sodann wider Kirchen Gottes und Rechte und Freiheiten von Fürsten und Edlen zu wüten nicht aufgehört: sowohl um des jenen zugefügten Unrechts wie auch um der vielfältigen uns bezeigten Mißachtung und vornehmlich um offenkundigen Vergehens gegen die Staatsgewalt willen im Lehnsprozeß durch vorgeschriebenen dreifachen Ruf vor unser Gericht geladen, sintemalen er fortgeblieben und auch keinen Fürsprech an seiner Statt gesandt, für widerspenstig erklärt und ihm demgemäß sowohl die Herzogtümer

[1] Die Drucke haben fälschlich oppresserit.
[2] Die Drucke haben fälschlich destiterit.
[3] Die Drucke haben fälschlich tenuerit.

Baiern und Westfalen samt Engern wie auch alle Lehen, die er vom Reiche besessen, nach einhelligem Spruche der Fürsten in dem zu Würzburg abgehaltenen hohen Gerichtshof ab und uns zu Recht und Besitz zugesprochen worden sind."

Lautet die Urkunde so, dann ist auch über den Verlauf des Prozesses kein Zweifel mehr möglich. Heinrich war von andern Fürsten wegen angetanen Unrechts verklagt, dreimal vorgeladen, nicht erschienen und wurde deshalb geächtet. Er kehrte sich nicht an die Acht und fuhr im Unrechttun fort. Drum wurde gegen ihn eine neue Klage erhoben wegen Mißachtung des Kaisers und Auflehnung gegen die Staatsgewalt, und da er sich dem Gericht wiederum nicht stellte, verlor er nach Lehnrecht alle seine Reichslehen.

Es ist klar, daß zwischen dem Achturteil und der Aberkennung der Lehen ein längerer Zeitraum gelegen haben muß, zum mindesten 18 Wochen, damit die auch im Lehnsprozeß vorgeschriebenen drei sechswöchentlichen Fristen ablaufen konnten. Die Gesamtdauer des ganzen Prozesses in seinen zwei aufeinander folgenden Stadien berechnet sich also auf mindestens $2 \times 18 = 36$ Wochen oder neun Monate. Doch ist dies natürlich nur das Mindestmaß, das durch Vertagungen, Zusatzfristen für die Zustellung der Ladungen oder ungefähre Berechnung ausgedehnt werden konnte.[1] Immerhin, wenn wir von dem einzigen festen Zeitpunkt, den die Urkunde angibt, nämlich von der Aberkennung der Lehen im Januar 1180 zu Würzburg rückwärts rechnen, so finden wir, daß der Prozeß nicht später als im April 1179 eröffnet worden sein kann. Diesem ersten Termin mußte die erste Vorladung schon um mindestens sechs Wochen vorausgegangen sein. Weiter kommen wir mit der Urkunde allein nicht; wenn wir uns den Verlauf nach Zeit und Ort anschaulich machen wollen, so sind wir auf die Hilfe der Schriftsteller angewiesen.[2]

Wie wir oben sahen,[3] kommen hierbei eigentlich nur zwei Berichte in Betracht, der Arnolds von Lübeck und der in den Annalen von Pegau; wobei Arnold eine teilweise Unterstützung durch die

---

[1] Wenn man hier schon die gleiche Rechnungsweise annehmen dürfte wie hundert Jahre später bei Ottokar von Böhmen, nämlich 6 Wochen und 3 Tage für jede Frist, so kämen wenigstens 36 Wochen und 18 Tage oder nahezu 39 Wochen heraus, ungerechnet etwaige Zusatzfristen, deren eine von 18 Tagen 1274 begegnet.

[2] Man wird es mir zugute halten, daß ich auf die früheren Versuche, die Chronologie des Prozesses herzustellen, nicht eingehe, da ich ihre Grundlagen als unrichtig nachgewiesen habe. Man findet sie überdies bei Güterbock S. 147ff. eingehend gewürdigt.

[3] S. 351.

Kölner Chronik erfährt. Wir erinnern uns, daß Arnold den Prozeß im Januar 1179 in Worms beginnen, in Magdeburg fortführen, in Goslar vorläufig durch Urteil beenden ließ, das aber erst auf einem nicht näher bezeichneten vierten Tage ausgeführt wurde. Wogegen die Annalen von Pegau den ersten Termin auf den 24. Juni nach Magdeburg, den zweiten auf einen undatierten Reichstag zu Nürnberg, den dritten nach Kaina und die Verurteilung auf einen vierten Tag in Würzburg, Januar 1180, verlegen. Keiner der beiden Berichte kann die ganze Wahrheit enthalten; es fragt sich nicht, welchen wir dem andern vorziehen, sondern was wir jedem einzelnen glauben sollen. Als Maßstab dienen uns dabei einmal die Urkunde von Gelnhausen, dann die Sätze des Gewohnheitsrechts, die wir nunmehr kennen, und deren genaue Beobachtung wir in diesem Falle als sicher annehmen dürfen.

Da müssen wir denn den Pegauer Annalisten sogleich eines Irrtums zeihen: der Tag in Nürnberg zwischen denen von Magdeburg und Kaina ist als Gerichtstermin in diesem Prozeß unmöglich. Der Kaiser hält in Magdeburg am 24. Juni Hof und ist in Kaina in der Mitte des August urkundlich nachweisbar.[1] Die Zeit ist zu kurz, als daß dazwischen ein Gerichtstag ohne Verletzung der vorgeschriebenen Frist hätte können gehalten werden.[2] Wir müssen den Tag streichen, können uns aber erklären, wie der Annalist auf ihn verfallen sein mag. Wenn er wußte, daß ein Prozeß dieser Art auf drei einander folgenden Tagen verhandelt werden mußte; wenn er weiter wußte, daß der Tag zu Kaina eigentlich der dritte und letzte Termin war; und wenn er endlich den Prozeß erst in Magdeburg beginnen ließ, dann blieb ihm nichts übrig, als einen Hoftag zwischen Magdeburg und Kaina für den zweiten Termin zu halten. Wenn er dabei nach Nürnberg griff, so machte er aller Wahrscheinlichkeit nach einen zweiten Fehler. Friedrich war zwischen Magdeburg und Kaina schwerlich in Nürnberg. Wohl hätte die Zeit zu diesem Abstecher gereicht,[3] aber die Veranlassung wäre rätselhaft, weil der Kaiser eben aus der Gegend von Nürnberg nach Magdeburg gekommen war.[4] Vielleicht hatte er damals auch einen Tag zu Nürnberg abgehalten, vielleicht

---

[1] Stumpf n° 4289. 4290, vom 17. August.

[2] Richtig nachgewiesen von Güterbock, S. 154.

[3] Güterbock S. 154 betont gegenüber Früheren die Enge der Zeit meines Erachtens wieder zu sehr. Wenn es sein mußte, konnte der Kaiser in vier Wochen ohne alle Schwierigkeit von Magdeburg, wo er am 1. Juli ist, nach Nürnberg und von hier nach Erfurt reiten, wo er am 29. Juli erscheint. Stumpf n° 4284. 4288.

[4] Mitte Juni etwa, sicher zwischen dem 27. Mai und 24. Juni, muß er in Eger gewesen sein. Stumpf n° 4284 und nach 4281. Vgl. Giesebrecht V, 906.

auch auf ihm über den Fall Heinrichs des Löwen gesprochen. Das würde den Irrtum des Annalisten von Pegau erklären, der den Nürnberger Tag keinesfalls erfunden haben kann; aber einen Gerichtstermin in Nürnberg hat es nicht gegeben.[1]

Es ergibt sich hieraus aber weiter, daß der Annalist nicht Recht haben kann, wenn er den Magdeburger Tag im Juni für den ersten Termin erklärt, wie wir ja auch oben nach der Urkunde feststellen konnten, daß der Prozeß spätestens im April eröffnet worden sein muß. Wollen wir also nicht einen anonymen Hoftag im April, von dem kein Berichterstatter meldet, als ersten Termin annehmen,[2] so bleibt nur die Angabe Arnolds von Lübeck übrig, daß in Worms im Januar 1179 der erste Termin dieses Prozesses abgehalten worden ist, und daß Magdeburg schon den zweiten darstellt. Wie man die auffallende Länge dieser Frist erklären will, ob durch inzwischen erfolgte Vertagung oder durch absichtliches Zögern, ist ohne Belang. Es wäre also nur noch die Frage zu entscheiden, ob der dritte Termin mit den Annalen von Pegau nach Kaina oder mit Arnold nach Goslar zu verlegen ist. Auch dies kann nicht zweifelhaft sein: Güterbock[3] hat schon überzeugend dargetan, warum diesmal der Pegauer den Vorzug verdient. Das unbekannte Kaina (im Osterland) konnte wohl irrtümlich durch das bekanntere Goslar ersetzt werden, nicht aber umgekehrt. Und wenn irgendwo, so mußte man in Pegau wohl unterrichtet sein, da Kaina in der Nachbarschaft des Klosters liegt. Zudem stimmt auch die Zeit, um die uns der Kaiser in Kaina urkundlich begegnet. Er ist dort am 17. August; spätestens um die Mitte des August muß die letzte Frist von sechs Wochen seit dem Magdeburger Tag abgelaufen sein.

Wir können übrigens auch den Irrtum Arnolds erklären. Er berichtet, daß Heinrich vor diesem angeblichen Goslarer Tage einen Sühneversuch in persönlicher Begegnung mit dem Kaiser gemacht habe, zu der er sich von seiner Burg Haldensleben aus begab.[4] Wenn der Kaiser sich damals in dem nicht allzu fernen Goslar aufhielt, so könnte man in Lübeck daraus geschlossen haben, der nächste Gerichts-

[1] Der Annalist würde sich hier desselben Fehlers schuldig machen wie bei dem Verfahren gegen die Anhänger des Löwen 1180, s. oben S. 398.

[2] Ich würde mich ohne weiteres hierfür entscheiden, wenn nicht der Wormser Tag von den Erzählern deutlich als Termin bezeichnet würde, zu dem der Beklagte bereits geladen war; vgl. oben S. 354 f. 348 Anm. 3.

[3] S. 151 f.

[4] In Haldeslef tamen constitutus per internuncios colloquium domni imperatoris expetiit. Imperator itaque exivit ad eum ad locum placiti.

tag, dessen richtigen Namen, Kaina, man nicht kannte, habe ebenfalls in Goslar stattgefunden.

Also hätten wir für das erste, das landrechtliche Stadium des Prozesses die drei Termine: Worms im Januar, Magdeburg Ende Juni, Kaina Anfang August; hier ist die Acht über Heinrich verhängt worden. Wenn Arnold von Lübeck berichtet, hier bereits sei auf Begehren des Kaisers das Urteil gefunden worden, das ihn auch seiner Ämter und Lehen entkleidete, so irrt er eben, indem er nach Kaina verlegt, was erst in Würzburg geschah, wie uns die Urkunde bezeugt. Auch daß nach dem Urteil von Kaina dem Herzog noch ein vierter Termin, eine reine Gnadenfrist auf Bitten der Fürsten gewährt sei, ist ein begreifliches Mißverständnis, wenn man sich vorstellt, daß der Lübecker Abt in Rechtssachen nicht genügend bewandert war. Warum dem Verurteilten nicht sofort seine Ämter und Lehen genommen wurden, hat er nicht verstanden. Daß dies erst später geschah, wußte er, den Rechtsgrund kannte er nicht. Also konstruierte er sich eine Fürbitte der Fürsten und ein gnädiges Zugeständnis des Kaisers. Wir brauchen dieses künstliche Hilfsmittel nicht, um uns zu erklären, warum nicht schon in Kaina neben der Acht auch die Aberkennung der Lehen erfolgte. Ob sie nach strengem Recht hätte erfolgen können, dürfen wir dahingestellt sein lassen. Wenn auch nach dem dreimaligen Ausbleiben die Widerspenstigkeit des Angeklagten als notorisch und erwiesen angenommen werden durfte, so war es doch auf alle Fälle klug, den kürzesten und raschesten Weg hier nicht einzuschlagen, sondern langsamer vorzugehen, indem man wegen der bezeigten Mißachtung ein neues Verfahren mit neuen Ladungen eröffnete und zugleich dem Verurteilten die Möglichkeit einer nachträglichen Unterwerfung, aber auch ebenso die Versuchung zu offener Auflehnung nahebrachte. Gerade wenn man Heinrich juristisch ebenso wie politisch vernichten wollte, war dieser langsamere Umweg der sicherste. Auch wenn die Absicht bestand, den Herzog zu isolieren und, wenn möglich, auch seine Anhänger zum Abfall von ihm zu bewegen, war es zweckmäßig, durch Langsamkeit des Verfahrens Zeit zu gewinnen. Der Kaiser hat also in Kaina nicht sogleich das Urteil wegen Kontumaz und Mißachtung fällen lassen, sondern nur die Anklage darauf erhoben und wahrscheinlich auch ein Weistum erwirkt, daß, wenn einer, dreimal geladen, zu erscheinen hartnäckig verschmähe, er der Mißachtung des Kaisers schuldig und seiner Lehen verlustig sei. Festzustellen, ob hier wirklich eine hartnäckige Mißachtung vorlag, blieb einem neuen Verfahren vorbehalten.

Heinrich vergrößerte aber sogleich den Klagegrund, indem er sich dem Achtspruch nicht unterwarf, sondern den Kampf aufnahm. Bis zum Tage von Kaina hatten die Feindseligkeiten geruht, unmittelbar nach ihm begannen sie aufs neue. Wer sie zuerst wieder eröffnet hat, lassen die ungenauen Angaben der Schriftsteller nicht erkennen. Im August wurden Anhänger Heinrichs mit seinen Gegnern in Westfalen handgemein.[1] Bald darauf ging auch der Herzog selbst in Obersachsen zum Angriff über; seine Truppen verbrannten Halberstadt (23. September).[2] Damit hatte er sich erneuten Unrechts gegen die Fürsten und zugleich der offenen Auflehnung gegen die kaiserliche Staatsgewalt schuldig gemacht, des reatus majestatis und zwar des evidens reatus majestatis. Auf dieser Grundlage wurde im Januar 1180 in Würzburg über ihn das Urteil gesprochen, das wir kennen.

Es ist also nicht ein vierter außerordentlicher Termin, der ihm nach Würzburg gesetzt war, sondern ein letzter Termin in einem neuen Prozeß, in dem sowohl der Kläger wie das angewandte Recht andere waren als im ersten Verfahren. Der Kläger war jetzt der Kaiser selbst, der von Worms bis Kaina noch Richter gewesen war über die Klage der Fürsten gegen den Herzog; und das angewandte Recht war nicht mehr das Landrecht, sondern das Lehnrecht. Daß den geschichtschreibenden Mönchen von damals diese Unterscheidungen nicht geläufig und verständlich waren, werden wir ihnen verzeihen, wenn wir uns klar machen, wie leicht auch wir in unsern Tagen über die Rechtsformen großer Prozesse mit politischem Beigeschmack in Irrtum geraten. Das Klügste war unstreitig, die äußeren Tatsachen ohne Verbindung zu verzeichnen, wie es der vorsichtige Pegauer Annalist tut, der sich auch wohl hütet, den Würzburger Tag als einen vierten Gerichtstermin im gleichen Verfahren zu bezeichnen.

Wie steht es nun mit dem Verlauf des Prozesses in seinem zweiten Stadium? In Kaina, Mitte August, war die Klage anhängig gemacht worden; in Würzburg, Mitte Januar, wurde das Urteil gesprochen. Von dazwischenliegenden Gerichtstagen hören wir nichts; kein Schriftsteller weiß etwas davon, und doch sagt die Gelnhäuser Urkunde, Heinrich sei „legitimo trino edicto ad nostram citatus audientiam". Das ist doch gewiß auffallend, um so mehr als die Zeit für sechs dreiwöchentliche Termine von Mitte August bis Mitte Januar mehr als ausreichend ist. Sollen wir uns denken, daß diese zwei Gerichtstage als reine Formalitäten nebensächlich behandelt und daher vergessen worden seien? Ich glaube doch, die Sache hängt anders zusammen.

---

[1] Ann. Patherbrunn. p. 175. Ann. Stadenses, SS. XVI, 349 (fälschlich zu 1180 statt zu 1179, vgl. Cohn, Gött. Anzeigen 1866, S. 606). Arnold von Lübeck II 11ff. ist für die Chronologie nicht zu brauchen.

[2] Ann. von Pegau, Pöhlde und Magdeburg, SS. XVI, 262f. 95. 194.

Im Lehnsprozeß war eine dreimalige Ladung nicht unerläßlich, die drei Termine konnten zu einem einzigen peremtorischen zusammengezogen werden. Darüber kann gar kein Zweifel bestehen, denn es liegt ein Reichsweistum von 1196 vor, das dieses Recht gegenüber Anzweiflungen ausdrücklich bekräftigt.[1] Nach diesem Recht kann Friedrich schon von Kaina aus einen einzigen Termin von 18 Wochen (und 9 Tagen) erwirkt haben. Der Termin würde gerade in die Weihnachtsfeiertage gefallen sein, an denen als an „gebundenen Tagen" kein Gericht gehalten werden konnte. Man mußte also damit bis in die Woche nach Epiphanias warten, — eben bis zum Datum des Würzburger Reichstags.

Aber die Urkunde mit ihrem „legitimo trino edicto citatus", scheint sie dem nicht zu widersprechen? Nein; sie sagt gar nichts von dreimaliger Ladung im Sinne von Ladung zu drei verschiedenen Terminen. „Edictum" ist nicht gleichbedeutend mit „citatio". Wir haben kein Recht, die Worte als Synonyma anzusehen, weil sie in einer wichtigen Gerichtsurkunde nebeneinander in gleichem Zusammenhang vorkommen. Das „trina citatione vocatus" des landrechtlichen Prozesses bezieht sich zweifellos auf drei verschiedene Ladungen zu drei verschiedenen Terminen, wie das Landrecht sie vorschrieb. Wenn nun die Urkunde an der zweiten Stelle nicht den gleichen Ausdruck braucht, so ist es doch die nächste Annahme, daß sie hier auch nicht die gleiche Sache bezeichnen will. Auch dem reinen Wortsinn nach wäre „edictum" ein recht unpassender Ausdruck für eine Vorladung vor Gericht. „Edictum" ist ein öffentlicher Ausruf, der Beklagte aber konnte nicht durch öffentlichen Ausruf, er mußte durch Boten, vor Zeugen, persönlich oder auf seinem Hof geladen werden.[2] Kurzum, wenn die Forscher bisher das „edictum" für gleichbedeutend mit der „citatio" gehalten haben, so haben sie sich selbst eine Schwierigkeit geschaffen, die im Text der Urkunde gar nicht vorliegt. Das „legitimum trinum edictum" ist in Wirklichkeit nichts anderes als der vorschriftsmäßige Ruf, mit dem der Gerichtsbote im Lehnshof

---

[1] M. G. Constitutiones I, 521: das Hofgericht findet in einem Streit des Erzbischofs von Trier mit seinen Vassallen, quod idem archiepiscopus homines suos super feodo ad XIIII dies tantum per ternam vocacionem vel ad sex septimanas peremptorie teneatur citare. Daß die Fristen für die Hochfreien (nicht Fürsten!) je 6 Wochen betrugen, ergibt sich aus der Analogie mit dem landrechtlichen Verfahren und den Fällen, die Güterbock S. 128f. anführt. Dazu Sachsenspiegel Lehnrecht 65 § 16 am Schluß: Dat irste degeding sal man kündegen deme manne unde anders nen. Vgl. Homeyer II 2, 590.

[2] Sachsenspiegel 65 § 9: N'is aver die man dar to jegenwerde nicht dar man ime degedinget, die herre sal ime den dach kündegen oder sin bode dar't tvene sine man anhoren, ime selven oder in sinen hof dar sin utvart unde sin invart si.

den Beklagten dreimal nacheinander zum Erscheinen aufforderte. Die Zeremonie — die wohl jeder von uns aus Richard Wagners Lohengrin kennt — ist im Sachsenspiegel mit großer Umständlichkeit beschrieben.[1] Auf Beschluß des Gerichts ruft der Bote in Gegenwart zweier Zeugen an der Grenze des Hofes, an dem das Gericht tagt: ich lade vor meinen Herrn den N. zum ersten, zum zweiten, zum dritten Mal wegen sotaner Anschuldigung, derenthalb ihm hierher Gerichtstag gesetzt ist! Erfolgt keine Antwort, so wird beschlossen, daß man den Ruf zum zweitenmal, und danach zum drittenmal tun solle. Das ist der Vorgang, an den wir bei dem „legitimum trinum edictum" unserer Urkunde zu denken haben.

Die Urkunde spricht also keineswegs von einer dreimaligen Vorladung zu drei verschiedenen Terminen. Das wäre auch schon darum auffällig, weil bei Klage nach Lehnrecht nur der erste Termin dem Beklagten angezeigt zu werden brauchte, nicht aber die folgenden; die konnte er sich selbst ausrechnen.[2] Mithin ist die Urkunde hier ganz im Einklang mit den Schriftstellern, die zwischen den Tagen von Kaina und Würzburg von keinem Gerichtstermin etwas wissen.

Eine Frage haben wir noch nicht erörtert: welche Tragweite hatten die Urteile von Kaina und Würzburg? Man hat darüber gestritten, ob hier einfache Acht, Verfestung, oder Oberacht, Erklärung der Ehr- und Rechtlosigkeit, des bürgerlichen Todes, gemeint sei.[3] Halten wir uns auch hier an den Wortlaut der Urkunde, so kann von der Oberacht schlechterdings nicht die Rede sein. „Proscriptio nostra" ist die Reichsacht, die von der Ehr- und Rechtlosigkeit in den Gesetzen Friedrichs I. aus dieser Zeit ganz deutlich unterschieden wird.[4] Mit der einfachen Verfestung freilich darf man sie ebensowenig gleichsetzen. Begrifflich sind zwar beide dasselbe, aber die Tragweite ist verschieden. Die Reichsacht ist mehr als die Verfestung, die ein örtlicher Gerichtsherr verhängt. Diese hat Rechtskraft zunächst nur innerhalb der Grenzen des Gerichtsbezirks, wo das Urteil gesprochen ist; die Reichsacht da-

[1] Lehnrecht 65 § 15. 16. — Du Cange s. v. ‚edictum' führt aus den Consuetudines Tolosanae die Stelle an: Si vero non comparuerit accusatus, debet tubicinari per civitatem et burgum Tolosae tribus edictis vel tubicinationibus.

[2] Vgl. oben S. 411, Anm. 1.

[3] Vgl. Güterbock S. 77ff.

[4] Im Landfrieden von 1179 § 10 und im Gesetz gegen die Brandstifter 1186 § 10. Constitutiones I, 382. 450. Vgl. Güterbock S. 78. Poetsch, Die Reichsacht (1911) S. 45.

gegen gilt sofort für das ganze Reich, da durch sie der Verurteilte „omnibus persequendus proscribitur", allen zur Verfolgung preisgegeben wird, wie in unserm Falle die Erfurter Annalen sagen.[1] Dies war es, was gegen Heinrich in Kaina ausgesprochen wurde: eine Aufforderung an jedermann, ihn zu fangen. Darum hören wir auch, daß seine Gegner sofort nachher den Krieg gegen ihn eröffneten; sie ließen sich das nicht zweimal gesagt sein! Ihr Krieg gegen den Herzog, bis dahin eine Fehde, in der Recht und Unrecht zweifelhaft sein konnte, wurde jetzt zu einem zweifellosen Recht, ja zur Pflicht gegen Kaiser und Reich. Als Heinrich sich dagegen nicht nur wehrte, sondern dem Angriff selbst durch einen Überfall auf Halberstadt, Verbrennung der Stadt und Gefangennahme des Bischofs zuvorkam (23. September 1179), machte er sich des Widerstands gegen Kaiser und Reich schuldig, wurde er „reus majestatis".[2] So behauptet denn auch kein Schriftsteller, Heinrich sei schon in Kaina seiner Eigengüter beraubt worden, was die Folge der Ehr- und Rechtlosigkeit gewesen wäre.

Dagegen sind die meisten darin einig, daß die Strafe der vollständigen Enteignung in Würzburg verhängt worden sei.[3] Die Urkunde gibt dafür keinen Anhaltspunkt, und man tut wohl am besten, ihr auch hierin zu folgen. Wie leicht könnte bei den Schriftstellern eine Verwechslung oder Übertreibung vorliegen, wie leicht sich ein Anachronismus eingeschlichen haben, indem man auf den Reichstag von Würzburg, wo die Lehnsentziehung erfolgte, auch die weiteren Folgen zurückdatierte, die in Wirklichkeit erst später rechtskräftig wurden! Der Satz, daß die Ehr- und Rechtlosigkeit erst eintrat, wenn der Verurteilte Jahr und Tag in der Acht verharrte, ohne sich zu unterwerfen, ist schon in einem Gesetz Friedrichs I. von 1179 aufgestellt.[4] Jahr und

---

[1] Monum. Erphesfurtensia ed. Holder-Egger, p. 64. Sachsenspiegel Landrecht III, 24. Vgl. v. Künßberg, Acht (1910) S. 12. Poetsch S. 30.

[2] Ich verstehe nicht, wie Güterbock S. 168 diesen Krieg „nichts weiter als eine notgedrungene Abwehr der Fürsten gegen einen von den herzoglichen Truppen unternommenen Angriff" nennen kann. War etwa der Einfall Philipps von Köln und des Landgrafen von Thüringen in Obersachsen (vgl. oben S. 410 A. 2) eine „notgedrungene Abwehr"? Hier hat Güterbock gegenüber Weiland und Schäfer vollkommen Unrecht, und Schäfers Satz „die Heerfahrt war die Exekution der Acht" möchte höchstens dahin zu verbessern sein, daß die Heerfahrt gegen Heinrich durch die Acht legitimiert war. — Eine fortlaufende Auseinandersetzung mit Güterbock wird man hier von mir nicht erwarten. Da er den gesamten Prozeßverlauf unrichtig darstellt, können auch seine Schlüsse nicht richtig ausfallen.

[3] Vgl. die Zusammenstellung bei Güterbock S. 82f. Sein Verfahren bei der Kritik der einzelnen Stellen kann ich nicht immer unterschreiben; doch kommt darauf weniger an, da wir in der Hauptsache einig sind.

[4] Si vero proscripti in proscriptione imperatoris per annum et diem fuerint, exleges erunt. Güterbocks Exkurs S. 203ff. über die Bedeutung von „Jahr und

Tag aber waren für Heinrich erst im August 1181 abgelaufen. Immerhin, es ließe sich denken, daß man in diesem Falle mit Fug von dieser Bestimmung abgewichen wäre. Das Recht dazu würde in der Verurteilung wegen reatus majestatis liegen. Es wäre nichts Befremdliches, wenn man in solchen Fällen die Jahresfrist nicht als gültig anerkannt hätte. Dafür würde auch sprechen, daß Friedrich schon am 13. April 1180 über das Herzogtum Sachsen und im Juni über Baiern verfügt hat, ohne Rücksicht auf den Rechtssatz, der den Lehnsherrn verpflichtete, das eingezogene Lehen ein Jahr lang nicht zu nutzen und dem Verurteilten die Möglichkeit zu geben, es innerhalb dieser Frist „auszuziehen", d. h. durch Bußeleisten wieder zu erwerben.[1] Wenn der Kaiser sich über diese Bestimmung hinwegsetzen durfte, so würde das beweisen, daß hier eine Schuld vorlag, der gegenüber alle mildernden Gewohnheiten und Bräuche hinwegfielen, und das wäre eben der reatus majestatis, der Widerstand gegen die Regierungsgewalt des Kaisers.

Heinrichs Prozeß ist nicht das einzige Beispiel hierfür. Ein zweites bietet der schon früher wiederholt erwähnte Prozeß gegen den Grafen Wilhelm von Genf im Jahre 1186. Der Graf war, wie wir oben sahen, im März 1186 auf die Klage des Bischofs von Genf wegen Dingflucht zu Schadenersatz und Strafe verurteilt und mit der Reichsacht belegt worden. In der Urkunde vom 6. März, die das Urteil bekannt macht, heißt er Graf von Genf, comes Gebennensis, also hat eine Aberkennung der Grafschaft damals nicht stattgefunden. Aber noch ist kein halbes Jahr verflossen, da begegnet er uns in einer andern Urkunde des Kaisers als seiner Grafschaft entkleidet, „quondam dictus comes Gebennensis"[2]. Hier wird dem Bischof ausdrücklich gestattet, die Lehen, die

---

Tag" leidet daran, daß die, wie mir scheint, treffendste Erklärung bei Heusler, Institutionen I, 57 f. übersehen ist.

[1] Sachsenspiegel Lehnrecht 65 § 21. Die Annahme, die Übertragung der beiden Herzogtümer an andere Fürsten sei noch nicht als endgültig rechtskräftig angesehen worden, nur gleichsam eine Anwartschaft für den sicher vorausgesehenen Fall, daß Heinrich sich binnen Jahresfrist nicht unterwerfe, wäre doch nur in der Theorie denkbar, nicht im wirklichen Leben und vor allem nicht in der Politik. Zudem sagt die Urkunde ausdrücklich, Philipp von Köln sei in Gelnhausen bereits investiert worden, und Otto von Wittelsbach empfing die Belehnung mit Baiern im August oder September 1180, nach dem Zeugnis der Pegauer Annalen.

[2] Stumpf n° 4466 vom 27. August 1186. Spon, Hist. de Genève (1730 in 4°) II, 44. (Warum fehlt diese sowohl wie die andere Urkunde vom selben Tage, St. n° 4467, in den Constitutiones?) — Bernheim, Göttinger Gelehrte Anzeigen 1909, S. 757, dem ich im übrigen zustimme, hält diesen Erlaß für eine Folge der inzwischen verhängten Oberacht. Das kann aber nicht richtig sein. Die Urkunde sagt nichts davon, und Aberkennung eines Reichslehens, hier der Grafschaft, deutet noch keines-

er ihm nach dem ersten Spruche genommen, ohne jeden Aufschub — „absque omni dissimulatione" — andern zu verleihen. Der Grund für beides, die Einziehung der Grafschaft und die sofortige Weitergabe der aberkannten Kirchenlehen, kann auch hier nach den Worten der Urkunde nur im fortgesetzten (erneuten) Unrecht gegen den Kläger und der darin liegenden Auflehnung gegen die kaiserliche Richtergewalt gesehen werden: „pro sceleribus et excessibus suis, quos in Gebennensem ecclesiam exercuit et exercere non desinit".[1]

Nach den gleichen Grundsätzen könnte auch gegenüber Heinrich dem Löwen verfahren worden sein. Nach den gleichen Grundsätzen aber hätte man auch vor Ablauf der Verjährungsfrist die letzten Folgen der Acht, den Verlust des Eigenguts als eingetreten ansehen können. Daß dies in Würzburg auch förmlich durch Spruch erklärt worden sei, wird man indes bei dem Schweigen der Urkunde nicht gut annehmen dürfen. Überhaupt scheint es mir aussichtslos, nach dem Tage zu suchen, auf dem über Heinrich die „Oberacht verhängt" worden wäre. Die Strafe der Ehr- und Rechtlosigkeit wird als Folge der Acht über-

---

wegs auf völlige Rechtlosigkeit, nur darauf, daß der Verurteilte wegen fortgesetzten Delikts nun auch dem Kaiser gegenüber zum Verbrecher geworden ist und deswegen auch seine Reichslehen verloren hat. Wäre er wirklich der Oberacht verfallen gewesen, so wäre auch seine Wiederherstellung nicht so leicht vor sich gegangen. Schon nach etwa fünfviertel Jahren (die Urkunde hat als Datum nur das Jahr 1186, doch muß sie dem Ende des Jahres 1187 angehören, da sie von der jüngst erfolgten Eroberung Jerusalems durch die Ungläubigen [2. Oktober 1187] spricht) erfolgte seine Aussöhnung mit dem Bischof durch einen Schiedsspruch des Erzbischofs von Vienne. Spon II, 46ff.

[1] Eine bedeutend einfachere Erklärung gäbe es, wenn wir annehmen dürften, der Graf von Genf sei überhaupt nicht reichsunmittelbar, sondern Lehnsgraf des Bischofs gewesen. Auffällig ist es in der Tat, daß in keiner der Urkunden erwähnt wird, der Kaiser habe ihm seine Reichslehen, insbesondere die Grafschaft, genommen, wie man gegenüber einem geächteten Reichsfeind (‚proscriptum banno subjecimus', ‚manifestum hostem imperii'), erwarten sollte. Dagegen wäre das Schweigen natürlich und auch die mühelose Wiederherstellung nicht mehr auffällig, wenn der Graf gar keine Reichslehen besaß und auch seine Grafschaft vom Bischof zu Lehen trug. Dies war denn auch die Ansicht der älteren Genfer Geschichtschreiber. Sie ist aufgegeben seit Hisely, Les comtes de Genevois et de Vaud (Mémoires de l'Institut Genevois II, 1854); vgl. Régeste Genevois (1866) p. 155. Danach gilt es als ausgemacht, daß der Graf erst 1219 seine Grafschaft vom Bischof zu Lehen genommen hat, worüber die Urkunde vorliegt (Spon II, 53), während er bis dahin reichsunmittelbar gewesen wäre. Ich muß allerdings bekennen, daß meine Zweifel an der Richtigkeit dieser Annahme bei wiederholtem Studium der Urkunden nur gestiegen sind, und daß mir die herzlich unkritische Abhandlung von Hisely jedenfalls sehr der Nachprüfung zu bedürfen scheint. Hierfür jedoch ist mir das Quellenmaterial zu wenig zugänglich. Vielleicht fühlt sich ein Forscher, der den Dingen näher steht, bewogen, die Frage nochmals zu untersuchen.

haupt nicht verhängt, sie tritt von selbst ein. So sagt schon der Landfriede von 1179: „Si vero proscripti in proscriptione imperatoris per annum et diem fuerint, exleges erunt", nicht etwa „exleges declarentur".[1]

Ich verzichte darauf, alle rechtsgeschichtlichen Fragen zu erörtern, die sich an dieses Thema anknüpfen. Solange das Strafrecht der deutschen Kaiserzeit noch eine Wissenschaft der Zukunft ist, wird man von einem, der nicht Jurist von Fach ist, hierin nicht zu viel verlangen dürfen.[2] Nur auf zwei Punkte kann ich mir das Eingehen nicht versagen.

Der erste betrifft den wiederholten Spruch über Heinrich, der zu Regensburg im Juni 1180 gefällt sein soll. Davon berichten, nicht ganz übereinstimmend, aber doch ohne einander zu widersprechen, zwei Annalisten, die man nicht zu den schlechtesten rechnen darf, der uns schon bekannte Pegauer Mönch und Propst Magnus von Reichersberg. Nach dem zweiten sieht es so aus, als wäre eigentlich erst hier in Regensburg der Prozeß gegen Heinrich anhängig gemacht, verhandelt und der Beklagte zur Absetzung verurteilt worden.[3] Nach den Pegauer Annalen hätten die Fürsten einen Spruch gefällt auf Entziehung des Herzogtums Baiern, aller Eigengüter und Lehen,[4] also im Grunde dasselbe, was der gleiche Annalist schon vom Würzburger Tage berichtet hatte, nur daß er jetzt das Herzogtum Baiern ausdrücklich nennt.

Die Erklärung dieser Berichte hat immer Schwierigkeiten gemacht,

[1] Anders natürlich, wenn die Oberacht ohne vorausgehende Ächtung eintreten soll, wie z. B. in dem Falle des Sachsenspiegels Landrecht III 34 § 3.

[2] Mit gründlicher Enttäuschung legt man die Arbeiten von John, Das Strafrecht in Norddeutschland zur Zeit der Rechtsbücher (1858) und Friese, Das Strafrecht des Sachsenspiegels (1910) wieder bei Seite. Mein verehrter Kollege Arthur B. Schmidt, dem ich für manchen nützlichen Beirat an dieser Stelle zu danken gern Gelegenheit nehme, konnte mir nur bestätigen, daß die Fachliteratur hier eine große Lücke aufweist.

[3] M. G. SS. XVII, 506: Anno 1180 imperator curiam celebravit Ratispone 3. kal. Julii, cui etiam interfuerunt tres cardinales legati domni apostolici. Ibi in presentia curiae imperator publice questus est de duce Bawariae et Saxoniae domno Heinrico cognato suo, quod videlicet iam multo tempore et regni et vitae ipsius imperatoris insidiator fuerit. Principes quoque Saxoniae multas graves querimonias adversus eundem ducem ibi deposuerunt. Tunc ex communi sententia principum adiudicatum est eum debere removeri, quandoquidem ad iustam responsionem vocatus non venerit. Itaque post finitam curiam palatinus comes domnus Otto senior ducatum Bawariae de manu imperatoris suscepit.

[4] Imperator Fridericus in natali S. Johannis bapt. curiam Ratisponae habuit, ubi ducem Heinricum ex sententia principum ducatu Bauwariae et hereditate et beneficiis privavit.

und die versuchten Auskünfte kann man nicht gerade befriedigend nennen.[1] Daß in Regensburg eine zweite Verurteilung in besonderer Rücksicht auf Heinrichs bairische Güter und Lehen stattgefunden habe, wie Weiland und Giesebrecht annahmen, kann man ebensowenig gelten lassen, wie daß es sich nur um eine bloße Verkündigung des früheren Spruches gehandelt habe. Sprüche des Hofgerichts bedurften weder einer erneuten Verkündigung noch einer Wiederholung, um für einzelne Gebiete des Reiches Geltung zu haben. Das hat Güterbock völlig befriedigend ausgeführt.[2] Aber seine eigene Erklärung ist darum nicht besser. Er meint, in Regensburg sei die Oberacht verhängt worden, die in diesem Falle die Entziehung der Eigengüter zu dem früher schon verhängten Lehnsverlust hinzufügte. Das habe erst in Regensburg geschehen können, weil — nach Güterbock — erst damals, im Juni 1180, ein Jahr seit der Ächtung Heinrichs verflossen war.

Abgesehen davon, daß, wie ich schon einmal bemerkte, die Oberacht als Folge der einfachen Acht überhaupt nicht ausdrücklich verhängt wird, am wenigsten ex sententia principum, sondern von selbst eintritt:[3] Güterbocks Erklärung verliert ihren Boden mit dem Nachweis, daß seine Darstellung vom Verlaufe des Prozesses falsch ist; daß Heinrich nicht, wie er meint, im Juni 1179 in Magdeburg, sondern erst im August in Kaina geächtet worden ist, daß also bis zum Regensburger Reichstag[4] noch gar nicht ein Jahr verflossen war. Güterbock hat seine Erklärung auch nicht aus den Quellen selbst gewonnen, sondern aus der Theorie konstruiert. Die Quellen sagen nichts davon. Magnus von Reichersberg kann dafür nicht angeführt werden, da er von Verlust des Eigenguts gar nicht spricht. Die Pegauer Annalen aber müssen etwas gewaltsam behandelt werden, um die ge-

---

[1] Vgl. Güterbock S. 179f.

[2] Ganz aus der Luft gegriffen, ja eigentlich widersinnig ist die Behauptung Weilands, Forschungen VII, 185, daß eine förmliche (gerichtliche) Entkleidung des Herzogtums nur für Baiern nötig gewesen sei, „wegen der eigentümlichen Verfassung dieses Herzogtums, welche dem Herzoge weit umfassendere Befugnisse ... einräumte“. Als ob die Rechtskraft eines den Besitz absprechenden Urteils davon abhinge, welchen Wert das Objekt des Besitzes hat! Was sollte überdies die zu Regensburg erfolgte Entkleidung für einen Rechtssinn haben, nachdem Heinrich doch schon in Würzburg alle Lehen aberkannt worden waren? Nennt ihn doch schon die Gelnhäuser Urkunde nur noch ‚Heinricus quondam Bawarie dux‘. Da kann ich nur mit Weilands eigenen Worten sagen (S. 186 A. 3): „als ob H. zu Würzburg zum Scherz entsetzt worden wäre!“

[3] Oben S. 415.

[4] Die Bezeichnung „Reichstag“ bedarf wohl keiner Verteidigung gegenüber Giesebrecht V, 925, der von einem bairischen „Landtag“ spricht. Seit wann ist eine curia, die der Kaiser in Person abhält, ein Landtag?

wünschte Aussage zu machen. Man beachte vor allem: der Annalist berichtet hier gerade so wie zum Reichstag von Würzburg von Aberkennung der Lehen und Eigengüter. Güterbock findet, die Erwähnung der Eigengüter sei beim Würzburger Tag eine irrtümliche Wiederholung,[1] beim Regensburger dagegen läßt er sie gelten. Warum nicht umgekehrt? Im allgemeinen pflegt man doch die zweite Stelle und nicht die erste für Wiederholung zu halten.[2] So ist es auch hier: der Bericht über den Reichstag von Regensburg in den Pegauer Annalen ist eine offenkundige Wiederholung dessen, was über den Würzburger Tag gesagt war. Hier wie dort ist nämlich von Entziehung von Eigen und Lehen die Rede. Wir wissen aus der Urkunde, daß die Entziehung der Lehen in Würzburg erfolgte. Wenn der Annalist sie zu Regensburg nochmals berichtet, so wiederholt er sich eben; und genau so wiederholt er sich mit der Angabe von der Entziehung der Eigengüter.[3] Mußten wir diese Angabe schon zum Reichstag von Würzburg mit größerer Wahrscheinlichkeit für eine Übertreibung oder einen Anachronismus halten, so werden wir das erst recht beim Reichstag von Regensburg tun dürfen. Denn dort standen dem Annalisten alle anderen Geschichtschreiber als Eideshelfer zur Seite, hier steht er ganz allein, und die gewöhnlichen Rechtssätze sprechen in beiden Fällen gegen ihn.

Ich glaube nach allem, was wir wissen, daß man die beiden Berichte über den wiederholten Spruch von Regensburg nicht so ernst nehmen darf, wie bisher geschehen ist. Ja, wenn sie urkundlichen Charakter hätten! Aber eben dies scheint mir der Unstern früherer Forscher gewesen zu sein, daß sie bei Schriftstellern und Urkundenzeugnissen die gleiche exegetische Methode angewandt haben. Man wird, nach allen bisher gemachten Erfahrungen, von vornherein mit der Annahme rechnen dürfen, daß die Geschichtschreiber in der Wiedergabe gerichtlicher Vorgänge nur selten ganz genau sind, und daß folglich auch unsere beiden Zeugnisse über den Regensburger Reichstag keinen Anspruch auf aktenmäßige Authentizität haben. Vom Reichersberger Chronisten hat schon Weiland richtig gesagt, daß er auf die Regensburger Verhandlungen alles Frühere zusammenziehe.[4] Seine Erzählung darf also nicht wörtlich genommen werden. Auch der

---

[1] S. 85f.

[2] Güterbocks Gegengründe sind mehr als spitzfindig, insbesondere ist seine Behauptung, der Pegauer Annalist kopiere hier den Magdeburger, nichts weniger als erwiesen. Doch das ist ja alles nebensächlich.

[3] Nach Güterbock hätte er die Lehnsentziehung das zweitemal, die Eigentumsentziehung das erstemal „wiederholt". Kann man wohl künstlicher kritisieren?

[4] Forschungen VII, 185.

Pegauer Annalist muß sich in einem Irrtum befinden, und es handelt sich nur darum, diesen Irrtum zu erklären. Dazu bedarf es aber keiner besonderen Künste.

Eins nämlich kann als Tatsache gelten: daß in Regensburg die Aufteilung des Herzogtums Baiern stattfand. Die Gleichheit des Rechtsfalles erlaubt die Annahme, daß diese Maßregel ebenso wie die Aufteilung Sachsens gemäß einem Spruche der Fürsten erfolgte, „ex sententia principum", wie ja die Gelnhäuser Urkunde ausdrücklich sagt. Ebenso, daß man dabei zu ihrer Begründung den Prozeß gegen Heinrich rekapituliert hat. Ob dies seinen Ausdruck ebenso wie in Gelnhausen in einer Urkunde gefunden, ist nicht wesentlich;[1] in der mündlichen Verhandlung ist es sicher geschehen, und wenn man sich diese in den umständlichen Formen wiederholter Frage und Antwort und Feststellung jeder Einzelheit durch Zeugenaufruf vorstellt, wie sie dem altdeutschen Rechtsverfahren eigen sind, so konnte ein nicht Eingeweihter leicht den Eindruck einer förmlichen Gerichtsverhandlung erhalten. Die Täuschung, der die Annalisten von Reichersberg und von Pegau oder ihre Gewährsmänner zum Opfer gefallen sind, ist also nur begreiflich.[2] Eine Gerichtsverhandlung hat in Regensburg nicht stattgefunden, aber die Verhandlungen, die dort zur Aufteilung des Herzogtums Baiern führten, müssen einer Gerichtssitzung und einer Wiederholung des ganzen schon in Würzburg abgeschlossenen Prozesses sehr ähnlich gewesen sein.

Es gab allerdings einen triftigen Grund, den Fall des Herzogs auf dem Reichstag in Regensburg mit gerichtsmäßiger Umständlichkeit vorzuführen. Er hatte sich bis dahin ausschließlich in Franken und Sachsen abgespielt, fränkische und sächsische Fürsten und Herren hatten dabei die Umgebung des Kaisers gebildet, nur einmal läßt sich ein Baier als anwesend nachweisen.[3] Da war es von selbst geboten, den Prozeß auf einem Reichstag in Baiern ausführlich zu rekapitulieren, wenn als seine Folge ein Spruch gefällt werden sollte, der das Herzogtum Baiern betraf. Nicht als ob die Baiern den Anspruch hätten erheben können, daß das früher gefällte Urteil ihnen gleichsam zur Bestätigung vorgelegt werde. Aber wenn auf Grund dieses Urteils ein Beschluß gefaßt werden sollte, der das Schicksal Baierns bestimmte,

---

[1] Ich halte zum mindesten für sehr möglich, daß nur der Erzbischof von Köln als Geistlicher sich eine Urkunde über die Verleihung hat ausstellen lassen.

[2] Wie der Mönch im osterländischen Kloster dazu kam, diese bairische Maßregel aufzuzeichnen, läßt sich leicht erkennen. Die Belehnung Ottos von Wittelsbach fand nämlich in seiner nächsten Nachbarschaft statt, in Altenburg.

[3] Auf dem Tag zu Kaina war der Markgraf von Istrien zugegen. Dobenecker, Regesta hist. Thuringiae II no. 555.

so verstand sich von selbst, daß zuvor das Urteil und was ihm vorausgegangen war mit aller Vollständigkeit und überzeugenden Beweiskraft öffentlich auch in Baiern bekannt gemacht wurde, so daß man sich dort von der Rechtmäßigkeit des Geschehenen überzeugen konnte.

Das führt uns auf den zweiten Punkt, dessen Erörterung noch vorbehalten war: die Zusammensetzung des Gerichts über Heinrich den Löwen. Die Urkunde von Gelnhausen betont ausdrücklich, Heinrich sei geächtet worden nach dem Spruche „principum et sue conditionis Suevorum“, — Worte, über deren Sinn man verschiedener Meinung ist. Ist hier die Rede von Fürsten und schwäbischen Standesgenossen,[1] d. h. nichtfürstlichen Hochfreien, oder von schwäbischen Fürsten und Standesgenossen, oder gar von Fürsten, auch solchen seines Stammes, nämlich Schwaben?[2]

Von diesen drei Deutungen hat die zweite nie einen Vertreter gehabt, da es festzustehen scheint, daß in der in Betracht kommenden Zeit (Sommer 1179) gerade die schwäbischen Fürsten in der Umgebung des Kaisers fehlen. Auch die dritte Deutung ist nicht schwer zu beseitigen: von Fürsten und Stammesgenossen darf man hier unter keinen Umständen sprechen, weil „conditio“ nun einmal nicht die Stammeszugehörigkeit, Rasse bezeichnet — das wäre gens, origo, natio —, sondern den Geburtsstand (ordo).[3] Das sollte eigentlich nicht mehr erörtert werden. Man spricht im Mittelalter nur von libera, servilis conditio, niemals von conditio Alemanica, Suevica, Saxonica oder ähnlichem. Dem lateinischen Wort würde das auch widersprechen, das die Bedingtheit der Stellung im Leben und unter den

---

[1] So Waitz, Forschungen X, 154.

[2] Weiland, Forschungen VII, 175: „den Fürsten, selbst denen seiner Herkunft, den schwäbischen“. Auch Scheffer-Boichorst, Zur Geschichte des 12. und 13. Jahrhunderts S. 201. — Vgl. Güterbock S. 71f.

[3] Güterbock S. 71f. schreibt: conditio bedeute zwar gewöhnlich den Stand, aber das andere sei auch nicht unmöglich. Läßt sich aber eine einzige Stelle nachweisen, wo das Wort offenkundig die Bedeutung von Herkunft, Stamm hat? Das Gegenteil tritt klar hervor an drei Stellen, die ich bei Franklin, Sententiae curiae regiae p. 94. 99 und 121 zitiert fand. An der ersten wird (1243) gesagt, jeder Lehnsträger einer Kirche solle das Recht haben, sein Lehen zu erstreiten cum infeodatis ecclesie qui sue conditionis fuerint et non aliis. Constitutiones, II, 448. Daß hier von Stammesgenossen die Rede sei, wird niemand behaupten. Noch weniger an der zweiten. 1192 wird gefunden, kein Dienstmann einer Kirche dürfe sein Dienstlehen filio suo, qui sue non est conditionis abtreten. Constit. I, 501. Dagegen erzählt 1150 König Konrad III. von einem Geistlichen, der im Hofgericht judicio gentis sue freigesprochen sei. Jaffé, Bibliotheca I, 359. Ganz unzweideutig sind die Worte in dem Gesetz K. Rudolfs von 1282: superiorum aut inferiorum condicionum. M. G. Constitutiones III, 300.

Menschen ausdrücken will. Aber selbst wenn conditio „Stamm" heißen könnte, so wäre es doch mehr als überflüssig, ausdrücklich zu betonen, daß die Stammesgenossen Heinrichs Schwaben gewesen seien. Das wußte damals wohl jedermann, der am öffentlichen Leben teilnahm, daß Heinrich der Löwe von Geburt Schwabe, weil dem welfischen Geschlecht entsprossen war, das aus Schwaben stammte und sein Handmal noch damals in Schwaben besaß.[1]

Also nur um Standesgenossen Heinrichs kann es sich handeln. Wer sind sie? Güterbock hat viel Mühe darauf verwandt zu zeigen, daß unter Standesgenossen, die über einen Fürsten richten, nur wiederum Fürsten zu verstehen sein können.[2] Aber ich kann nicht finden, daß ihm der Beweis gelungen ist.[3] Anstatt seinem Gange zu folgen, suchen wir auch hier wie früher zunächst grammatisch festzustellen,

[1] In einem Buche, das von Heinrich dem Löwen handelt, erwartet man eigentlich nicht zu lesen, was Güterbock S. 110 schreibt: „Das Geschlecht der Welfen stammte aus Baiern; trotzdem galten die Welfen ... als Schwaben, weil sie in Schwaben den Stammsitz Altdorf oder Ravensburg hatten." Abgesehen davon, daß ein Geschlecht doch unmöglich aus Baiern stammen kann, wenn es seinen „Stammsitz" in Schwaben hat, — wie kann man heute noch schreiben, die Welfen seien Baiern gewesen?

[2] S. 191 ff. (Exkurs I).

[3] In einem Aufsatz „Die Neubildung des Reichsfürstenstandes und der Prozeß Heinrichs des Löwen" (Hist. Aufsätze Karl Zeumer dargebracht 1910) hat er einen teilweisen Rückzug angetreten (S. 584 ff.). Er meint zwar nach wie vor, ein Fürst habe nur durch Fürsten gerichtet werden können, doch habe man, da im Juni 1179 in Magdeburg keine schwäbischen Fürsten im neuen Sinne zugegen waren, sich dadurch geholfen, daß man ihrer zwei (oder mehr; nur zwei seien nachweisbar) als Richter über Heinrich mittun ließ, die nur im alten Sinne Fürsten waren, den Grafen von Veringen und den Abt von Schaffhausen. Diese seien in der Urkunde gemeint mit den Worten ‚sue conditionis Suevorum'. Fürsten waren auch sie, und insofern Standesgenossen des Herzogs, aber nur in dem früher üblichen Sinne, nicht in dem Sinne, der sich eben in dem gleichen Augenblick durchsetzt, für den gerade der Prozeß Heinrichs des Löwen nach Güterbock die Geburtsstunde bildet, und der auch ein paar Zeilen später in derselben Urkunde schon auftritt, nämlich in den Worten ‚per unanimem principum sententiam'. Danach würde das Reichshofgericht im Juni 1179 mit einem doppelten Fürstenbegriff gerechnet haben (S. 588): ‚es existierte schon die neue Auffassung des Fürstenbegriffs; aber daneben hatte die alte Auffassung in begrenztem Maße ihre Geltung bewahrt'. Mit andern Worten: die neben den Fürsten genannten schwäbischen Standesgenossen sollen keine Fürsten gewesen sein und doch wieder Fürsten. Das scheint mir nicht diskutierbar. Ich halte es für ausgeschlossen, daß Hofgericht und Kanzlei 1179/80 sich auf solche begriffliche Taschenspielerkünste eingelassen haben. Überdies ruht Güterbocks ganzes Gebäude auf der Meinung, die Acht sei in Magdeburg Ende Juni 1179 verhängt worden. Es verliert seinen Boden durch den Nachweis, daß dies in Kaina im August geschah. Für diesen Tag ist aber nicht einmal die Anwesenheit eines schwäbischen Grafen nachweisbar.

was die Worte „principum et suae conditionis Suevorum“ in der Gelnhäuser Urkunde bedeuten. Es wird doch wohl möglich sein, sie auch ohne Zuhilfenahme allgemeiner Theorien grammatisch richtig zu übersetzen.

Eine Möglichkeit, die durch die Stellung der Worte nahegelegt werden könnte, dürfen wir von vornherein ausschalten: daß sich das „Suevorum“ adjektivisch auf das „suae conditionis“ und zugleich auf das „principum“ beziehe, so daß man übersetzen dürfte „schwäbische Fürsten und Standesgenossen“. Das wäre grammatisch unmöglich. Denn einem Adjektiv „Suevorum“ würde bei dem „suae conditionis“ das Hauptwort fehlen, an das es sich anschließen könnte wie vorher an das „principum“. Wäre dergleichen beabsichtigt, so müßten die Worte lauten: „principum et suae conditionis hominum Suevorum“.[1] Somit ist „Suevorum“ unbedingt substantivisch zu fassen und kann sich folglich auch nicht auf „principum“ beziehen, das selbst Substantiv ist; es gehört nur mit „suae conditionis“ zusammen. Es soll gesagt werden, Heinrich sei verurteilt worden von Fürsten und schwäbischen Standesgenossen. Die Frage kann nur sein, wer mit den „Standesgenossen“ gemeint ist. Güterbock sieht in den Standesgenossen wiederum nur Fürsten und umschreibt die Worte demgemäß: der „Fürsten, unter denen sich auch Schwaben befanden“.[2] Ähnlich hatte schon Weiland gesprochen von „den Fürsten, selbst denen seiner Herkunft“. Diese Umschreibungen sind offenkundig falsch, denn ein einfaches „et“ in einer Urkunde heißt nun einmal nicht „und auch“, „sogar“, sondern nur „und“. Jenes ist ganz ausgeschlossen, weil es gegen den Urkundenstil wäre. Hätte der Diktator der Urkunde sagen wollen, was ihn Weiland und Güterbock sagen lassen möchten, so hätte er schreiben müssen: „principum etiam suae conditionis Suevorum“ oder „principum suae quoque cond. Suev.“ oder „principum et quidem suae cond. Suev.“ Da er von all dem nichts geschrieben hat, so hat er dergleichen auch nicht sagen wollen, und wir dürfen sein „et“ nur mit einfachem „und“ wiedergeben.[3] Wenn dem so ist, kann der Verfasser der Urkunde

[1] Die Unmöglichkeit leuchtet sofort ein, wenn man die Glieder umstellt: ‚suae conditionis et principes Suevi‘ wäre unsagbar.

[2] S. 72. Die Übersetzung S. 73 „der Fürsten wie der Schwaben seines Standes“ ist grammatisch richtig, gibt aber G.'s eigene Deutung noch nicht wieder.

[3] Da es eine lateinische Philologie des Mittelalters noch nicht gibt, so muß man leider den Gemeinplatz bisweilen wiederholen, daß Urkunden ihren eigenen Stil haben, und daß es ein methodischer Schnitzer ist, mit Parallelstellen aus Cicero, Caesar, Cornelius Nepos u. a. und Zitaten aus einer noch so trefflichen Syntax des (antiken) Latein die zweifelhafte Interpretation einer Urkunde des 12. Jahrhunderts

das nicht gemeint haben, was Weiland und Güterbock finden. Nach diesen sollen „principum" und „suae conditionis" synonyme Ausdrücke sein,[1] die sachlich ganz dasselbe bedeuten, „Fürsten" hier wie dort. Da drängt sich denn die Frage auf, was den Diktator bewogen haben könnte, die Fürsten das eine Mal offen zu nennen, das zweite Mal vorsichtig zu umschreiben. Hat er etwa für nötig gehalten, hervorzuheben, die schwäbischen Fürsten seien Standesgenossen eines Herzogs? Aber auch abgesehen hiervon ist Güterbocks Auffassung unhaltbar, sobald man der Stelle grammatisch zu Leibe geht. Dem Sinne nach stände an ihr, wenn Güterbock Recht hätte, nichts anderes als „principum et principum Suevorum": „von Fürsten und schwäbischen Fürsten". Daß dies absurd ist, leuchtet ein.[2]

Nur wenn man eine bestimmte Theorie in den Worten der Urkunde wiederfinden zu müssen glaubt, kann man auf solche Abwege geraten. Irre ich nicht, so ist das der gleiche Fehler, gegen den ich mich schon früher einmal wenden mußte: daß man mit der Exegese beginnt, ehe man mit der Interpretation fertig ist. Wir haben nun einmal gegenüber einer Urkunde mit unanfechtbarem Texte nicht zu fragen: was muß dort gesagt sein? sondern: was ist dort gesagt? Das Gegenteil wäre methodisch falsch und könnte bei allem Scharfsinn doch nur falsche oder unsichere Resultate geben. Auch Güterbocks Erklärung dieser Stelle ist, so scharfsinnig und geschickt seine Dialektik sein mag, dennoch falsch, weil er ihren Sinn nicht aus ihren Worten erschlossen, sondern die Worte nach einer vorher festgestellten Theorie gedeutet hat. Er glaubt auf anderm Wege gefunden zu haben, daß als eines Fürsten Standesgenossen (suae conditionis) nur Fürsten auzusehen seien. Folglich, meint er, können auch an dieser Stelle die Worte ‚suae conditionis' nur so viel bedeuten wie ‚principes'. So gelangt er dazu, den Verfasser der Urkunde sagen zu lassen, Heinrich sei verurteilt worden von Fürsten und schwäbischen Fürsten, und führt damit sich selbst in schönster Weise ad absurdum.[3]

---

zu stützen. Vgl. Güterbock S. 71, auch Scheffer-Boichorst, Zur Geschichte des 12. und 13. Jahrhunderts, S. 202 Anm. 1.

[1] S. 196, Anm. 2.

[2] In aller Kürze hat dies schon Waitz, Forschungen X, 154 bemerkt, ohne aber den erwünschten Eindruck gemacht zu haben.

[3] In dem oben S. 421, Anm. 3 erwähnten Aufsatz hat Güterbock das zwar erkannt und seine Meinung zurückgenommen. Aber was er nun dafür bietet, scheint mir nur der alte Irrtum in neuem Kleide zu sein. Es läuft darauf hinaus, die Worte sollten besagen, Heinrich sei gerichtet worden von (irgendwelchen) Fürsten im neuen Rechtssinn und schwäbischen Fürsten im alten Rechtssinn. Ob das wohl irgendein

Nach allem bleibt als einzig mögliche Deutung der umstrittenen Worte nur das übrig, was schon Waitz in ihnen gefunden hat: sie besagen, daß Heinrich von Fürsten und schwäbischen Standesgenossen verurteilt worden ist.[1] Das ist denn auch, ganz unbefangen betrachtet, das einfachste und natürlichste, während jede andere Deutung künstlich, wo nicht gewaltsam erscheint. Künsteleien aber liegen dem Verfasser der Gelnhäuser Urkunde durchaus fern. Das Stück ist lang genug, um den Stil seines Urhebers erkennen zu lassen; es zeigt durchweg einen klaren, kräftigen Urkundenstil von erfreulicher Einfachheit und Kürze des Ausdrucks.[2] Seine Absicht werden wir daher auch am ehesten treffen, wenn wir die einfachste Deutung bevorzugen; und diese ist die oben gegebene: „von Fürsten und schwäbischen Standesgenossen", d. h. nichtfürstlichen Hochfreien. Wohl würde dieser Sinn für uns unzweideutiger ausgedrückt, wenn es hieße: principum et Suevorum suae conditionis. Aber der Diktator von 1180 hat nicht für Leser aus dem 20. Jahrhundert gearbeitet, sondern für seine Zeitgenossen, denen

---

Zeitgenosse gemerkt hat? Unpassender konnte man die Worte jedenfalls nicht wählen, als wenn man solche, die nach der neuerdings geltenden Auffassung keine Fürsten mehr waren, zum Unterschied von solchen, die es waren, als die Standesgenossen eines Herzogs bezeichnete, während man doch — angeblich — dem Grundsatz huldigte, daß ein Fürst nur Fürsten als Standesgenossen und Richter anzuerkennen brauchte.

[1] Waitz, Forschungen X, 154: „der Fürsten und der Schwaben seines Standes."

[2] Güterbock hat auch hierüber eine andere Meinung: „in der Urkunde herrscht ein etwas verschnörkelter Stil", sagt er S. 71. Ich wäre dankbar, wenn man mir einen einzigen „Schnörkel" in ihr zeigen wollte; ich sehe keinen. G. fährt fort: „meist sind die Verben mitten in den Satz gesteckt und die betonten Worte vorangestellt." Aber wären das „Schnörkel"? Zudem ist es doch gerade das Natürlichste, das betonte Wort voranzustellen. Daß aber die Verben „meist mitten in den Satz gesteckt" seien, ist gar nicht wahr. Von den 26 Zeitworten, die darin vorkommen, stehen 17 als letztes Wort, 8 als vorletztes am Schlusse des Satzteils, dem sie angehören, 1 als erstes. Richtig ist also nur, daß der Diktator eine gewisse Vorliebe für die Inversion am Satzschluß zeigt (decrevit auctoritas, consuevit alienare, inciderit sententiam u. ä.). Das ist nichts so Ungewöhnliches, und „Verschnörkelung" kann man es sicherlich nicht nennen. — Wenn ich mir nach bald zwanzigjähriger Beschäftigung mit Urkunden verschiedener Jahrhunderte vielleicht noch kein Urteil, aber doch eine Meinung erlauben darf, so möchte ich sagen: mir ist kein Aktenstück bekannt, das bei aller Feierlichkeit einfacher und knapper gefaßt wäre. Ich möchte die Urkunde von Gelnhausen geradezu für ein klassisches Meisterstück ihrer Gattung halten. Freilich ist der Satz der Narratio langatmig ausgefallen, aber das war nun einmal unvermeidlich. Ob wohl ein Jurist unserer Tage imstande wäre, den Verlauf von zwei großen Prozessen in einem einzigen Satze so kurz und scharf wiederzugeben, wie es hier geschieht? Die Vorzüglichkeit des Diktats rechtfertigt zum mindesten die Vermutung, die der künftige Herausgeber der Urkunden Friedrichs I. prüfen mag, daß der Diktator niemand Geringeres gewesen ist als Erzbischof Philipp von Heinsberg selbst.

die Begriffe geläufig waren. Überdies ist die Umstellung der Worte, die uns irre führen möchte, seine Stilgewohnheit: er schreibt gern „decrevit auctoritas" statt „auctoritas decrevit", „inciderit sententiam" statt „sententiam inciderit", „corroboramus auctentice" statt „auctentice corroboramus" u. ä. Die Analogien der Wortstellung machen es vollends zweifellos, was er an dieser Stelle hat sagen wollen: eben das, was oben festgestellt wurde, „Fürsten und schwäbische Standesgenossen".

Wenn nun Güterbock zum entgegengesetzten Ergebnis kommt, so ist doch sein Beweis kein historischer, kein induktiv quellenmäßiger, sondern ein bloßer Syllogismus. Daß die Reichsfürsten seit dem 10. Jahrhundert einen besondern Stand gebildet haben, nimmt er zur einen Voraussetzung (maior); daß einer nur von Seinesgleichen, Genossen desselben Standes gerichtet werden könne, ist die minor. Ergo: ein Fürst kann nur von Fürsten gerichtet werden. Wenn nur nicht die Worte „Stand" und „Seinesgleichen" verschiedenen Sinn haben könnten, je nach dem Zusammenhang, in dem sie stehen! Und wenn es im altdeutschen Staat nicht zweierlei Recht gäbe, wonach einer gerichtet werden kann, Landrecht und Lehnrecht! Behält man beides im Auge und vergißt man auch nicht, daß die Schriftsteller hier schlechte Zeugen sind, weil sie nicht immer dem streng juristischen Sprachgebrauch treu bleiben,[1] so wird man die Möglichkeit nicht leugnen können, daß ein Fürst im Landgericht alle Hochfreien als Standesgenossen anerkennen mußte, während er in einem Lehnshof verlangen konnte, nur von Gleichgestellten, von Männern gleichen Heerschilds gerichtet zu werden. Man braucht noch gar nicht an den Spruch ‚ein frî gebûr ist herren genôz', auch nicht an die elsässischen freien Bauern zu denken, die sich in ihrer Vollfreiheit jedem Fürsten ebenbürtig fühlten.[2] Das sind zweifellos Übertreibungen. Es genügt ja, auf ein

---

[1] Es ist bezeichnend, daß Güterbock S. 193 die Zeugnisse Ottos von Freising und der Alteicher Annalen als ganz gleichwertig mit einer Urkunde behandelt. Dabei bietet eigentlich keine dieser Stellen das, was G. sucht. Wenn Otto schreibt ‚sententia a principe . . . per pares suos exposcitur', wenn die Annalen den Herzog Gotfried von Lothringen ‚a contubernalibus' richten lassen, und wenn es in der Urkunde hieß ‚Henricus autem marchio suique equales . . . Ekbertum iudicaverunt', so ist doch eben dies die Frage auf die es ankommt, wer unter den pares, contubernales, equales zu verstehen sei, ob nur Fürsten oder überhaupt Hochfreie. G. nimmt das erste an, weil die Fürsten einen eigenen „Stand" bildeten. Aber diese ‚Standschaft' der Fürsten in älterer Zeit ist selbst eine recht problematische Sache.

[2] Heusler, Institutionen I, 178. Kundige braucht man auf die Behandlung der Frage an diesem Ort nicht hinzuweisen. Das Problem des verschiedenen Standes nach Lehnrecht und nach Landrecht ist hier aufs lichtvollste erörtert. Güterbock scheint diese grundlegenden Ausführungen nicht zu kennen. Vgl. neuestens Ficker, Reichsfürstenstand II 1, 168 (mir während der Korrektur dieses Aufsatzes zugegangen).

paar weithin sichtbare Beispiele zu verweisen, um darzutun, daß der „Stand“ der Fürsten vor dem Landrecht kein anderer war als der jedes hochfreien Mannes, jedes Dynasten. Von 1248 bis 1308 haben die Deutschen vier Könige an die Spitze des Volkes gestellt, die nicht Fürsten gewesen waren. Waren diese alle — Wilhelm von Holland, Rudolf von Habsburg, Adolf von Nassau, Heinrich von Luxemburg — waren sie ihren Wählern etwa nicht ebenbürtig? Was bedeutet denn das Wort „Genossen der Fürsten“, mit dem die Dynasten des Reiches bezeichnet werden, wenn nicht, daß sie den Fürsten landrechtlich gleichgestellt, ihre Pares waren? Daß auch der einfache freie Herr ohne Grafschaft zu diesem „Stande“ gehörte und als „Genosse“ der Fürsten galt, beweist das Haus derer zur Lippe. Seine Stammväter im 12. und 13. Jahrhundert waren nichts weiter als freie Herren, und doch hat in älterer Zeit keines einen reiner dynastischen Stammbaum. Den Vornehmsten der Vornehmen, den Wittelsbachern steht es darin ganz gleich. Die Fürsten — das wird man wohl festhalten dürfen — haben niemals einen besondern Geburtsstand im Sinne des Landrechts gebildet, immer nur eine besondere Heerschildgruppe unter den Hochfreien. Landrechtlich standen sie allen Hochfreien gleich [1] — das Recht der Eheschließung, das gesamte Ebenbürtigkeitsrecht der älteren Zeit beruht hierauf —, nur lehnrechtlich sonderten sie sich als oberste Schicht von den übrigen Hochfreien ab. Wenn das richtig ist, so ergibt gerade der Satz, daß jeder von Seinesgleichen gerichtet wird, mit logischer Konsequenz, daß ein Fürst im landrechtlichen Prozeß jeden hochfreien Mann als Seinesgleichen und als seinen Richter anerkennen mußte.

Sehen wir nun genauer zu, so finden wir, daß gerade unsere Urkunde dies mit voller Deutlichkeit ausspricht. Die Acht, das landrechtliche Urteil, wird über Heinrich verhängt nach dem Spruche von Fürsten und Hochfreien. Als es sich aber darum handelt, ihm — sub

---

Auf einen durchgehenden Irrtum bei Ficker sei gleich hier aufmerksam gemacht: nicht um das Verhältnis von Fürsten und Freien überhaupt, sondern von Fürsten und Hochfreien d. h. Herren handelt es sich. Dazu aber gehören die freien Bauern nicht.

[1] Statt auf die geläufigen Handbücher, möchte ich hier einmal auf ein Buch verweisen, das gegen landläufige und herrschende Ansichten Sturm läuft: v. Dungern, Der Herrenstand im Mittelalter (1908), S. 18. 107. 246f. 249. 384. 386. Überall wird die theoretische (d. h. rechtliche) Gleichstellung aller Freien zugestanden, nur die praktische (d. h. soziale) Trennung betont. Aber auch v. Dungern erkennt unumwunden an, daß wenigstens die Dynasten, fürstliche und nichtfürstliche, einen einheitlichen Stand bildeten und die Fürsten als bürgerlicher Rechtsstand nicht existierten.

feodali jure — seine Lehen zu nehmen, da ist nur noch von der „unanimis principum sententia" die Rede, die nichtfürstlichen Standesgenossen sind verschwunden.[1]

Verlockend wäre es, die rechtsgeschichtlichen Schlüsse zu verfolgen, die sich aus dieser Tatsache ergeben; ist es doch das früheste Zeugnis, in dem die „Fürsten", unzweideutig von den übrigen Hochfreien unterschieden, als eine besondere, lehnrechtliche Gruppe in der Gesamtheit des Standes der freien Herren auftreten, die man in älterer Zeit allesamt „principes" genannt hatte.[2] Aber wir widerstehen der Versuchung und wenden uns wieder zu unserer Aufgabe zurück. Da stehen wir denn vor der Frage, ob es nicht möglich ist, die Behauptung der Urkunde auf ihre tatsächliche Richtigkeit zu prüfen. Läßt sich nachweisen, daß an dem Reichstag zu Kaina im August 1179 schwäbische Standesgenossen des Herzogs teilgenommen haben, oder müssen wir nicht eher das Gegenteil annehmen? Im zweiten Falle wäre die Glaubwürdigkeit der Urkunde allerdings erschüttert.

---

[1] Fast wörtlich dasselbe finde ich nun auch bei Ficker a. a. O. 181. Es ist mir kaum verständlich, wie Güterbock S. 197 dies so vollständig übersehen konnte. Was er dort anführt, hat gar keine Beweiskraft. Der Schwabenspiegel ist bekanntlich hundert Jahre jünger, und in die Zwischenzeit fällt die gründliche Verschiebung in der Stellung der Fürsten im öffentlichen Recht (vgl. die nächste Anmerkung. Die Beispiele aus dem 11. Jahrhundert aber sind Schriftstellern entnommen, bei denen man nie sicher ist, was sie meinen, wenn sie ‚principes' sagen.

[2] Die Tatsache hat schon Güterbock in dem mehrfach erwähnten Aufsatz richtig erkannt. Ebenso jetzt Ficker a. a. O. 181. G.'s Vermutung, der Prozeß Heinrichs d. L. habe den ‚Anstoß zu dem Wandel' gegeben, kann ich nicht teilen. Mehr, als daß die Veränderung hier zuerst deutlich hervortritt, wird man kaum sagen dürfen. — Ob man überhaupt befugt ist, mit Ficker von einem „älteren Fürstenstand" im Unterschied vom Herrenstand zu sprechen, kann hier auf sich beruhen, da auch nach Ficker a. a. O. in unserm Falle die schwäbischen Freiherren ebenso wie die Grafen als Standesgenossen Herzog Heinrichs anerkannt worden wären. An einen privilegierten Gerichtsstand der „Fürsten" schon in älterer Zeit, wie ihn Ficker zu erweisen sucht, vermag ich noch nicht zu glauben (die Urkunden von 1099, 1101 und 1114, auf die er sich S. 176f. beruft, scheinen mir übrigens schlechte Stützen zu sein: die beiden ersten, nur abschriftlich erhalten, sind am Diktat ohne weiteres als Fälschungen kenntlich, die dritte, angeblich Original, wenigstens nach dem Diktat sehr verdächtig). Ordnet man die hauptsächlichen Zeugnisse über den landrechtlichen Gerichtsstand der Fürsten nach der Zeit, so ergibt sich folgendes: 1179 wird ein Herzog von Fürsten und freien Herren geächtet; um 1230 kennt der Sachsenspiegel noch kein Vorrecht der Fürsten; um 1275 aber erklärt der Schwabenspiegel, ein Fürst könne nur durch Fürstenspruch in die Acht getan werden. Da ist es doch klar, daß erst das 13. Jahrhundert, das die gesamte Stellung der Fürsten veränderte, auch hier den Wandel gebracht hat. Jetzt erst siegt das Lehnrecht wenigstens an diesem Punkt über das Landrecht. Es geht also schlechterdings nicht an, sich für die frühere Zeit schon auf den Schwabenspiegel zu berufen, wie Güterbock, Prozeß S. 197 tut. Besser: Zeumer-Festgabe S. 588.

Auf den ersten Blick scheint dem wirklich so zu sein. Wir kennen die Umgebung des Kaisers in jenen Tagen aus der Zeugenreihe einer in Kaina selbst am 17. August 1179 ausgestellten Urkunde für das thüringische Kloster Kaltenborn und den Grafen von Orlamünde.[1] Hier erscheinen die Erzbischöfe von Magdeburg und Köln, die Bischöfe von Halberstadt, Bamberg und Brandenburg, der Markgraf von Istrien, die Grafen von Anhalt und von Groitzsch, zwei Wettiner, je einer von Grumbach, von Hackeborn und von Anfurt und der Vogt von Allstädt — mit einer einzigen Ausnahme (Istrien) lauter sächsische und fränkische Herren; kein Fürst, Graf oder Herr aus Schwaben ist darunter. Mit Mühe hat Scheffer-Boichorst für den vorausgehenden Tag von Magdeburg (Juni 1179) die Anwesenheit eines einzigen schwäbischen Fürsten nachgewiesen.[2] Aber das nützt uns hier gar nichts, und ob seine Vermutung, daß der Schwaben in Magdeburg noch mehr gewesen sein möchten, richtig ist, kann uns ebenfalls gleichgültig sein, da in Magdeburg, wie wir jetzt wissen, das Urteil nicht gesprochen wurde. Daß in der einen Urkunde, die uns zur Kontrolle zur Verfügung steht,[3] die Gesamtheit der damals bei Hofe weilenden Herren aufgezählt sei, dürfen wir freilich nicht annehmen; aber ebensowenig, daß man bei Zusammenstellung der Zeugenreihe die anwesenden Herren aus Schwabenland geflissentlich übergangen habe.[4] Es sieht also wirklich danach aus, als wäre die Aussage der Gelnhäuser Urkunde in diesem Punkte falsch. Güterbock hat denn auch das vollständige Fehlen der Schwaben auf dem Tage zu Kaina als Beweis dafür geltend gemacht, daß dort die Acht über Heinrich nicht verhängt worden sein könne.[5]

[1] Stumpf nº 4290. Dobenecker, Regesta hist. Thuringiae II nº 555.

[2] Zur Geschichte des 12. und 13. Jahrhunderts, S. 200. Güterbock macht daraus zwei (vgl. Zeumer-Festgabe S. 587). Aber nur vom Abt von Schaffhausen steht fest, daß er zugegen war. Vom Grafen von Veringen wissen wir nur, daß er geladen wurde, nicht ob er kam.

[3] Eine zweite vom gleichen Tage (Stumpf nº 4289), hat leider keinen Zeugen.

[4] Etwa weil das Rechtsgeschäft thüringische Güter betraf. Sonst hätte man auch den Bischof von Bamberg und den Markgrafen von Istrien ausschließen müssen.

[5] Die Stelle S. 175 ist bezeichnend für die Methode, die er so gern handhabt. Scheffer hatte nachgewiesen, daß in Magdeburg der Abt von Schaffhausen, in Worms (Januar 1179) mehrere Fürsten aus Schwaben zugegen waren. Scheffer hatte weiter vermutet (nur dies!), es „möchten noch andere Schwaben, und zwar Fürsten, einer Berufung nach Magdeburg gefolgt sein“. Güterbock findet: „nach diesen scharfsinnigen Bemerkungen Sch.-B.s ist die Anwesenheit von Schwaben auf dem Magdeburger wie Wormser Tage offenbar mit dem gegen Heinrich eingeleiteten Achtverfahren in Verbindung zu bringen“. Offenbar —, das ist das Wort, das sich einzustellen pflegt, wo die Beweise fehlen. Mir scheint nichts weniger offenbar als dieser kühne Schluß. Aber G. geht noch weiter: „das Achtverfahren muß sich

Das wäre aber alles doch nur richtig, wenn man unter schwäbischen Fürsten und Herren nur solche verstehen dürfte, deren Fürstentum, Grafschaft oder sonstige Herrschaft im Schwabenlande lag. So hat man bisher übereinstimmend angenommen.[1] Dies ist aber keineswegs der Sinn des Rechts; ihm kommt es lediglich auf die schwäbische Abstammung an, wie ja auch Heinrich der Löwe selbst nur seiner Abstammung nach ein Schwabe war. Schwäbischer Abstammung aber sind gleich ihm unter den oben aufgezählten Herren eine ganze Anzahl. Schwaben in diesem Sinne sind die beiden Askanier, Bischof Siegfried von Brandenburg und Graf Bernhard von Anhalt; Schwaben sind die Brüder Ulrich und Konrad von Wettin und der freie Herr Friedrich von Hackeborn, ein Schwabe ist auch der Graf von Orlamünde.[2] Wir wissen leider nicht, wer alles formell als Kläger gegen Heinrich aufgetreten war, so daß wir auch nicht angeben können, welche von den Genannten als Richter über ihn sitzen durften. Aber daß es dem Kaiser nicht schwer fallen konnte, die Schöffenbank außer mit Fürsten auch mit einigen Hochfreien schwäbischer Herkunft zu besetzen, das ist nun wohl nicht länger zweifelhaft. Wenn da neben den Bischöfen von Bamberg und Brandenburg und dem Markgrafen von Istrien, vielleicht auch dem Grafen von Anhalt,[3] außer anderen Fürsten, die wir

---

folglich in Worms und Magdeburg abgespielt haben." Muß! Weil ein Abt aus Schwabenland in Magdeburg war, „möchten" noch viel mehr schwäbische Fürsten dort gewesen sein; und weil diese dort gewesen sein „möchten", „muß" dort die Acht über Heinrich verhängt worden sein. Es ist gut, daß wir diese Methode hier einmal in flagranti ertappen können durch Feststellung der einfachen Tatsache, daß Heinrich nicht in Magdeburg geächtet wurde, sondern sechs Wochen später in Kaina.

[1] Am deutlichsten Scheffer-Boichorst a. a. O.: „Freilich können wir nun zu Kaina . . . keine Schwaben nachweisen." Die daran geknüpfte Bemerkung „aber es würde doch auch genügen, daß in irgendeinem früheren Stadium des Prozesses etliche Stammesgenossen eingegriffen hätten", möchte man zur Ehre des feinen Kritikers gern ungeschrieben machen. Worin sollte wohl dieses „Eingreifen in einem früheren Stadium" bestanden haben? Auch sagt die Urkunde ja unzweideutig, daß das Urteil von Stammesgenossen mitgefällt wurde.

[2] Sachsenspiegel, Vorrede „Von der Herren Geburt". Der Unterschied zwischen „Nordschwaben" (swavei) und echten Schwaben (swaf), den Eike in seiner Chronik macht (vgl. Zeumer in der Festschrift zu H. Brunners 70. Geburtstag, 1910, S. 149), fällt hier sowohl sachlich außer Betracht wie auch deshalb, weil die Vorrede von der Herren Geburt nicht von Eike herrührt. Sie kennt diesen Unterschied nicht und stellt ausdrücklich das Welfenhaus mit den übrigen ‚swavei' auf die gleiche Linie; nur den Herzog nimmt sie aus, aber sie erklärt ihn (kraft seines Amtes?) für einen Sachsen.

[3] Ob Bernhard von Anhalt als Kläger aufgetreten ist, ist ebenso unsicher wie seine Zurechnung zum Fürstenstand. Die Vorrede zum Sachsenspiegel nennt die Grafen von Anhalt allerdings unter den Fürsten; das könnte aber die Folge davon sein, daß damals zwei Linien dieses Hauses Fürstentümer besaßen (Mark Branden-

nicht kennen, die beiden Wettiner, der Graf von Orlamünde und der Herr von Hackeborn Platz nahmen,[1] so konnte die Urkunde mit voller tatsächlicher Wahrheit sagen, Heinrich sei geächtet worden nach dem Spruche „principum et suae conditionis Suevorum", von Fürsten und schwäbischen Standesgenossen.

Auffallend ist hier nur, daß in der Urkunde die Beteiligung der Schwaben am Urteilsspruch ausdrücklich hervorgehoben wird. Nach einer Reihe anderer Fälle, die wir kennen, müßte man annehmen, daß sie sich von selbst verstanden hätte, wenn das Urteil rechtmäßig sein sollte.[2] Es scheint ja ein Grundsatz des altdeutschen Rechts zu sein, daß der freie Mann von Männern seines Stammes gerichtet wird. Wenn die Urkunde es dennoch gegen die Gewohnheit betont,[3] so muß das seinen Grund haben. Was liegt da nun näher, als an die Erzählung zu denken, die sich bei zwei einander fernstehenden Schriftstellern, Arnold von Lübeck und Burchard von Ursberg, in verschiedener Form, aber sachlich übereinstimmend findet: daß Heinrich die Zuständigkeit des Gerichts habe anfechten lassen, weil er als Schwabe nur auf schwäbischer Erde gerichtet werden könne.[4] Der Ursberger weiß überdies, daß sich einer der anwesenden freien Herren zum Zweikampf erboten habe, um diesen Anspruch als unberechtigt zu erweisen, daß sich aber niemand gefunden, der den Handschuh aufnahm; womit der Einwand als beseitigt galt.[5]

Weiland, in seiner herrischen Art mit den Quellen umzugehn, hat

burg und Herzogtum Sachsen), würde also vor 1180 noch nicht ohne weiteres anzunehmen sein. Die Ausführungen von Fehr, Fürst und Graf im Sachsenspiegel (Sitzungsberichte der k. Sächs. Gesellsch. d. Wiss. 1910) S. 147 f., lassen dies außer Acht, überzeugen auch schon darum nicht, weil der Sachsenspiegel und die Vorrede verschiedene Verfasser haben, es also nicht erlaubt ist, den einen durch den andern ohne weiteres zu erläutern.

[1] Mit den Obengenannten wäre die vorgeschriebene Sechszahl erreicht. Aber es liegt mir fern, hierüber auch nur bestimmte Vermutungen zu äußern.

[2] Vgl. Franklin II, 129. Güterbock S. 109f.

[3] Außer hier geschieht es urkundlich noch einmal, soviel ich sehen kann, im Falle Ekberts von Meißen 1086, Stumpf n° 2879. Franklin I, 45 Anm. 2.

[4] Arnold II 10 (p. 49): Dux autem injuste de se judicatum esse affirmabat, dicens se de Suevia oriundum, et nullum proscriptione dampnari posse nisi convictum in terra nativitatis sue.

[5] Zu 1178 (p. 53): Quidam principes et barones, fautores ducis . . . contra imperatorem hoc jus tenere volebant, ut imperator ducem condempnare non posset . . . nisi infra terras ducis placitum statueret. Porro quidam nobilis exurgens in medium proposuit, quod lege duellionum . . . hoc vellet obtinere contra quemlibet secum pugnare volentem, quod imperator quemlibet principem posset evocare pro justitia ad locum quemcunque vellet infra terminos sui imperii existentem.

diese Erzählung kurzweg als „tendenziöse Erfindung“ abgetan.[1] Er ist eine Erklärung schuldig geblieben, welche „Tendenz“ bei dieser „Erfindung“ verfolgt worden sein soll, und wie zwei so völlig voneinander unabhängige Erzähler dazu kommen konnten, die gleiche „Erfindung“ vorzutragen.[2] Diese Frage aufwerfen, heißt sie beantworten: die Erzählung muß zum mindesten einen echten Kern haben. Ich für mein Teil sehe schlechterdings keinen Grund, warum sie nicht durchweg wahr sein sollte. Warum Heinrich den vielleicht in der Tat ungewöhnlichen Anspruch erhoben haben kann, ist nicht schwer zu erraten: die „Schwaben“, die seine Richter sein sollten, waren in Wirklichkeit seine sächsischen Nachbarn, und wenn nicht seine erklärten Feinde, so doch seine politischen Gegner. Diese „Stammesgenossen“ wollte er als Richter nicht anerkennen. Da unter ihnen ebenso gute Schwaben waren wie er selbst, konnte er sie nicht als Fremde ablehnen, also suchte er sich ihrem Spruche dadurch zu entziehen, daß er, die Gewohnheiten des geltenden Rechts überspannend, eine Tagung auf schwäbischer Erde verlangte.[3] Da aber niemand für diese Forderung kämpfen wollte, wurde er abgewiesen. Man kann wohl begreifen, daß es für nötig gehalten wurde, in der Urkunde von Gelnhausen eine unausgesprochene, aber für Wissende wohl verständliche Bezugnahme auf den Zwischenfall anzubringen durch die sonst nicht übliche Bemerkung, unter den Richtern, die auf die Reichsacht erkannt hatten, seien auch Schwaben, Stammesgenossen des Angeklagten gewesen. So suchte man mit berechneter Vorsicht nach dieser Richtung jeden Einwand gegen die Rechtsgültigkeit des Urteils

---

[1] Forschungen VII, 187f.

[2] Weilands Vermutung, die „Fiktion“ sei aus den Worten der Urkunde (et suae conditionis Suevorum) entstanden, will ein Wunder durch ein zweites erklären. Woher sollten Arnold und Burchard den Text der Gelnhäuser Urkunde kennen? Sie lag, als jene schrieben, seit 30—50 Jahren im Schrein der Kölner Kirche, ist auch nie im Amtsblatt veröffentlicht worden. — Was Weiland a. a. O. sonst gegen die Erzählung vorbringt, ist teils unbewiesene Behauptung, teils geradezu falsch, z. B. der Satz: „In solchen Fällen des Zweifels hätte es keines Zweikampfes bedurft, sie wurden durch Urteilspruch des Reichstags entschieden.“ Genau das Gegenteil ist richtig: wird das Urteil gescholten, so entscheidet der Zweikampf, vgl. Brunner, Rechtsgeschichte II, 358f. Diesmal hielt die scheltende Partei gegenüber dem Kampfangebot ihre Schelte nicht aufrecht. Einen Fall, wo wirklich ein strittiger Rechtssatz durch gerichtlichen Zweikampf festgestellt wurde, berichtet Widukind II 10 (ed. Kehr p. 62). Auch noch 1225 bei dem Gericht über die Mörder Engelberts von Köln wurde Zweikampf zum gleichen Zweck angeboten, s. oben S. 394 Anm. 1.

[3] Nach geltendem Recht durfte er dies, wenn es sich um eine Klage auf Zweikampf handelte. Sachsenspiegel, Landrecht III 25 § 2.

abzuschneiden und die nachfolgende Verleihung Westfalens an den Erzbischof von Köln gegen alle nachträgliche Anfechtung zu sichern.

* * *

Wir dürfen hiermit von dem formalen Rechtsverfahren gegen Heinrich den Löwen Abschied nehmen. Es hat sich uns als streng korrekt, vorsichtig und wohlberechnet gezeigt. Die Sätze des geltenden Gewohnheitsrechts sind genau beobachtet, jede Überstürzung ist vermieden worden. Der Sturz des Herzogs stellt sich als eine unausweichliche Notwendigkeit des Rechts, eine logische Folge seines Verhaltens dar. Der Kaiser hat nichts getan, was nicht im strengsten Sinne Rechtens gewesen wäre. Und doch war alles nur eine Frage der Macht gewesen, nicht des Rechts! Das Recht hatte nur als Netz gedient, mit dem man einen Starken fing, ehe man ihn zu Boden schlug.

Versetzen wir uns einmal auf den Standpunkt Heinrichs. Sein ganzes Leben hatte er an der Vergrößerung und Erhöhung des Herzogtums in Sachsen auf Kosten der Nachbarn und Eingesessenen gearbeitet. Immer hatte er dabei einen Rückhalt am Kaiser gefunden. Dieser hatte durch sein wiederholtes Eingreifen zu Gunsten Heinrichs das Vorgehen des Herzogs gutgeheißen. So zuletzt noch 1168. Heinrich hatte ein zweifelloses moralisches Recht, auch zehn Jahre später sich wiederum zuerst an den Kaiser zu wenden, daß er ihm beistehe und ihm zu dem Recht verhelfe, das er schon mehrfach durch die Tat stillschweigend anerkannt hatte. Aber jetzt findet er alles verwandelt: nicht seine Klage gegen die Nachbarn wird vom Kaiser angenommen, sondern die Klage der Nachbarn gegen ihn; er selbst wird als Beklagter vor Gericht geladen. Er wußte jetzt schon, daß er sein Recht, oder was er dafür hielt, vor dem Kaiser nicht finden würde, daß der Kaiser ihm kein gnädiger, nicht einmal ein gerechter und unparteiischer Richter sein würde. Man kann sich nicht wundern, daß er es darauf nicht ankommen ließ, sondern die Entscheidung durch die Waffen vorzog. Ob es am Ende nicht doch klüger gewesen wäre, den Prozeß in aller Form aufzunehmen, das werden wir heute nicht mehr fragen dürfen. Heinrich dachte jedenfalls nicht so. Im Gefühl seiner Macht forderte er das Schicksal sogleich heraus. Er sollte sich getäuscht haben. Aber wer wollte behaupten, daß es unbedingt so kommen mußte? Man darf doch nicht vergessen, daß das ganze Spiel eine militärische Kraftprobe ersten Ranges war, daß der Anfang für Heinrichs Gegner auch keineswegs glückverheißend aussah, und daß neben dem überlegenen diplomatischen Geschick, mit dem der

Kaiser seinen Feind im Inland und Ausland zu isolieren verstand, und neben dem schwer zu berechnenden Schlachtenglück auch ein paar ganz unberechenbare Unglücksfälle, wie der plötzliche Tod der wertvollsten Diener und Bundesgenossen, nicht wenig zu dem schließlichen Ausgang beigetragen hat.[1]

Wohl ist es billig, nachträglich den Unterlegenen zu tadeln. Wenn aber das konventionell kirchlich gefärbte Urteil geistlicher Geschichtschreiber über die „superbia" des Herzogs von Neueren wiederholt und gelegentlich bis zu dem grotesken Vorwurf einer „halb kurzsichtigen, halb scheuen Naivität"[2] gegen einen der kühnsten und weitblickendsten Staatengründer unserer Vorzeit übertrieben wird, so scheint mir doch die Frage erlaubt, wie uns heute die Haltung Heinrichs erscheinen würde, besäßen wir über ihn nur ein einziges Zeugnis von einem wohlunterrichteten und ihm nicht feindseligen Zeitgenossen, der nicht an das kirchliche Moralschema gebunden, nicht verpflichtet wäre, in dem Sturz eines Mächtigen die Strafe des Hochmuts zu finden, der mit einem Wort, wirklich politisch dächte und urteilte.[3]

Von all dem, was die Haltung des Herzogs begreiflich zu machen, vielleicht zu rechtfertigen geeignet ist, kann die Urkunde natürlich nichts sagen. Sie kann und darf ihn nur als vollkommen Schuldigen darstellen. Sie sagt nur, was zu diesem Zwecke paßt, und läßt das übrige fort. Auch die Schriftsteller helfen dem Verurteilten nicht. Der einzige, der sich seiner annimmt, Arnold von Lübeck, macht seine Sache so ungeschickt, daß er seinem Klienten mehr schadet als nützt. Heinrichs Prozeß ist auch vor dem Forum der Nachwelt verloren. Es scheint festzustehen, daß er in dreister Anmaßung und Pflichtvergessenheit den Kaiser in der Not im Stich gelassen und nachher durch hochmütigen Trotz zu seiner Vernichtung beinahe gezwungen hat. Und

---

[1] Worauf Prutz, Heinrich S. 313. 335f., und Kaiser Friedrich III, 43 mit Recht hinweist. Ein Zeitgenosse, der beinahe Augenzeuge heißen darf, Saxo Grammaticus, urteilt geradezu (SS. XXIX, 151), Heinrich sei ‚non bello aut clade, sed fraude militum et desertione viribus amißis' unterlegen. Über die Tatsachen s. Giesebrecht V, 124. 127. 130f. 135f. Neuestens auch Hans Witte, Mecklenburgische Geschichte, I (1910), 95f.

[2] Philippson, Heinrich d. Löwe II, 222.

[3] Man muß es bedauern, daß auch Hampe sich nicht über die einseitige Befangenheit der Überlieferung zu erheben vermag, indem er (Kaisergeschichte S. 159) das kirchlich-konventionelle Motiv von „Heinrichs reizbarem Welfenstolz" als Ursache seines Untergangs wiederholt. Und das in demselben Augenblick, wo er sich berechtigt glaubt, dem großen Herzog, der doch von der Politik seiner Zeit mehr verstand als wir alle, vorzuhalten, daß „ein ruhig urteilender Politiker" anders gehandelt haben würde.

doch haben wir deutliche Spuren, die die Annahme mindestens zulassen, daß die Dinge in Wirklichkeit nicht so lagen.

War Heinrich verpflichtet, den Feldzug in Italien mitzumachen? Es ist mehr als fraglich, das Gegenteil beinahe gewiß.[1] Die fast verzweifelte Bitte des Kaisers um Hilfe wäre kaum verständlich, ebenso die Tatsache, daß später bei der Verurteilung von einer versäumten Heerespflicht mit keinem Wort die Rede ist. Konnte man von Heinrich verlangen, daß er über seine bestimmte Pflicht hinaus dem Kaiser diene? Hüten wir uns doch, diese Frage allzu rasch zu bejahen; erinnern wir uns vielmehr, daß Heinrich längst Grund hatte, sich über den kaiserlichen Vetter zu beschweren. Die heimliche Intrigue mit den sächsischen Burgkommandanten in seiner Abwesenheit, vielleicht auch die Wegnahme Goslars, waren doch Dinge, die ein aufrichtiges Vertrauen und rückhaltlose Hingabe mindestens sehr erschwerten. Heinrich allein für den eingetretenen Bruch verantwortlich zu machen, geht wirklich nicht an. Dann zuletzt die schlecht verhüllte Feindseligkeit, womit der Kaiser bei seiner Rückkehr aus Italien, im schärfsten Gegensatz zu seinem früheren Verhalten, sofort für die Gegner Partei ergriff, — man sollte meinen, Heinrich hätte doch eine ganze Reihe mildernder Umstände für sich anzuführen.

Freilich, das steht alles in keiner Urkunde; non est in actis, ergo non est in mundo! Aber fast scheint mir, das, was nicht in den Akten steht, was die Gelnhäuser Urkunde verschweigt, ist geschichtlich betrachtet das Interessanteste an der Katastrophe des Herzogs. Und es sind nicht ganz wenige und nicht ganz unbedeutende Dinge, die wir kennen, und die doch dort keinen Platz gefunden haben. Die Urkunde weiß nichts von der Anklage jenes Dietrich von Landsberg, Markgrafen von der Lausitz, der in Magdeburg den Herzog zum Zweikampf forderte unter der Beschuldigung verübter Verrätereien wider das Reich. Es hätte nahe gelegen, da Heinrich sich dem Zweikampf nicht stellte, auch dies als Grund seiner Ächtung anzuführen. Wenn man es nicht tat, so müssen wir schließen, daß man es klüger fand, auf dieser Anklage nicht zu bestehen. Sie hätte nach geltendem Recht nur auf der Heimat-

[1] Der Beweis, den Weiland, Forschungen VII, 157, 169f. zu führen versuchte, scheint mir nicht nur mißglückt, sondern in der Methode höchst bedenklich. Er läuft darauf hinaus, daß Weiland die Heerespflicht des Herzogs folgert aus dem Ausdruck reatus majestatis in der Gelnhäuser Urkunde, und umgekehrt, die Deutung dieses Ausdrucks als Hochverrat auf die angebliche Pflicht der Heeresfolge stützt. Seine Ansicht ist denn auch alsbald bei Waitz, Forschungen X, 161, auf Zweifel gestoßen. Ich glaube, sie muß rundweg abgelehnt werden. Vgl. jetzt Ficker, Reichsfürstenstand II 1 § 368, besonders S. 371.

erde des Beklagten, in Schwaben, durchgeführt werden dürfen.[1] Ob aber der Kaiser des Gerichtshofs dort auch ganz sicher gewesen wäre? Es war doch recht wohl möglich, daß schwäbische Richter den Zweikampf auf eine solche Anklage hin ablehnten, sei es, daß sie an sich zu wenig Glauben fand, sei es, daß zu viele Leute wußten, daß hier ein erbitterter Feind sich zum Kämpen für eine Sache hergab, von der er selbst gar nichts wissen konnte, mit andern Worten, daß der Markgraf zu seiner Anklage von einer andern Seite angestiftet war. Wer diese Seite war, das erraten wir aus dem Bericht des Hofkaplans und Historiographen in usum Delphini, Gottfrieds von Viterbo. Da wird es als ausgemachte Sache behandelt, daß Heinrichs Sturz durch verräterische Verbindungen mit dem Ausland verursacht gewesen sei.[2] Wenn das so ausgemacht war, warum benutzte man es nicht zur Verurteilung? Es muß doch wohl vor Gericht nicht viel damit anzufangen gewesen sein. Aber Stimmung ließ sich damit machen.

Überhaupt die Stimmung! Die Urkunde sagt natürlich nichts davon, die Schriftsteller nur wenig. Aber doch genug, wie mir scheint, um das Fehlende zu ergänzen. Da ist zunächst Arnold von Lübeck mit seiner Erzählung, wie der Kaiser nach seiner Rückkehr nach Deutschland, sobald die Gelegenheit sich bietet, die Fürsten gegen Heinrich zu gewinnen sucht, indem er Klage führt über den stolzen Hochmut des Herzogs, der die kaiserliche Majestät so sehr verachtete, daß er, als sie in höchster Not zu seinen Füßen lag, ihr jede Hilfe mitleidlos und hartnäckig versagte; und wie erst daraufhin auch die Gegner Heinrichs unter den Fürsten Mut fassen, einer nach dem andern, die Bischöfe an der Spitze, mit ihren Anklagen gegen ihn hervorzutreten, indem sie die Schande, die er dem Kaiser angetan, vorschieben und in der Person des Kaisers sich selbst für beleidigt erklären.[3] Da ist ferner Burchard von Ursberg. Kurz und bündig sagt er, Friedrich habe gleich bei seiner Ankunft in Deutschland den Herzog des Verrats und der Majestätsverletzung beschuldigt.[4] Deutlicher wird Otto von St. Blasien: der Kaiser habe seinem Vetter vor allen Fürsten vorgeworfen, daß er die Reichsfeinde in Italien gegen das Reich unterstützt habe.[5] Sind das späte Zeugnisse und wollte man in ihnen nicht mehr als einen Niederschlag unbestimmter mündlicher Tradition erkennen, auf die

---

[1] s. oben S. 431, Anm. 3.

[2] s. oben S. 299, Anm. 3.

[3] II 2, p. 38f.

[4] Tandem veniens in Alamanniam prefatum ducem de traditione et crimine laesae majestatis impetivit (p. 53).

[5] p. 450.

nicht viel zu geben wäre, so sagt doch auch Magnus von Reichersberg, der Zeitgenosse, der Kaiser habe auf öffentlichem Reichstag über seinen Vetter Klage geführt, daß er ihm schon längst nach Reich und Leben trachte.[1] Auch im Ausland, wo man unterrichtet ist, weiß man nichts anderes, als daß der Kaiser seinem Vetter den Prozeß gemacht habe unter dem Vorgeben, er sei schuld am Verlust Italiens, habe sich mit den Griechen gegen das Reich verbunden und ihm vielfach Eid und Treue gebrochen. So liest man in der Geschichte Heinrichs II. von England,[2] deren Verfasser die Auffassung des englischen Hofes, also der nächsten Verwandten des Löwen, wiedergibt. Immer die gleiche Überlieferung aus Sachsen, aus Schwaben, aus Baiern, aus England! Für das formelle Gerichtsverfahren ist sie bedeutungslos, aber in welcher Stimmung dieses Verfahren eingeleitet und durchgeführt wurde, und woher diese Stimmung rührte, daß sie vom Kaiser bewußt und klug erzeugt wurde, das kann man hier doch ganz unzweideutig erkennen. Man glaubt ihn zu hören, wie er, ähnlich wie später gegen den Kölner Erzbischof[3] von Reichstag zu Reichstag die Gelegenheiten benutzt, um das Feuer seiner unvergleichlichen Beredsamkeit gegen den abwesenden Vetter spielen zu lassen, bis dieser in den Augen seiner Standesgenossen als der Verräter an Kaiser und Reich dastand, der er — nicht gewesen war. Damals auch wird die breiteste Öffentlichkeit von den Dingen erfahren haben, die sich drei, vier Jahre früher in Chiavenna zugetragen hatten. Sie erfuhr sie aus dem Munde des Kaisers selbst und in entsprechender Form. Welche Mittel der Diplomatie, welche heimlichen Abmachungen und Versprechungen etwa im Geheimen angewandt wurden, um die vollständige Isolierung herbeizuführen, in der Heinrich im entscheidenden Augenblick unter den Fürsten dastand,[4] davon fehlt jede Kunde. Deutlich aber sehen wir — denn es ist überliefert, und es ist außerdem kein schlechtes Zeugnis über die Denkweise der Fürsten von damals —, daß die Vorwürfe der Felonie, des Verrats und der Hauptschuld an dem Scheitern des italienischen Krieges benutzt wurden, um den Herzog vor der Öffent-

---

[1] s. oben S. 416, Anm. 3.

[2] SS. XXVII, 101: Dicebat enim imperator ille, quod per defectum ducis amiserat Longobardiam, quia non permisit quod exercitus sui eum sequerentur. Preterea imperator ipse dicebat, quod idem dux profectus fuerat ad Manuelem imperatorem Constantinopolitanum in detrimentum ipsius et imperii Romani, et in multis accusabat eum de fide lesa et periurio.

[3] Die Erzählung der Kölner Chronik zu 1186, s. oben S. 399, Anm. 1.

[4] Wie Friedrich es anfing, sowohl die slawischen Häuptlinge wie den dänischen König für sich zu gewinnen, das erzählt in aller Anschaulichkeit Saxo Grammaticus (SS. XXIX, 150ff.), der es wissen konnte.

lichkeit zu richten, bevor noch die Richter über ihn gesprochen hatten. Im Gebiet seiner Feinde, in Magdeburg, in Kaina, traten sie zusammen, in einer wohl vorbereiteten, patriotisch erhitzten Stimmung. Mit Recht bemerkt ein gut unterrichteter Zeitgenosse und Reichsnachbar, des Kaisers ganze Schlauheit habe sich bei seinem Vorgehen gegen Heinrich gezeigt: denn er habe dabei nicht weniger auf kluge Berechnung als auf kriegerische Macht gebaut.[1] Zu den Waffen dieser klugen Berechnung gehörte auch die Anklage auf Verrat an Kaiser und Reich, die zwar vor Gericht nicht durchgeführt wurde, im übrigen aber ihre Wirkung nicht verfehlte. Verrät doch sogar die aktenmäßige Glätte der Urkunde etwas von dieser künstlichen Stimmungsmache, indem sie an die Spitze der Verschuldungen Heinrichs mit Emphase die Unterdrückung und Beraubung der Kirchen Gottes stellt. Was dann zusammen mit dem Vorwurf des Landesverrats in verstärktem Widerhall aus den Worten des Erfurter Annalisten zurückschallt, der den Herzog als einen überwiesenen Reichsfeind, gottlosen Kirchenräuber und frevlen Unterdrücker der Armen Christi geächtet werden läßt.[2] Denkt man sich in diese Lage, diese Stimmung hinein, so wird man sich nicht wundern können, daß Heinrich es vorzog, vor einem Richter nicht zu erscheinen, der sein eigentlicher und gefährlichster Feind war, wenn er diesem auch dadurch den willkommenen Vorwand gab, ihn als trotzigen Empörer zu ächten.

Daß Heinrich wirklich in hartnäckiger Auflehnung dem Kaiser gegenübergetreten sei, ist übrigens nachweislich nicht wahr. Schon die Tatsache, daß er zuerst sich an den Kaiser mit einer Beschwerde über seine Gegner wandte, müßte diese Meinung erschüttern.[3] Den Beweis

---

[1] Saxo l. c.: Summa postmodum Cesaris in attemptando Saxoniae principe calliditas patuit. Non enim minorem expugnandi eius spem in acumine quam viribus reponebat.

[2] Monum. Erfesfurtensia p. 64: Heinricus . . . evidentibus indiciis Romani agnitus hostis imperii, presenciam sui regie majestati iam diu animose subtrahens, velut improbus multarum invasor ecclesiarum et violentus ubique oppressor Christi pauperum . . . proscribitur.

[3] Ich sehe keinen Grund, diesen Bericht Arnolds von Lübeck abzulehnen, wie andere getan haben. Auch an der Nachricht Burchards von Ursberg von der Verschwörung, die Heinrich unter den schwäbischen Grafen gegen den Kaiser ‚ipsum preveniens', angestellt habe, braucht man keinen Zweifel zu hegen, wenn man auch mit dieser Tatsache, zusammenhanglos wie sie überliefert ist, nicht viel anfangen kann. Sie wird eben zu den Maßnahmen der Verteidigung gehört haben, die Heinrich versuchte, sobald er sah, daß er auf eine Verständigung mit dem Kaiser nicht mehr rechnen konnte. Das ‚ipsum preveniens' dürfte man keinesfalls zu dem Beweise pressen, daß Heinrich seine Umtriebe in Schwaben schon vor des Kaisers Rückkehr nach Deutschland gesponnen habe.

für das Gegenteil liefert der Versuch der Aussöhnung, den er noch kurz vor dem Achturteil machte. Durch Vermittler erwirkte er eine persönliche Zusammenkunft mit dem Kaiser und suchte ihn hier für sich zu gewinnen. Die Aussöhnung soll daran gescheitert sein, daß Friedrich als Buße 5000 Mark forderte, was dem Herzog zu hoch erschienen sei. So erzählt Arnold von Lübeck.[1] Weiland, in der Art, die wir an ihm kennen, hat auch diese Geschichte kurzweg eine tendenziöse Entstellung genannt, ohne einen stichhaltigen Grund anzuführen.[2] Andere haben Heinrich daraus, daß er die Bedingung ablehnte, einen besonderen Strick gedreht: er sei eben wieder einmal zu geizig gewesen und habe sich damit als schlechter Politiker erwiesen. Liest man aber Arnolds Bericht genauer, so ergibt sich eine andere Deutung. Da heißt es nämlich nur, der Kaiser habe sich bereit erklärt, gegen eine Buße von 5000 Mark zwischen Heinrich und seinen Gegnern zu vermitteln. Nun kann man sich doch sehr wohl vorstellen, warum dies dem Herzog nicht genügte. Wenn ihm keine Sicherheit geboten wurde, was bei der Vermittlung herauskommen werde; wenn er sich darauf gefaßt machen mußte, auch den Erzbischöfen von Köln und Magdeburg und all den vielen, die sich durch ihn gekränkt fühlten, nicht nur Entschädigungen zu zahlen, sondern auf die Ansprüche zu verzichten, derentwegen der Kampf entbrannt war, dann hieß das mehr als eine schwere, eine ungeheure materielle Last sich aufbürden, es bedeutete den Verzicht auf sein Lebenswerk, die herzogliche Zentralgewalt in Sachsen. Daß Heinrich es darauf nicht ankommen ließ, das, denke ich, wird man wiederum begreifen können.[3]

---

[1] II 10 (p. 48): In Haldeslef tamen constitutus per internuncios colloquium domni imperatoris expetiit. Imperator itaque exivit ad eum ad locum placiti. Quem dux verbis compositis lenire studuit. Imperator autem quinque milia marcarum ab eo expetiit, hoc ei dans consilium, ut hunc honorem imperatorie maiestati deferret et sic ipso mediante gratiam principum quos offenderat inveniret. Illi autem durum visum est tantam persolvere pecuniam, et non acquiescens verbis imperatoris discessit. — Die Angabe der Gesta Henrici II, Heinrich habe sicheres Geleit zum und vom Gerichtstag gefordert, was Friedrich verweigerte, kann auch wohl richtig sein. Ebenso hatte einst Otto von Northeim gehandelt. Heinrich würde damit verraten haben, daß er selbst seine Verurteilung erwartete, vielleicht auch, daß er das Hofgericht des Kaisers für feindselig hielt.

[2] Forschungen VII, 181.

[3] Die Erzählung Arnolds findet eine vollkommene Parallele, die man wohl als Beglaubigung ansehen darf, in dem Verfahren des Kaisers gegenüber dem Erzbischof und der Stadt Köln im Jahre 1188, die sich vor dem letzten Gerichtstermin unterwerfen und gegen Zahlung von 2260 Mark zu Gnaden aufgenommen werden. Chron. regia Colon. p. 139. Weilands pathetische Sätze (S. 182) sind damit wohl widerlegt. Eine entferntere Parallele bietet sich im Prozeß Friedrichs des Streitbaren (1235),

So ging er seinem Schicksal entgegen. Die kluge, vorsichtig und schlau arbeitende Politik des Kaisers hatte es verstanden, ihn im entscheidenden Augenblick unter den Reichsfürsten wie dem Ausland gegenüber ganz zu isolieren. Mit wenigen Anhängern stand er der Schar seiner Gegner gegenüber. Dennoch war seine Partie nicht schlecht. Seine Macht war so groß, sein Gebiet so ausgedehnt und so wohl befestigt, daß ein höchst urteilsfähiger Zeitgenosse noch später schreiben konnte, er sei für menschliche Kräfte unüberwindlich erschienen.[1] Da begann Verrat und Abfall auch in den eigenen Reihen. Angedrohte Reichsacht schreckte die einen, verheißene Vorteile lockten die andern. Einige der besten Stützen riß ihm gleichzeitig der Tod hinweg. Schon mußte er sich nach allen Seiten seines Lebens wehren, als im Spätsommer 1180 der Kaiser selbst auf dem Kampfplatz erschien und ihn die volle Überlegenheit des Reichsoberhaupts und erfahrenen Feldherrn fühlen ließ. Es war das erste Mal, daß er sie fühlte, und bis auf die Neige mußte er den Kelch leeren. Nach verzweifelter Gegenwehr nahm er sein Schicksal auf sich und bat um Gnade. Als er im November 1181 zu Erfurt vor dem Kaiser erschien, da wurde es auch denen, die es etwa noch nicht hatten glauben wollen, offenbar, wohin Friedrich seit drei, nein seit mehr als fünf Jahren zielte, und was schon die Aufteilung der Herzogtümer Sachsen und Baiern deutlich genug gezeigt hatte: die vollständige Zertrümmerung der welfischen Macht war beschlossene Sache und wurde unerbittlich durchgeführt.

Wir sind gewohnt, wie alles, was Friedrich I. gelang, so auch die Niederwerfung des Löwen mit unserm Beifall zu begleiten und in seinem Siege über den allzu mächtig gewordenen Vetter einen nationalen Erfolg zu sehen. Ein blendender Erfolg war es ohne Zweifel, wenn die Fürstenmacht verschwand, die bisher in Deutschland den König und Kaiser selbst überragt hatte. Nun erst durfte Friedrich sich mit Recht als Herrn in Deutschland fühlen. Der Hofmann Gotfried von Viterbo weiß wohl, warum er, der sonst oft so orakelhaft lakonisch ist, diesen Dingen einen förmlichen Panegyrikus von nicht weniger als 62 Versen widmet. Die Bedeutung und Tragweite des Ereignisses erschöpfend zu ermessen, Licht und Schatten endgültig zu verteilen ist auf diesen

---

wenn dort der Kaiser sagt, er sei bereit gewesen, die Buße an die Kläger statt des Herzogs auf sich zu nehmen (etiamsi deberemus de offensis principum satisfacere per nos ipsos); s. oben S. 397, Anm. 4.

[1] Giselbert von Mons p. 94: cum videretur quod dux ille per vires hominum a tam longa et tam spaciosa terra et a tot et tantis castris fortissimis nequaquam ejici posset.

Blättern nicht am Platze. Aber die Mühe, die wir auf die quellenmäßige und rechtsgeschichtliche Feststellung der Begebenheiten verwandt haben, stände doch in keinem Verhältnis zu dem Gewinn, wenn wir nicht versuchten, in Kürze wenigstens zu sagen, was sich aus unserer Untersuchung für das geschichtliche Urteil ergibt.

Schweigen wir von der Frage des Rechts; es hat hier keine Stätte, mag auch so vieles in seine Formen gekleidet erscheinen. Was bis 1178 in des Kaisers Augen kein unerträgliches Unrecht gewesen war — die welfische Übermacht im Norden Deutschlands —, wäre es auch später nicht geworden, wenn nicht Beweggründe ganz anderer Art seinem Urteil eine entgegengesetzte Richtung gewiesen hätten. Von Notwendigkeit wird niemand hier reden wollen. Heinrich hatte nichts getan, was dem Kaiser Anlaß gegeben hätte, ihn für seinen Feind zu halten. Er hatte ihn nicht unterstützt, aber er hatte sich doch nicht geweigert, es zu tun, nur seine Bedingungen gemacht, seinen Lohn gefordert. Daß Friedrichs Königtum nicht auch ferner neben ihm hätte bestehen können, wenn es diese Nachbarschaft sechsundzwanzig Jahre ohne Schaden, vielfach zum offenbaren Vorteil ausgehalten hatte, das anzunehmen fehlt jeder vernünftige Grund. War es wenigstens der Nutzen, politische Berechnung, kalte Staatsraison, was den Kaiser bewog, nach dem Scheitern seiner italienischen Pläne eine gründliche Revision der Karte von Deutschland vorzunehmen? Wir haben keine Spur eines Zeugnisses, das uns zu dieser Annahme ein Recht gäbe. Kein einziger der Zeitgenossen hat Friedrichs Verfahren so aufgefaßt. Vielmehr spricht doch alles dafür, daß das Motiv ein viel einfacheres, wenn auch weniger erhabenes war: Zorn gegen den Mann, der ihn in der entscheidenden Stunde höchster Gefahr nicht herausgehauen und dadurch das Scheitern zwanzigjähriger Mühen verschuldet hatte; brennender Durst nach Genugtuung für die vergebliche Demütigung vor dem jüngeren Vetter und Vassallen. „Injuriae omnino impatiens" — so hatte den Kaiser schon im Beginn seiner Laufbahn Abt Wibald von Stablo gekennzeichnet, einer der es wissen mußte und sich auf die Menschen im allgemeinen und die Könige im besondern wohl verstand. Einen Tag wie den von Chiavenna hätte auch ein kälteres Herz niemals verwunden, wenn ihm ein Tag von Legnano auf dem Fuße folgte. Es wäre nur menschlich und natürlich gewesen, wäre die Niederlage im Kabinett unter dem Eindruck der Niederlage auf dem Schlachtfeld in der Erinnerung noch gewachsen, bis der Entschluß feststand, der Mann, der an dem allen schuld gewesen, solle und müsse fallen.

Es kam noch etwas anderes hinzu. An dem Unglückstag von Chiavenna hatte der Truchseß Jordan von Blankenburg ein höhnisches Wort fallen lassen von der Krone des Reiches, die hier dem Herzog zu Füßen gelegen habe, ihm aber noch einmal das Haupt zieren werde. So hatte ein Leibeigener in Gegenwart der kaiserlichen Majestät zu sprechen gewagt. Der Schimpf mußte brennen wie Salz in der Wunde, er schrie nach persönlicher Genugtuung. Aber noch mehr: das freche Wort weckte neben dem Ingrimm auch das Mißtrauen. Der Truchseß gehörte zu den Vertrauten des Herzogs. Wenn man in diesen Kreisen so dachte, selbst vor dem Kaiser laut dachte, dann konnte die Zukunft des staufischen Hauses einem aufgebrachten und mißtrauischen Gemüt allerdings bedroht erscheinen. Wenn Friedrich auch für sich selbst nichts zu fürchten hatte, das Königtum seines Sohnes war nicht mehr sicher. So erklärt sich der sonst ganz unverständliche Bericht in der vorzüglichen Geschichte Heinrichs II. von England: Friedrich habe seinem Vetter den Untergang bereitet, weil dieser dem jungen König Heinrich nach der Krone getrachtet habe.[1] Der englische Geschichtschreiber wird hier wie gewöhnlich die Auffassung des englischen Hofes wiedergeben, an dem man sich für den gestürzten Herzog, den Schwiegersohn des Königs, der dort jahrelang Gastrecht genoß, lebhaft interessierte. Schon darum dürfte man seine Angaben nicht als leeres Gerede bei Seite schieben. Sie geben zwar keine tatsächliche Wahrheit, aber sie sagen, was nach der eigenen Auffassung Heinrichs und seiner Umgebung der letzte Grund seines Sturzes gewesen sein sollte: die Besorgnis des Kaisers vor dem Ehrgeiz der Welfen und das Mißtrauen gegen ihre Mannentreue gegenüber seinem Sohn. Rachsucht und Mißtrauen — das sind die seelischen Beweggründe, die Friedrich antrieben, die Macht des Welfen zu zerstören.

Das war nur menschlich und natürlich; so dachten schon die Zeitgenossen. Ihnen stand es fest, daß der Kaiser den Herzog zugrunde gerichtet habe, um sich zu rächen, und sie haben sich nicht darüber aufgehalten. Wir haben keinen Grund, den Kaiser, der doch auch nur ein Mensch war, anders zu sehen, als sie ihn sahen. Es wird so gewesen sein, wie Arnold von Lübeck und Otto von St. Blasien, Magnus von Reichersberg und Giselbert von Mons, Burchard von Ursberg und der Chronist von Anchin um die Wette melden. Und wir können auch nicht anders, wir gönnen, menschlich betrachtet, dem Kaiser die Genugtuung, die er sich mit so viel Klugheit und Kraft zu holen verstand.

War es aber auch ein Gewinn für das deutsche Reich und unsere nationale Geschichte, daß die doppelte Herzogsmacht des Löwen verschwand und an die Stelle der Sammlung und Einheit der Machtmittel im Norden wie im Süden, die Heinrich so erfolgreich an-

[1] Dux autem ille timens judicium curie avunculi sui, qui eum odio habuit eo quod fidelitatem filio suo facere noluit usw. SS. XXVII, 101.

gebahnt hatte, Zersplitterung und Zerbröckelung trat? Ich fürchte, wir müssen die Frage verneinen. Von dem scharfen Rückschlag, den die deutsche Kolonisation im Nordosten durch den Sturz des Löwen erfuhr, wollen wir nicht reden. Der Verlust ist bald wieder eingeholt worden. Auch wird niemand bestreiten, daß für den Augenblick das Kaiserhaus dadurch an Ansehen gewann. Bald tat sich ihm eine Bahn noch nicht gesehener Erfolge auf. Aber als nun mit dem jähen Tode Heinrichs VI. auch das staufische Haus von seiner ersten Katastrophe betroffen wurde, da rächte es sich an ihm, daß die Flankenstellung, in der früher die Welfen dem Königtum ihres Vetters sekundiert hatten, sich in unversöhnliche Gegnerschaft verwandelt hatte. Und als mit der Ermordung Philipps von Schwaben so bald nachher der zweite Schicksalsschlag fiel, da rächte es sich auch an Deutschland, daß es kein zweites Fürstenhaus von gleicher oder ähnlicher Macht mehr besaß, das hätte in die Lücke treten und mit der Stellung des Reiches nach außen zugleich seine innere Einheit retten können. So verketten sich hier die Ereignisse in Ursache und Wirkung fast wie zu tragischer Schuld und Nemesis: Barbarossas größter Erfolg in Deutschland wurde die Ursache, daß sein Enkel für lange Jahre aus Deutschland weichen mußte, und den Sturz des größten der deutschen Landesfürsten hat das deutsche Reich mit Ohnmacht und Zersplitterung zu bezahlen gehabt. Kein freudiger Auftritt, nein, eine der tragischsten Szenen in der großen Tradögie der älteren deutschen Geschichte ist der Sturz Heinrichs des Löwen.

Beilage

Die Urkunde von Gelnhausen

Die Urkunde, die uns den einzigen vollkommen zuverlässigen Bericht über das Rechtsverfahren gegen Heinrich den Löwen bietet, ist oft behandelt und sehr oft gedruckt worden. Es könnte danach überflüssig scheinen, beides noch einmal zu tun. Eine genaue Prüfung hat das Gegenteil ergeben: sämtliche bisherigen Drucke bieten einen entstellten Text, der die Forschung denn auch beträchtlich in die Irre geführt hat.

Ich fasse zunächst zusammen, was feststeht.

Das Original der Urkunde ist erhalten, 49,5 × 55,5 cm groß, mit Goldbulle an roten Seidenfäden. Es wurde früher im Geheimen Staatsarchiv in Berlin aufbewahrt, wohin es, nach der Einverleibung Kölns in Preußen, 1830 gekommen war, und ist seit 1902 dem Staatsarchiv in Düsseldorf zurückgegeben. Es ist von jeher die einzige Ausfertigung gewesen. Die entgegengesetzte Annahme Philippis,[1] wonach Erzbischof und Kapitel von Köln jedes ihr besonderes Exemplar empfangen hätten, findet in der Überlieferung keinen Anhalt und beruht auf der Voraussetzung, daß das Kapitel schon im Jahre 1180 unabhängig vom Erzbischof und im Mitbesitz an Eigentum und Regierung des stiftischen Territoriums anerkannt gewesen sei, eine Annahme, die einen Anachronismus darstellt.[2] Auf das einzige und noch heute erhaltene Original geht also die gesamte Überlieferung des Textes zurück.[3]

Um diese Überlieferung brauchte man sich nicht zu kümmern, wäre das Original selbst nicht zum Teil unlesbar. Die Tinte — eine eigentümliche Tinte von rötlicher Färbung — hat im oberen Teile die Zeilen fast ganz zerfressen, so daß zahlreiche Risse und Löcher entstanden und die Buchstaben vielfach verschwunden, öfters ganz erloschen, durchweg sehr verblaßt sind. In der unteren Hälfte ist der Schaden geringer, aber gelegentlich doch auch wieder sehr empfindlich. So sind z. B. in der Zeugenreihe einige Stellen überhaupt nicht mehr lesbar. Dieser üble Zustand hat früh begonnen. Schon um 1375 erklärte der Schreiber des erzbischöflichen Kopialbuchs,[4] der Anfang der Urkunde sei vor Alter erloschen und gar nicht mehr, die zweite Hälfte nur mit Mühe zu entziffern.[5] Er begnügte sich damit, den Text von da ab wiederzugeben, wo er ihn lesen konnte, nämlich — außer dem Titel — von den Worten ‚Nos itaque‘ an.

Ob er nicht wußte, daß der vollständige Text in zwei älteren Kopialbüchern stand, die sich im Besitz des Domkapitels befanden, oder ob er diese Abschriften mit Absicht bei Seite ließ, interessiert

---

[1] Bei Wilmans, Die Kaiserurkunden der Provinz Westfalen II, 334.

[2] Vgl. auch Scheffer-Boichorst, Zur Geschichte des 12. und 13. Jahrhunderts, S. 197ff. Thudichums Zweifel an der Echtheit sind dort erledigt; ernst zu nehmen waren sie nie.

[3] Über seine diplomatischen Eigenschaften ließe sich nur im Zusammenhang mit andern Originalen Friedrichs I. handeln. Meine Vermutungen habe ich oben, S. 403 Anm. 2 und 424 Anm. 2 geäußert.

[4] Im Staatsarchiv zu Düsseldorf B 1 (Kölner Domstift A). Vgl. Korth, Westdeutsche Zeitschrift, Ergänzungsheft III (1886), 109f. 111. 124.

[5] Sciendum autem quod privilegium subsequens inter alias litteras in capitulo Coloniensi inventum ex vetustate in scriptura littere abolitum in sui principio usque ad medium legibile non apparet, sed a medio usque ad finem tenor ipsius subtiliter inspectus videtur esse talis.

uns nicht. Von diesen beiden Kopialbüchern liegt das eine heute im Historischen Archiv der Stadt Köln und ist im Jahre 1306 angelegt. Das andere, eine Abschrift hiervon, um 1360 gefertigt, ruht im Staatsarchiv in Düsseldorf (Handschr. *B* 9) und kann für uns bei Seite bleiben.[1]

Für die Herstellung des Textes kommen somit in Betracht das Original (*A*), die Kopie im Kölner Stadtarchiv (*B*) und für den zweiten Teil auch die Kopie von ca. 1375 in Düsseldorf (*C*).

Bei dem Zustand des Originals rückt die älteste Kopie *B* ganz von selbst in die erste Reihe. Ihr Schreiber hat das Original noch vollständig gelesen, über Schwierigkeiten sagt er nichts. Er hat es auch im ganzen gut gelesen, besser als die modernen Editoren ihn selbst gelesen haben. Seine Absicht, genau zu kopieren, tritt deutlich hervor, wo er eine zu seiner Zeit nicht mehr übliche und ihm wahrscheinlich auch nicht verständliche Abkürzung einfach nachahmt, statt sie nach bestem Wissen aufzulösen.[2] Das schließt aber keineswegs aus, daß er an mehreren Stellen Lesefehler gemacht hat, die sich bestimmt nachweisen lassen. So las und schrieb er in Zeile 4 des Originals ‚eorum', obwohl noch heute die Längen eines *p* und eines *ſ* sichtbar sind, die auf ‚ipsorum' als das allein richtige Wort deuten. Nicht ganz so sicher, aber doch mit hinreichender Wahrscheinlichkeit darf man sagen, daß in Zeile 10 des Originals ‚extendebatur' stand, nicht ‚protendebatur', wie *B* schreibt. Auffallend ist die Variante ‚legitimo donationis titulo' statt des ‚legitime donavimus et de' in Zeile 12 des Originals. Diese Abweichung läßt sich nur durch die Annahme erklären, daß schon 1306 die Stelle nicht mehr deutlich lesbar war. Die Schwierigkeiten für eine richtige Entzifferung, die den Kopisten von 1375 abschreckten, müssen also schon 1306 in den Anfängen vorhanden gewesen sein, wenn auch der Schreiber nichts davon verrät, und man wird immer mit der Möglichkeit rechnen müssen, daß *B* hier und da Fehler enthält, die sich aus dem zerstörten *A* nicht mehr berichtigen lassen.

Verschlimmert wird dieser handschriftliche Befund dadurch, daß in *A* ein später Pfuscher — ich glaube Duktus und Tinte des 17. Jahrhunderts zu erkennen[3] — die erloschene Schrift durch Nachzeichnen „deutlicher" gemacht und dabei mehrfach den Text entstellt hat, indem

[1] Korth, a. a. O. 104ff. 107f.

[2] Unten S. 448 Note f, 450 Note t.

[3] Sie verraten sich am deutlichsten bei der Änderung am Ende von Zeile 11 in den Abkürzungszeichen (über ‚ecclie Colonien'). Man könnte Gelenius im Verdacht haben. Aber er hat in seinem Druck (s. unten S. 445) eine dieser „Korrekturen" nicht aufgenommen (liceat statt liceret in Zeile 12), woraus zu schließen ist, daß der Pfuscher erst nach ihm an die Urkunde gekommen ist.

er, ohne die Lesarten von *B* zu kennen oder zu beachten, „Verbesserungen" anbrachte: so ‚confirmamus' für ‚confirmantes' (Zeile 14), ‚Arnsberg' aus ‚Arnisberc' (Zeile 20), ‚liceat' aus ‚liceret' (Zeile 12), wo *B* überall den Vorzug verdient.

Es bedarf keiner Erläuterung, daß unter solchen Umständen die früheren Drucke mehr als gewöhnliche Bedeutung haben. Den ersten gab im Jahre 1645 Gelenius in seinem Buche ‚De admiranda sacra et civili magnitudine Coloniae'. Man hat längst erkannt, daß seine Berufung auf das Original nicht ganz zu Recht besteht.[1] Er hat es wohl benutzt, aber nur nebenbei, während ihm in Wirklichkeit *B*, die Kopie von 1306, die Grundlage bot. Gekannt hat er auch *C*, wie seine Randbemerkung p. 74 zeigt: ‚In uno exemplari quaedam praecedentia omissa'. Loben kann man seine Arbeit nicht; für die meisten Fehler, die den Text seitdem entstellen, trägt er die Verantwortung. Man hat ihn sehr oft nachgedruckt, von Lünig bis zu Pertz und Seibertz.[2]

Unabhängig von Gelenius, jedenfalls auch aus *B* und nicht wesentlich besser, edierte die Urkunde Schaten im ersten Bande seiner ‚Annales Paderbornenses' (1693). Sein Text ist nur dreimal, unter Mitbenutzung des Gelenius'schen, wiederholt worden.

Ein unbestreitbares Verdienst erwarb sich Lacomblet, indem er beim Abdruck der Urkunde im ersten Bande seines Urkundenbuches (1840) zum ersten Male wirklich auf das Original selbst zurückgriff. Er reinigte den Text von einigen Fehlern des Gelenius, stellte auch dort, wo *B* den Wortlaut so willkürlich geändert hatte, das Richtige wieder her, behielt aber selbst doch einige alte Irrtümer bei und brachte sogar neue hinein,[3] die sich dann zum Teil wieder auf die Nachfolger, Erhard, v. Heinemann, Wilmans-Philippi und Weiland vererbten, obwohl diese neben dem Drucke Lacomblets auch dessen handschriftliche Grundlagen benutzten. Solche Fehler, deren zähes Leben sonderbar genug erscheint, sind die Konjunktive ‚destiterit' und ‚tenuerit', wo sowohl *A* wie *B* ganz deutlich ‚destitit' und ‚tenuit' haben, ‚adjudicata' statt ‚et ea dictata', wie ebenfalls in *A* und *B* deutlich zu lesen ist, ‚liceat' statt ‚liceret', wie *B* zeigt und ursprünglich auch *A* hatte, was erst von der späteren Hand in ‚liceat' geändert wurde, — und anderes. Das Verhängnis der Forschung ist allerdings jenes unglückselige ‚quia' statt ‚trina' in Zeile 4 des Originals, das der Kopist

[1] Vgl. Weiland, Constit. I, 384.

[2] Genaueres unten S. 447.

[3] Die auffälligsten sind das Ortsdatum Gelenhusin statt Geilinhusin, — wie in *A* und *B* steht und sprachlich für diese Zeit auch gefordert ist —, und die Auslassung von zwei Zeugen.

von 1306 auf dem Gewissen hat, und über das ich oben S. 404 genug gesagt habe.

Keiner dieser Drucke genügt berechtigten Ansprüchen an eine kritische Ausgabe. Auch der Weiland'sche in den ‚Monumenta Germaniae' nicht, ja er vielleicht weniger als andere, z. B. der Lacomblets. Denn Weiland hat, wie er durchblicken läßt, von den Handschriften keine selbst benutzt, er stützt sich außer auf eine Abschrift Wattenbachs, die er selbst nicht hoch anschlägt, nur auf die früheren Drucke, aus denen er seine Lesarten nach Augenmaß wählt, unter gerechter Bevorzugung Lacomblets, freilich auch unter Übernahme einiger von seinen Fehlern, die andere zu vermeiden gewußt hatten. Daß bei diesem eklektischen Verfahren nur ein „wahrscheinlicher", kein wirklicher Text erzielt wird, liegt auf der Hand.

Dies alles in Betracht gezogen, wird man nicht bestreiten, daß ein erneuter Abdruck erwünscht ist. Ich habe ihn hier zu geben versucht, ohne mich und die Leser durch Anmerken aller Fehler der Vorgänger zwecklos aufzuhalten. Wem daran liegt, den Unterschied des echten Textes und der Vulgata kennen zu lernen, der möge den Abdruck der ‚Monumenta Germaniae' mit dem meinen vergleichen.

Das Entgegenkommen des Herrn Verlegers hat die Abbildung der ganzen Urkunde in Lichtdruck und wenigstens in der halben Größe des Originals möglich gemacht. Sie wird nicht nur jedem Benutzer Nachprüfung und eigenes Urteil erleichtern, sondern auch das Bild des wertvollen Stückes, wie es jetzt ist, festhalten, wenn es einmal, wie leider zu befürchten, in absehbarer Zeit völlig unlesbar werden sollte.

Wie die Dinge nun liegen, werden wir zur Feststellung des richtigen Textes nichts anderes tun können, als die Kopie von 1306, *B*, zu Grunde legen und sie, soweit es irgend möglich ist, mit dem halbzerstörten *A* Wort für Wort und Buchstabe für Buchstabe vergleichen. Ich habe mich dieser Arbeit wiederholt unterzogen, auf das liebenswürdigste unterstützt von der Sachkunde und Gefälligkeit des Herrn Direktors am Düsseldorfer Staatsarchiv, Geheimrat Jlgen, der mir nicht nur die kostbare Urkunde bereitwilligst nach Gießen schickte, sondern auch die Aufopferung hatte, sie in Düsseldorf selbst mit mir zusammen nochmals genau zu untersuchen. Dabei zeigte sich dann, daß das ungünstige Urteil früherer Forscher doch etwas zu weit geht: man liest im Original an der Hand der alten Kopie bei entsprechender Bemühung auch heute noch mehr, als z. B. nach den Worten Weilands und Güterbocks[1] anzunehmen wäre. Bei Bestimmung unsicherer und Er-

[1] S. 53: ‚heute ist von der Schrift des oberen Teils . . . fast nichts mehr vorhanden.' Daß dies Urteil nicht zutrifft, lehrt ein Blick auf unsere Schrifttafel.

gänzung erloschener Stellen hat die oben (S. 403 Anm. 2) erwähnte zweite Urkunde von derselben Hand (Stumpf no 4303) hie und da gute Dienste geleistet. Der Leser mag die Ergebnisse unserer Arbeit nachprüfen. Er wird es leichter haben, als wir es hatten, denn die beiliegende Lichtdrucktafel, nach einer bei elektrischem Licht gemachten photographischen Aufnahme hergestellt, ist im ganzen, vermöge der geänderten Farbentöne, bedeutend bequemer zu lesen als das Original, ja, sie zeigt an einzelnen Stellen sogar mehr, als auch bei größter Anstrengung der Augen aus dem Pergament herauszubringen war.

K. Friedrich I. bezeugt die nach Fürstenspruch auf dem Reichstag zu Gelnhausen erfolgte Teilung des Herzogtums Westfalen und Engern, das dem frühern Herzog Heinrich im Lehnsprozess entzogen worden ist, und die Übertragung des einen Teils auf den EB. Philipp und die Kirche von Köln.

Gelnhausen 1180 April 13.

A Original im Staatsarchiv zu Düsseldorf, Köln Domstift 35.

B Abschrift von 1306 im Chartular des Kölner Domkapitels im Historischen Archiv der Stadt Köln, fol. 50. — Hiervon gleichzeitige Abschrift im zweiten Chartular des Domkapitels im Staatsarchiv zu Düsseldorf B 9 fol. 32.

C teilweise Abschrift von etwa 1375 im erzbischöflichen Chartular im Staatsarchiv zu Düsseldorf B 1 fol. 13.[1] — Hiervon gleichzeitige Abschrift im Chartular I A 178 des Staatsarchivs zu Münster.

Drucke: 1. Gelenius De admiranda sacra et civili magnitudine Coloniae (1645) p. 73 aus *B* mit Benutzung von *A*. Danach bei Lucae Des römischen Reiches Fürstensaal I (1705), 17; Lünig Teutsches Reichsarchiv V (1713), 434; J. C. Beckmann Accessiones historiae Anhaltinae (1716) p. 320; J. P. Ludewig Vollständige Erläuterung der Güldenen Bulle II (1719), 980; Rehtmeier Braunschweig-lüneburgische Chronica (1722) S. 1798; Miraeus Opera diplomatica II (1723), 1185 (angeblich ‚Ex archivis Colon.', in Wahrheit wörtlich gleich Gelenius); Gallia Christiana III (1725) Appendix col. 135; Lünig Corpus juris feudalis I (1727), 394; Scheid Origines Guelficae III (1752), 101; Olenschlager Neue Erläuterung der Goldenen Bulle (1766) Urkundenbuch S. 67; Monumenta Germaniae Historica, Leges II (1837), 163; Seibertz Urkundenbuch zur Landes- und Rechtsgeschichte des Herzogtums Westfalen I (1839), 112.

[1] Die Vergleichung dieser Handschrift verdanke ich dem kgl. Staatsarchiv in Düsseldorf.

2. Schaten Annales Paderbornenses I (1693), 850. Danach bei Harenberg Historia ecclesiae Gandersheimensis (1734) p. 346; Heydenreich Historie derer Pfalzgrafen zu Sachsen (1740) S. 134; Ebeling Die deutschen Bischöfe (1858) I, 215.

3. Lacomblet Urkundenbuch zur Geschichte des Niederrheins I (1840), 331 aus *A* unter Vergleichung von *B*.

4. Erhard Regesta historiae Westfaliae I (1851) Codex dipl. p. 150, aus *C* mit Benutzung von Lacomblet.

5. v. Heinemann Codex diplomaticus Anhaltinus I (1867—73), 429.

6. Wilmans u. Philippi Die Kaiserurkunden der Provinz Westfalen I (1881), 334.

7. Monumenta Germaniae Historica, Legum sectio IV: Constitutiones et acta publica I (1893), 384. Hiernach Altmann und Bernheim Ausgewählte Urkunden³ (1904) S. 313; Zeumer Quellensammlung (1904), S. 17.

Regesten: Georgisch Regesta chronologico-diplomatica I (1740), 700; Boehmer Regesta regum atque imperatorum (1831) n° 2624; Erhard Regesta historiae Westfaliae II n° 2081; Stumpf Reichskanzler II n° 4301.

C. ✕ In nomine sancte et individuę trinitatis. Fridericus divina
2 favente clementia Romanorum imperator augustus. ✕ | Quoniam humana labilis est memoria et turbę rerum non sufficit, predecessorum etatis nostrę divorum imperatorum et regum decrevit auctoritas litteris
3 annotare, quę fluentium temporum antiquitas a notitia hominum | consuevit alienare. Proinde tam presentium quam futurorum imperii fidelium noverit universitas, qualiter Heinricus quondam dux Bawarię et Westfalię[a], eo quod ecclesiarum dei et nobilium imperii liberta-
4 tem, possessiones eorum occupando et iura ipsorum[b] imminuendo, graviter oppresserat,[c] ex instanti principum querimonia et plurimorum nobilium trina[d] citatione vocatus maiestati nostrę presentari contemp-
5 serit et pro hac | contumacia principum et suę conditionis Sueuorum proscriptionis nostrę inciderit sententiam; deinde[e] quoniam[f] in eccle-

[a] so *B*; in *A* zerstört, aber unten zweimal ebenso.

[b] eorum *B*; in *A* noch die Längen des *p* und *ſ* erkennbar.

[c] so *B*; *A* nicht mehr sichtbar; oppresserit die Drucke.

[d] quia *B*; in *A* zerstört, doch sind vom *t* der Querbalken, vom *r* die geschweifte Unterlänge noch sichtbar; vgl. oben S. 404.

[e] Deinde *A B*.

[f] quô *B*; das Kürzungszeichen, in *B* sonst nicht angewandt und an sich durchaus archaisch in einer HS. von 1306, ist augenscheinlich dem Or. nachgeahmt und in der Tat auch in *A*, wo das Wort selbst bis auf das q erloschen, noch zum Teil erkennbar.

sias dei et principum ac nobilium iura et libertatem grassari non
destitit:[g] tam pro illorum iniuria | quam pro multiplici contemptu nobis 6
exhibito ac precipue pro evidenti reatu maiestatis sub feodali iure
legitimo trino edicto ad nostram citatus audientiam, eo quod se ab-
sentasset nec aliquem pro se | misisset responsalem, contumax iudicatus 7
est ac proinde tam ducatus Bawarię quam Westfalię et Angarię quam
etiam universa quę ab imperio tenuit[h] beneficia per unanimem princi-
pum | sententiam in sollempni curia Wirziburc celebrata ei abiudicata 8
sunt nostroque iuri addicta et potestati. Nos itaque habita cum prin-
cipibus deliberatione, communi ipsorum consilio ducatum | qui dicitur 9
Westfalię et Angarię in duo divisimus et consideratione meritorum,
quibus dilectus princeps noster Phylippus Coloniensis archiepiscopus ob
honorem imperialis coronę promovendum et manutenendum nec rerum | 10
dispendia nec personę formidans pericula gratię imperialis promeruit
privilegium, unam partem, eam videlicet quę in episcopatum Coloniensem
et per totum Pathebrunnensem episcopatum extendebatur[i] cum omni
iure | et iurisdictione, videlicet cum comitatibus, cum advocatiis, cum 11
conductibus, cum mansis, cum curtibus, cum beneficiis, cum ministe-
rialibus, cum mancipiis et cum omnibus ad eundem ducatum pertinen-
tibus ecclesię Coloni|ensi[k] legitime donavimus et de[l] imperatoria libe- 12
ralitate contulimus. Et requisita a principibus sententia, an id fieri
liceret,[m] et ea dictata[n] et communi principum et totius curię assensu
approbata, accedente | quoque publico consensu dilecti consanguinei 13
nostri ducis Bernhardi, cui reliquam partem ducatus concessimus, pre-
memoratum archiepiscopum Phylippum portione illa ducatus suę col-
lata ecclesię vexillo | imperiali sollempniter investivimus. Hanc igitur 14
legitimam nostrę maiestatis donationem et investituram Coloniensi
ecclesię et sepedicto principi nostro Phylippo archiepiscopo omnibus-
que suis successoribus confirmantes[o] et | in omne posteritatis evum 15
eis ratam permanere volentes, ne quis eam ausu temerario infringere
vel quomodolibet violare attemptaverit, imperiali edicto inhibemus et
hanc nostram constitutionem presente privile|gio aurea excellentię 16

[g] so deutlich *A B*; destiterit die früheren Drucke.

[h] so *B;* tenuerit die früheren Drucke, wofür in *A* kein Raum ist.

[i] protendebatur *B C;* in *A* undeutlich, aber wahrscheinlicher ex-.

[k] die Endung ēn̄ in *A* von späterer Hand (vgl. S. 444 Anm. 3) am Schluß der Zeile fälschlich zugefügt, was schon Lacomblet S. 332 Anm. 2 erkannte. Seine weitern Bemerkungen dazu sind falsch.

[l] legitimo donacionis titulo *B*.

[m] liceret *B C*, aus liceret von späterer Hand liceat *A*, und so einige Drucke.

[n] statt et ea dict. haben die Drucke das den Resten der Schrift nach in *A* unmögliche adiudicata. *C* hatte ursprünglich indicata.

[o] so *B C*; confirmamus scheint in *A* von späterer Hand eingeschwärzt.

nostrę bulla insignito corroboramus autentice[p], testibus annotatis qui
huic facto interfuerunt. Sunt autem hii: Arnoldus Treuerensis archi-
17 episcopus, Wigmannus Magdeburgensis ar|chiepiscopus, Cv̊nradus Salis-
burgensis archiepiscopus, Sifridus Bremensis electus, Cv̊nradus War-
matiensis[q] episcopus, Rv̊dulfus Leodiensis episcopus, Bertrammus Metensis
18 episcopus, Arnoldus Osnaburgensis episcopus, | Cůnradus abbas Fulden-
sis, Adolfus abbas Hersfeldensis, Lotarius prepositus Bunnensis,
Ludewicus palatinus Saxonię et langravius Thuringię, Bernhardus dux
19 Westfalię et Angarię, Gote|fridus dux Lotaringię, Fridericus dux Suewię,
Otto marchio de Brandenburc, Teodericus marchio de Lusiz, Dedo
comes de Groix, Sifridus comes de Orlamunde, Rubertus comes de
20 Nas|sawe, Emicho comes de Liningen, Engelbertus comes de Monte,
Teodericus comes de Hostate, Gerardus comes de Nůrberc, Heinricus
21 comes de Arnisberc[r], Hermannus comes de Raui|nisperc, Heinricus
comes de Kuc, Wernherus comes de[s] Witinchinstein[t], Widikindus de
Waltecke, Fridericus de Anfurde, Hartmannus de Bůtingin, Wernherus
22 de Bonlande, | Conradus pincerna, Heinricus marscalcus de Bappinheim,
Sibodo de Groix camerarius et alii quam plures.
23 ✕ Signum domini Friderici Romanorum imperatoris invictissi-
mi ✕ (M)
24 Ego Gotefridus imperialis aulę cancellarius vice Cristiani Mogun-
tinę[u] sedis archiepiscopi et Germanię archicancellarii recognovi.
25 Acta sunt hec anno dominicę incarnationis M̊·C̊·LXX̊X, indictione
XIII, regnante domino Friderico Romanorum imperatore invictissimo
26 anno regni eius XX̊IX̊, imperii vero X̊XV̊I feliciter. Amen.
Datum in sollempni curia Geilinhusin in territorio Moguntino[v]
idibus Aprilis.

[p] auctentice *BC*.
[q] Wormacieñ *BC*.
[r] Arnsberg *A* von späterer Hand.
[s] Hermannus — de beruht auf *BC*, da in *A* alles zerstört ist.
[t] Witinchinst' *AB*.
[u] Maguntine *B*, Maguntineñ *C*.
[v] Maguntino *B*.

Lichtdruck von Albert Frisch, Berlin W.

2.

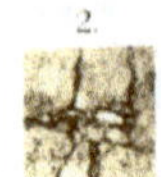

aus Zeile 4.

Verlag von **Veit & Comp.**

Stumpf n° 4301.

3.

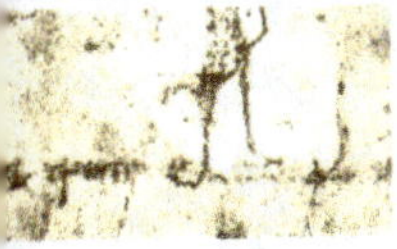

aus Zeile 6.

Seite

Hermann Thimme, Forestis. Königsgut und Königsrecht nach den Forsturkunden vom 6. bis 12. Jahrhundert 101
1. Forestis bis zum Ende der Karolingerzeit. — 2. Forestis bis zum Ende der Salierzeit. — Exkurse: Forestis Arbonensis; Entwicklung des Urkundenformulars für die Forstverleihungen vom 6. bis zum Anfang des 12. Jahrhunderts.

K. Brandi, Urkundenforschung 155

M. Tangl, Forschungen zu Karolinger Diplomen 167
1. Tironiana und Konzeptfrage. — 2. Die Osnabrücker Fälschungen (Die Überlieferung. Die Gründungsurkunden für die sächsischen Bistümer. Der Zehntstreit. Die gefälschten Urkunden. Die Anfänge des Bistums Osnabrück).

F. Philippi, Forst und Zehnte 327

Andreas Walther, Kanzleiordnungen Maximilians I., Karls V. und Ferdinands I. 335
1. Der Begriff Kanzleiordnung aus dem System der Behörden entwickelt. — 2. Die einzelnen Ordnungen. — 3. Dokumente (1519—1550).

Erich Kleeberg, Stadtschreiber und Stadtbücher in Mühlhausen in Br. vom 14. bis zum 16. Jahrhundert nebst einer Übersicht über die Editionen mittelalterlicher Stadtbücher 407

Ernst Müller, Das Königsurkundenverzeichnis des Bistums Hildesheim und das Gründungsjahr des Klosters Steterburg 491

L. Schmitz-Kallenberg, Die Umhüllung eines päpstlichen Breves von 1453 (mit 1 Tafel) 513

III. Band

Victor Gardthausen, Amtliche Zitate in römischen Urkunden (mit zwei Abbildungen) 1

Adolf Kunkel, Die Stiftungsbriefe für das meklenburg-pommersche Cistercienserkloster Dargun (hierzu Tafel I) 23

Hans Wibel, Zur Kritik der älteren Kaiserurkunden für das Kloster Werden a. d. Ruhr 81

Barthel Heinemann, Paläographische Untersuchungen über Konrad von Mure 113

Otto Lerche, Die Privilegierung der deutschen Kirche durch Papsturkunden bis auf Gregor VII. Ein Beitrag zur Geschichte des päpstlichen Formelwesens (hierzu Tafel II und eine Abbildung) 125
Einleitung: Die Formeln, der Liber diurnus, die Arengen. — 1. Die geistlichen Privilegien. — 2. Der profane Inhalt der päpstlichen Privilegierung. — Anhang: Die öffentlich-rechtliche Anerkennung der Papsturkunde. — Exkurse: 1. Die Formel des Liber diurnus No. 99. — 2. Leo IX. für Nienburg. — 3. Concessione pontificum.

Ernst Perels, Die Ursprünge des karolingischen Zehntrechtes 233

Friedrich Wissmann, Förmlichkeiten bei den Landübertragungen in England während der anglonormannischen Periode 251
1. Die Donatio. — 2. Die Seisina. — 3. Die Urkunde

Johannes Haller, Der Sturz Heinrichs des Löwen (hierzu Tafel III) . . 295

Das „Archiv für Urkundenforschung“ blickt auf drei Jahrgänge zurück, deren Inhalt deutlicher als die erste Ankündigung das Programm dieser Zeitschrift erkennen läßt. Die Absicht war von vornherein, Zerstreutes zu sammeln und in dieser Sammlung eine lebendige Vorstellung zu geben von der Fülle der Probleme, die der modernen Urkundenforschung gestellt sind, eben damit aber wieder diese Wissenschaft selbst anzuregen und ihre Pflege auch an den reichsdeutschen Universitäten zu fördern. Daß es notwendig und ergiebig sei, die grundlegende Methode der Urkundenforschung zu der auch wir uns bekennen, weiter durchzubilden und auszufeilen und ihr neue Gebiete zu erobern, glauben wir in eigenen Beiträgen und denen unserer Mitarbeiter gezeigt zu haben. Die vergleichende Betrachtung ist überall zum Zweck wirksamer Hervorhebung jeglicher Besonderheit, erst recht zur Beobachtung der lehrreichsten fremden Einflüsse und Wechselwirkungen dringend geboten. Wie wir schon jetzt auf dem Gebiete des Registerwesens und der Kanzleiorganisation vergleichende Untersuchungen gebracht, auch die englische Urkunde erstmals in die deutsche Forschung hineingezogen haben, so hoffen wir bald eine zusammenfassende Abhandlung von Bresslau über internationale Beziehungen im Urkundenwesen des Mittelalters den Fachgenossen vorlegen zu können. Nicht minder wichtig erscheint für das Verständnis aller mittelalterlichen Formen die fortschreitende Aufklärung des spätantiken Urkundenwesens, dem wir dauernd unsere besondere Aufmerksamkeit zuwenden. Andere Aufsätze unserer bisher erschienenen Bände lassen erkennen, daß wir auch das städtische Urkundenwesen in den Kreis der Betrachtung ziehen, ebenso wie die Anfänge des modernen Aktendienstes und die Geschichte der Behördenorganisation. Daß neben den systematischen Verarbeitungen gelegentlich auch paläographische, sphragistische und diplomatische Einzelfragen eingehend erörtert werden, kann den Gesamtcharakter des Archivs nicht stören; vollends kritische Untersuchungen ganzer Gruppen von gefälschten oder verdächtigen Urkunden erscheinen immer als die bedeutendsten Erträge spezialdiplomatischer Kenntnis und Methode. Endlich tritt in einer Reihe von Aufsätzen unseres Archivs die unmittelbarste Beziehung zu allgemeinen Fragen der politischen, der kirchlichen oder weltlichen Verfassungsgeschichte hervor, so daß auch diese Forderung unseres Programms, die Fühlung mit der allgemeinen Geschichte sorgfältig zu wahren, nicht außer Acht gelassen ist.

Für die nächsten Jahrgänge dürfen wir die Fortführung der Arbeit in allen angegebenen Richtungen erwarten, wie zum Teil schon aus früheren Ankündigungen zu ersehen war. Darüber hinaus stehen einzelne spezialdiplomatische Abhandlungen systematischer Art in Aussicht, die durch reicheres Illustrationsmaterial unterstützt werden sollen.

Überhaupt ist es die Absicht des Verlegers, der Ausstattung des Archivs wie bisher die größte Aufmerksamkeit zu schenken und selbst Opfer nicht zu scheuen.

Wir bitten die gelehrte Welt auch ihrerseits um tatkräftige Unterstützung und werden uns stets freuen, wenn wir größeren systematischen Abhandlungen über Gegenstände der Urkundenforschung einen Platz einräumen können.

Herausgeber und Verleger.

Das „Archiv für Urkundenforschung“ erscheint in zwanglosen Bänden im Umfang von 30—40 Druckbogen, die je nach Bedürfnis mit Abbildungen und Tafeln ausgestattet werden. Die Ausgabe erfolgt in Heften. Einzelne Hefte sind nicht käuflich. Der Preis des Bandes beträgt 24 M. Die Verpflichtung zur Abnahme erstreckt sich auf einen Band.

Bestellungen nehmen alle Buchhandlungen des In- und Auslandes entgegen.

Beiträge für das Archiv sind zu senden an Prof. Dr. Brandi, Göttingen, Herzberger Chaussee 44, können aber auch den beiden Mitherausgebern eingereicht werden. Das Honorar für den Druckbogen von 16 Seiten beträgt 32 M. Außerdem werden 12 Sonderabzüge geliefert.

Metzger & Wittig, Leipzig. 559

www.ingramcontent.com/pod-product-compliance
Lightning Source LLC
LaVergne TN
LVHW010643300926
849161LV00005B/1026